Les nouveaux défis de la migration Maghreb-Europe

Africa in the Global Space

Series Editor
Edward Shizha

Vol. 8

Moha Ennaji
(Dir.)

Les nouveaux défis de la migration Maghreb-Europe

PETER LANG
New York - Berlin - Bruxelles - Chennai - Lausanne - Oxford

Library of Congress Cataloging-in-Publication Control Number: 2024947168

Bibliographic information published by the Deutsche Nationalbibliothek.
The German National Library lists this publication in the German
National Bibliography; detailed bibliographic data is available
on the Internet at http://dnb.d-nb.de.

Cover design by Peter Lang Group AG

ISSN 2576-358X (print)
ISBN 9781636677101 (hardback)
ISBN 9781636677118 (ebook)
ISBN 9781636677125 (epub)
DOI 10.3726/b21311

Published by Peter Lang Publishing Inc., New York, USA
info@peterlang.com - www.peterlang.com

This publication has been peer reviewed.

A la mémoire de mes beaux parents Mohamed Sadiqi et Fatna Bourhim

REMERCIEMENTS

Je tiens à remercier la maison d'édition Peter Lang, qui a réalisé la publication de ce livre, notamment le Dr. Philip Dunshea, éditeur principal des acquisitions en sciences humaines. Je remercie également tous les auteurs, notamment: Abdelkrim Belguendouz, Mohamed Khachani, Abderrahman Tenkoul, Diachari Poudiougo, Bouthaina Ben Kridis, Juliane Tauchnitz, Jilali Saib, Didier le Saout, Madina Touré, Alberto Tonini, Enza Palamara et Jean-Marie Simon, qui ont pris part à ce projet et soutenu ma ligne de pensée avec une perspicacité remarquable et une vaste connaissance. Je suis très reconnaissant à tous les participants à ce volume qui ont travaillé sur leurs chapitres aussi intéressants les uns que les autres avec dévouement et compétence. Il aurait été impossible de réaliser ce livre sans leur appréciée collaboration constructive et leur patience.

TABLE DES MATIÈRES

INTRODUCTION

Moha Ennaji

Ce collectif, auquel participe des experts nationaux et internationaux dans le domaine de la migration, vise d'une part, à mettre en évidence les causes et les conséquences des flux migratoires dans la région méditerranéenne et nord-africaine et leur impact aux niveaux culturel, social et économique, et d'autre part, à identifier les meilleurs moyens de consolider le co-développement durable et le dialogue interculturel. Il a également pour objectif de cerner les nouveaux défis de la migration qui se posent dans cette région du monde et à proposer une meilleure approche afin de développer et d'approfondir les échanges et la communication entre les pays d'origine et d'accueil.

Les différents chapitres du livre traitent des défis de l'intégration et proposent un dialogue fructueux comme antidote à tous les extrémismes. Il est abordé dans cet ouvrage collectif les sujets suivants : 1.) le nouveau pacte européen sur la migration, l'asile et la fuite des cerveaux ; 2.) le défi de la migration irrégulière dans l'espace euro-méditerranéen ; 3.) la situation des migrants sub-sahariens ; 4.) les droits des migrants et la lutte contre la traite des femmes sub-sahariennes ; 5.) le contexte méditerranéen et la diversité culturelle ; 6.) l'Islam, l'islamophobie, l'identité et l'éducation en Europe ; 7.) le rôle de l'échange culturel dans la communication et le développement ; 8) l'écriture et les écrivains de la diaspora ; 9.) la migration, la jeunesse et la réforme sociale.

Le point fort de ce livre est l'accent qui est mis sur la problématique des nouveaux flux migratoires externes, et leur impact sur la société et le développement humain. Il s'agit ici de proposer des stratégies cohérentes, permettant de promouvoir le développement durable et le dialogue entre les pays du Sud et ceux du Nord. Aussi, il plaide en faveur de la mise en œuvre du Pacte mondial de Marrakech pour une migration sûre, ordonnée et régulière.

L'ouvrage invite au dialogue entre les gouvernements, la société civile et le monde académique en vue de parvenir à une meilleure compréhension de la relation entre les migrations, le développement et la diversité culturelle. Il appelle à l'adoption de nouvelles stratégies et mesures migratoires qui soient adéquates et qui puissent garantir les droits des migrants. Il préconise aussi le renforcement et l'élargissement des échanges entre les pays du pourtour méditerranéen dans les domaines de la migration et du développement afin de promouvoir la coopération et le partage.

La problématique de la migration et de la diversité culturelle s'impose d'autant plus que les particularismes et les irrédentismes identitaires et religieux sont encore souvent source de plusieurs conflits de par le monde. Il paraît donc utile voire impératif de favoriser un dialogue soutenu et fort entre les cultures et les religions, d'où le souci d'opérer une jonction entre le religieux et le culturel dans cette approche.

Les conflits et la violence dont souffrent plusieurs pays confortent la nécessité de ce dialogue. C'est précisément parce que le climat est tendu, que l'excès de langage est devenu la règle et que la confusion entre concepts et notions à connotation religieuse est entretenue, qu'il faut approfondir le débat, par des discussions et la confrontation d'idées sur les cultures, les civilisations et les religions.

Si l'acceptation de l'idée du dialogue peut paraître théoriquement facile à faire admettre pour les élites et les décideurs, elle reste, en revanche, difficile à faire partager auprès des masses. Ainsi, un travail en profondeur sur le plan pédagogique devrait être réalisé par les Etats, les associations, les médias et tous ceux et celles qui aspirent à vivre en paix et en harmonie malgré leurs différences culturelles et identitaires respectives.

Ce volume souhaite enfin faire la promotion d'une stratégie culturelle à même de remédier aux lacunes des systèmes d'éducation et de formation en vigueur. L'un de ses objectifs principaux est de réfléchir à des mécanismes communs qui prennent en compte les intérêts de toutes les parties concernées pour gérer en toute sérénité les flux migratoires. Il discute des moyens à mettre en place afin de promouvoir une gestion efficiente par ces derniers dans le cadre d'une étroite concertation entre les pays des deux rives de la Méditerranée occidentale.

Les auteurs adoptent une approche multidisciplinaire, globale et intégrée de la question migratoire. Aussi, une approche qui privilégie la dimension humaine et socioéconomique, et qui opère une corrélation étroite entre la lutte contre la migration clandestine et la préservation des droits et des acquis des individus qui sont légalement établis dans les pays d'accueil. Au cœur de la question de la migration se trouve une dimension humaine et culturelle de même que de développement socio-économique.

L'ouvrage se décline en deux parties et dix-sept chapitres. La première partie présente des études comparatives sur les nouveaux flux migratoires alors que la deuxième réunit des textes sur l'apport de la littérature illustrée de récits et de témoignages de la part d'éminents écrivains. Le premier chapitre est réalisé par Abdelkrim Belguendouz et porte sur « Le nouveau pacte européen sur la migration, l'asile et le drainage des compétences et des talents marocains sur l'UE ». L'auteur tire les enseignements nécessaires de cette expérience et appelle chaque pays à élaborer un programme national de la recherche en la matière, fournissant des réponses articulées aux défis et enjeux migratoires propres à la région euro-méditerranéenne.

Le deuxième chapitre est écrit par Mohamed Khachani et discute du défi de la migration irrégulière dans l'espace euro-méditérranéen. L'auteur défend une gestion concertée des flux migratoires et appelle tous les partenaires à « donner un sens plus concret au 3ème volet de la déclaration de Barcelone, le volet social, humain et culturel. » Aussi, il défend la création, dans le cadre du partenariat euro-marocain, d'«un cadre contractuel pour une immigration réglementaire ». Pour le chercheur, la question migratoire dans l'espace euro-méditerranéen ne saurait se résoudre unilatéralement. Le Maghreb comme l'Union Européenne (UE) doivent collaborer, en tant que partenaires, et « œuvrer pour une gestion concerté des flux migratoires à travers le dialogue. »

Le chapitre de Diachari Poudiougo met l'accent sur l'immigration subsaharienne au Maroc et en Espagne et discute de la nécessité de protéger les droits des immigrés. Pour l'auteur, cette immigration est le résultat des crises socio-économiques, des conflits armés et des inégalités sociales de plus en plus croissantes entre le Nord et le Sud « comme conséquence de la mondialisation et l'échec de l'intégration africaine. » Il plaide en faveur d'une humanisation de la gestion des flux migratoires irréguliers et de l'implication des associations de défense des droits humains et de la société civile dans la protection des droits des migrants.

Bouthaina Ben Kridis se penche sur la traite humaine des femmes subsahariennes en Tunisie. Selon l'auteure, pour l'élaboration d'une stratégie nationale de lutte contre la traite des femmes migrantes subsahariennes en Tunisie, une collaboration est indispensable entre le Comité national de lutte contre la traite des êtres humains, les départements ministériels, les médias, la société civile et les organisations internationales. En outre, l'application de la loi anti-traite de 2016 nécessite un engagement à travers des activités de sensibilisation et de prise de conscience pour aider le public et les parties prenantes à lutter contre ce phénomène et ses différents aspects.

Alberto Tonini revient sur la conférence intergouvernementale qui a porté sur les migrations et qui s'est tenue sous les auspices des Nations Unies à Marrakech, au Maroc, le 10 décembre 2018. L'auteur défend une migration sure, ordonnée et régulière pour parer aux dangers de l'immigration clandestine. Il propose l'implémentation du Pacte mondial en établissant des plans de mise en œuvre des lois organiques efficientes, en particulier en ce qui a trait à la conception et au financement. A défaut de cette mesure, l'application du « mécanisme de renforcement des capacités » mentionné dans le Pacte restera lettre morte.

Le chapitre de Madina Bourana Touré soulève la question de l'émigration vue sous le double angle du développement local et/ou de catastrophe humanitaire. L'auteure y recommande de renforcer la lutte contre la migration irrégulière qui fait chaque année de nombreuses victimes. Selon elle, une politique de coopération économique Nord-Sud adaptée aux réalités du terrain pourrait aboutir à des résultats plus bénéfiques pour tous les partenaires qu'une politique sécuritaire répressive. Elle souligne que les échanges interculturels engendrent également des gains multilatéraux, sociaux, économiques et humains.

Le chapitre de Moha Ennaji, intitulé « Les Maghrébins en Europe : entre identité et modernité », préconise une approche globale et intégrée de la question migratoire, une approche qui privilégie le respect de la diversité culturelle et de la dimension humaine et socio-économique et qui opère une corrélation étroite entre la lutte contre la migration clandestine et la préservation des droits et des acquis des immigrés réguliers. Par ailleurs, il soutient qu'il est essentiel de se pencher sur les conditions socioculturelles, linguistiques et éducatives des jeunes issus de l'immigration maghrébine en Europe, et de garantir la transmission culturelle à travers la langue maternelle.

Abderrahman Tenkoul aborde la problématique de la religion et de l'islamophobie en Europe. Tout en critiquant certains médias et milieux politiques qui instrumentalisent la religion des immigrés maghrébins à des fins électorales, l'auteur plaide pour une immigration ordonnée, pleinement assumée et élevée au rang de valeur ajoutée, car elle représente « une chance inouïe pour échapper à l'uniformisation et au repli identitaire ». Il encourage fortement à bâtir des sociétés tolérantes et ouvertes sur le monde.

Le chapitre de Didier Le Saout, sur l'affirmation identitaire amazighe et l'engagement associatif en France, nous informe du fait que les migrants maghrébins qui agissent dans l'espace public expriment un désir de reconnaissance en construisant des symbolisations qui leur permettent de s'inscrire dans des logiques d'intégration à la fois, dans la société française et dans les sociétés marocaine et algérienne.

Le chapitre rédigé par Jilali Saib et intitulé « Le devenir du dialogue interculturel comme antidote au « choc des civilisations » et au terrorisme globalisé d'inspiration islamiste » plaide pour que toute réforme et tout changement incluent « le rejet de toutes les formes de discrimination et d'exclusion », de même que pour une adhésion franche aux principes du discours interculturel. De la même manière, il exhorte au respect des principes consacrés dans la charte et dans les autres conventions universelles de l'ONU relatifs aux droits humains, à la paix mondiale et au respect des cultures et civilisations du monde.

Juliane Tauchnitz traite du projet migratoire et du rêve d'un lieu démocratique dans le roman *Partir* de Tahar Ben Jelloun. Le dernier chapitre du roman met en lumière le fait que c'est la littérature qui engendre la souffrance des personnages migrants car l'écriture rend durable une situation qui est fugitive. Ainsi, le rêve de quitter le pays d'origine se butte à de nombreux obstacles et le retour des personnages vers un lieu qui soit réellement démocratique ne reste (encore) qu'une fiction.

Le chapitre d'Enza Palamara concerne le sujet de la migration et du voyage en quête de l'identité et du bien-être. Il aborde le roman de Cécile Oumhani intitulé *Une odeur de henné* dont l'héroïne Kenza, est une jeune médecin qui vit dans un village tunisien. Le roman dresse l'itinéraire de Kenza qui a immigré en France et qui a lutté afin de s'affirmer au-delà des contraintes sociales et des circonstances socio-culturelles. Ce parcours se révèle comme « un vrai combat d'ordre culturel, mais aussi existentiel, spirituel même. »

Arturo Dávila Sanchez nous parle de la poésie de l'écrivain franco-marocain, Abdellatif Laâbi installé en France, et notamment de son œuvre, « Une Seule Langue ne Suffit pas pour Ecrire ». D'après l'auteur, « malgré l'exil, Laâbi reste attaché à son pays natal. Et dans les souvenirs de son enfance et de sa jeunesse au Maroc on retrouve les sources de son inspiration poétique ». On pourrait même dire qu'à travers sa poésie, ce poète n'a jamais quitté le Maroc.

Jean-Marie Simon relate l'histoire d'un mariage mixte, celui de Khadija et de Roland, auquel il a assisté en personne. Le couple, qui est installé en France où il vit en parfaite harmonie, est pour l'auteur un bon exemple du vivre ensemble et des liens tissés entre le Maroc et la France.

Le texte de Nouzha Skalli est un hommage à l'écrivain franco-marocain Tahar Ben Jelloun et à son œuvre littéraire. Il met en exergue la lutte que mène l'écrivain pour les droits des migrants, l'égalité des sexes et le respect de la diversité linguistique et culturelle.

Enfin, Moha Ennaji nous fait part d'un entretien récent qu'il a eu avec l'écrivain franco-marocain Tahar Ben Jelloun et au cours duquel ont été abordés tour à tour, les sujets relatifs à la migration, l'identité culturelle et le problème de l'écriture. Le but étant de cerner les idées de l'écrivain sur le phénomène migratoire et l'impact de celui-ci sur les sociétés d'origine et les sociétés d'accueil.

PREMIÈRE PARTIE

ÈTUDES COMPARATIVES SUR LES NOUVEAUX FLUX MIGRATOIRES

· 1 ·

LE NOUVEAU PACTE EUROPÉEN SUR LA MIGRATION, L'ASILE ET LE DRAINAGE DES COMPÉTENCES ET DES TALENTS MAROCAINS PAR L'UE : QUELS ENSEIGNEMENTS ?

Abdelkrim Belguendouz

Ambitionnant de réformer la politique migratoire de l'Union européenne (UE) en l'harmonisant et en la rationalisant, après plusieurs années d'atermoiements européens, la Commission européenne a finalement rendu publique le 23 septembre 2020, le projet très attendu d'un nouveau Pacte européen sur l'immigration et l'asile, sous la forme d'un «paquet » de quelques 500 pages comprenant une communication, cinq propositions de règlements, trois recommandations et différents textes contenant des lignes directrices. Ce document est adressé aux autres institutions de l'UE (Parlement européen, Conseil européen, Comité économique et social européen et Comité des régions) pour adoption. Constituant en quelque sorte une synthèse de celui-ci, nous nous focaliserons ici davantage sur la « communication de la Commission européenne relative à un nouveau Pacte de l'UE sur la migration et l'asile » (COM-2020-609 final), avec fournissant en annexe, la feuille de route relative à sa mise en œuvre. Notre lecture critique tiendra compte aussi du débat mené jusqu'ici sur ce pacte, et reflété par une partie de la bibliographie jointe à la présente contribution.

Ce nouveau cadre pour l'action qui couvre aussi la rive sud de la Méditerranée dans son ensemble, y compris l'Afrique subsaharienne, nous interpelle également au Maroc et ce, pour deux raisons. La première renvoie à des relations migratoires euro-marocaines étroites. La seconde raison est liée à certaines « accointances » et convergences entre l'esprit de ce nouveau Pacte et les positions défendues par certains responsables institutionnels marocains. Il s'agit en particulier de ceux du Conseil de la communauté marocaine à l'étranger (CCME) et de l'Agence nationale de l'emploi et des compétences (ANAPEC) comme on le verra plus loin, concernant une des thématiques centrales du nouveau Pacte et nullement « mineure » pour l'UE, à savoir la nécessité pour celle-ci de capter, de drainer et d'attirer en son sein, par le biais de partenariats spécifiques, les talents des travailleurs hautement qualifiés des pays-tiers, dont ceux du Maroc, pour assurer une adéquation entre main-d'œuvre qualifiée et besoins de hautes compétences dans l'Union.

La prochaine étape de ce projet de l'exécutif européen a été sa discussion vers la fin de 2020 afin d'entériner cette nouvelle politique migratoire commune par le Conseil européen d'une part, le Parlement européen d'autre part, et de parvenir à un compromis politique sur ce sujet entre les 27, avec ce que cela exige comme adoption d'actes législatifs nécessaires. Le dernier pacte européen en la matière date de la mi-octobre 2008. Comme ce dernier, le nouveau Pacte est un projet d'accord politique qui s'inscrit dans le cadre de l'évolution de la politique migratoire de l'UE, mais avec cette fois-ci sur la table, des réformes juridiques également en la matière qui devraient, si l'accord est obtenu, entrer en application à partir de 2022.

Notre analyse critique qui concernera aussi le débat qui a eu lieu au Maroc sur la « chasse aux têtes » ou le drainage des cerveaux notamment par l'UE, dossier intimement lié maintenant au nouveau Pacte européen sur la migration et l'asile, sera présentée à travers les dix-huit volets suivants :

1. Le nouvea Pacte européen en substance
2. L'obsession de la réadmission par l'UE
3. Un grand clin d'œil aux gouvernements populistes européens
4. Les craintes par l'UE de la montée des «Sudistes »
5. Continuité du Pacte Mondial de Marrakech
6. Immigration jetable et immigration choisie
7. Analyses déconcertantes de la présidence du CCME
8. La direction de l'ANAPEC, dans la même lignée
9. Ne jouons pas avec les mots !
10. Former plus de cadres au Maroc pour en exporter plus ! ?
11. De l'exportation des muscles à l'exportation de la matière grise marocaine

12. A chacun son Sud ?
13. S'occuper aussi des catégories autres que les compétences
14. Lever le tabou sur les retours définitifs au Maroc
15. Au-delà de l'économique et de la technique, des compétences citoyennes marocaines d'abord !
16. Mobiliser politiquement en Europe et dans les pays du Sud
17. Un rôle spécifique à jouer par le Maroc et l'Union Africaine
18. Quelques autres priorités marocaines

Trame générale : le nouvea Pacte européen en substance

Le projet de nouveau Pacte européen sur la migration et l'asile a pour objectif la construction du cadre politique à venir de l'Union européenne et de ses États membres en matière de migration et d'asile, s'agissant plus concrètement du contrôle aux frontières, de l'accès à l'asile, des conditions d'accueil et des retours, ainsi que des réadmissions par le biais d'outils d'intervention et de projets d'instruments législatifs. Malgré la large consultation à laquelle il a donné lieu (sauf avec les autorités des pays-tiers !) et les multiples recommandations et propositions faites par les milieux concernés dans le sens de l'ouverture et du respect des droits de l'Homme, et en dépit de quelques aspects positifs (notamment l'accélération du regroupement familial, la mise en avant de l'intérêt de l'enfant, l'obligation des États en matière de recherche et de sauvetage et la non criminalisation de l'aide humanitaire apporté aux migrants en détresse), on retiendra ce qui suit. La caractéristique générale de ce projet de nouveau pacte est le fait qu'il soit sous-tendu par une vision très défensive de l'accès à l'UE, qu'il favorise une politique de retour plutôt qu'une politique d'insertion, qu'il privilégie la solidarité entre les États plutôt que la solidarité avec les migrant-e-s, les personnes demandeuses d'asile et les réfugiés, qu'il s'incline devant les gouvernements européens anti-immigration et les plus hostiles à l'accueil des réfugiés, au lieu de conforter une approche migratoire en termes de droits humains.

En quelques mots, il ressort de l'ensemble du projet, qu'il s'agit en premier lieu de politiques approfondies et plus efficaces en matière de gestion, de sécurisation et de surveillance renforcée des frontières extérieures de l'UE, de resserrement de l'asile, de freinage toujours plus des arrivées aux côtes européennes par le mécanisme de la dissuasion, de la limitation de l'accueil par un « tri » des personnes à la frontière et un «*pré-filtrage à l'entrée*», d'activation du retour, d'accélération de l'expulsion et de la réadmission. L'impératif central de ces politiques consiste en une démarche de dissuasion déjà à l'œuvre d'empêcher l'accès au territoire européen aux « sudistes », en particulier aux Africains, en provenance de pays « coupables d'émigration » ou bien de pays « coupables d'émigration et de transit », de « pays à risque d'émigration », de pays « émetteurs de clandestins » ou de « pays producteurs de clandestins ». En bref, le nouveau Pacte est fondateur d'une politique migratoire coercitive.

Il s'agit en second lieu d'une politique affinée d'une immigration choisie, d'un côté en termes d'attraction des talents et des hautes compétences des pays-tiers, de l'autre côté, d'une immigration précaire de passage, à laquelle on fait appel temporairement en cas de besoin et à renvoyer lorsqu'elle devient inutile. Le tout se traduit par des mesures concrètes et en actes qui affectent négativement les droits humains des personnes migrantes et/ou demandeuses d'asile, qui se focalisant sur leur exclusion et à leur dépens.

Au lieu de constituer « un nouveau départ » et une nouveauté, le Pacte ne change pas radicalement les choses. Il nous laisse sur une impression de déjà-vu mais en pire. Il continue à se focaliser sur l'externalisation, la dissuasion, la rétention, la réadmission, le retour en masse, le drainage des cerveaux principalement de la rive sud de la Méditerranée, constituant par conséquent le prolongement de ce qui existe déjà, avec un recul et une régression des droits encore plus importants. C'est un pacte non pas pour les migrations, les demandeurs d'asile et les migrants mais contre eux, avec notamment des chaînes de contrôle externalisé, sauf lorsqu'il s'agit de compétences hautement qualifiées comme on le verra ci-dessous, en raison de l'état du marché du travail ou de la situation démographique, pour « sauvegarder la compétitivité de l'Europe » et « maintenir son bien-être », selon l'affirmation de la Commission européenne lors de la présentation dudit Pacte.

Dans ce cadre commun d'action régressive, focalisée sur la sécurisation plutôt que sur la protection des populations concernées, les priorités internes de l'UE consistent surtout à freiner l'immigration et à intensifier de manière significative le nombre de personnes renvoyées ou expulsées de l'UE, avec à la clé la détention généralisée pour les nouveaux arrivants mais nullement à tenir compte du développement, des droits fondamentaux et des besoins individuels. Il s'agit de rehausser les murs, de bétonner les portes et de renforcer les barrières en établissant d'abord une nouvelle procédure commune plus verrouillée, plus serrée et draconienne pour l'asile, consistant à suivre une procédure expresse de demande d'asile et de retour des migrants refusés vers leur pays d'origine, ce qui affaiblit leur garantie juridique et conduit à des détentions accrues et abusives.

En effet, dans le but de renforcer la confiance entre les pays membres de l'UE, il est prévu en premier lieu, de favoriser une amélioration et une efficacité accrue des procédures par l'établissement d'un processus accéléré afin de renvoyer très rapidement dans leur pays d'origine les migrants dont il est prévisible que la demande d'asile n'aboutisse pas. Il s'agit des ressortissants des pays dont le taux de réponse positive aux demandes d'asile est inférieur à 20%, comme c'est précisément le cas du Maroc ou de la Tunisie, déclarés par ailleurs « pays sûrs ».

Concernant ce dernier groupe qui correspond à des demandeurs d'asile peu susceptibles d'obtenir une protection, le traitement de la demande se fera à la frontière, voire avant cette étape, soit dans des camps et dans un délai de 12 semaines. Ces personnes ne seront même pas autorisées pendant ce temps, à entrer dans le pays où ils déposent la requête, ce qui constitue un détournement flagrant de la Convention de Genève de 1951. Cette politique d'externalisation de l'asile se fait sous couvert de progrès sociaux et démocratiques dans les pays du Sud de la Méditerranée. Les demandeurs d'asile qui n'ont pas eu de réponse favorable, doivent être enfermés dans des camps. La durée de leur détention peut officiellement aller jusqu'à six mois, enfreignant leur droit à la liberté de mouvement et à se déplacer en Europe, leur droit d'asile, leur droit de recours et leur droit à une assistance juridique. Avec ce nouveau durcissement de la gestion des frontières, peut-on vraiment dire qu'il y'a une réelle volonté de mieux prendre en compte la situation de ces personnes et de chercher à respecter leur dignité et leurs droits, comme le prétend la Commission européenne?

Au même moment, le nouveau Pacte a conçu un système de « solidarité obligatoire » à la carte. Il prévoit que l'Etat membre de l'UE qui ne veut pas prendre, en cas d'afflux, de demandeurs d'asile dans le cadre des actions de relocalisation (accueil sur son territoire de personnes exilées arrivant sur son territoire), doit en revanche participer au renvoi des individus déboutés du droit d'asile depuis les pays européens où ils sont arrivés, vers leur État d'origine. La section 2.2 du Pacte (page 6) intitulée *Un cadre commun pour la solidarité et le partage des responsabilités* comporte notamment ce qui suit :

> (...) le nouveau mécanisme de solidarité sera principalement axé sur la relocalisation ou le parrainage en matière de retour. Dans le cadre du parrainage en matière de retour, les Etats membres fourniraient à l'État membre sous pression toute l'aide nécessaire pour procéder au retour rapide des personnes n'ayant pas le droit de séjourner dans l'Union. Les Etats membres peuvent mettre l'accent sur les nationalités au

> sujet desquelles les chances de procéder effectivement à des retours leur paraissent les plus élevées (. . .) Les Etats membres auront la latitude de choisir si et dans quelle mesure, ils peuvent répartir leurs efforts entre les relocalisations et les parrainages en matière de retour.

Cette dernière formule est présentée comme « flexible » puisque les États concernés pourront préférer une contribution financière avec une double éventualité : soit organiser le retour des demandeurs d'asile déboutés vers leur pays d'origine, soit apporter un appui logistique et opérationnel comme la construction de camps de rétention par exemple. La proposition laisse par conséquent le choix aux États membres de contribuer - en les mettant sur un pied d'égalité- à la réinstallation, à la réadmission, à l'appui, à l'accueil et à l'externalisation des frontières.

On ne peut de ce fait passer sous silence cette véritable anomalie causée par une réelle déviation de la notion de solidarité. Une solidarité non pas dans l'accueil mais bien dans les renvois qui sont une priorité à la cohésion interne de l'UE au détriment des droits des personnes. Il s'agit de l'établissement de la formule de « parrainage en matière de retour », de ces renvois à exécuter rapidement dans le cadre d'un mécanisme de solidarité obligatoire et d'une intensification des négociations pour la réadmission vers les pays d'origine dans des délais rapides. L'objectif ici étant de mettre le retour au cœur de la politique migratoire européenne.

Il est question ainsi d'une fermeture encore plus brutale des frontières européennes et de l'organisation d'une solidarité entre les États membres de l'UE, non pas de manière positive pour l'accueil, mais cyniquement négative. Une mesure qui consiste en la concentration et la politisation des retours, la généralisation de l'expulsion des migrants et la gestion des flux migratoires avec une fermeté drastique, bref avec une ligne raide et dure, voire inhumaine .

Ceci est étayé notamment, par « des agences plus efficaces », « un filtrage préalable à l'entrée » comprenant un contrôle d'identité, sanitaire, de sécurité, un relevé des empreintes digitales, une reconnaissance faciale et une refonte de la directive « retour » de 2018. Aussi, cette entente a donné lieu à la nomination d'un coordinateur parmi la Commission européenne, chargé des retours et soutenu par un nouveau réseau de haut niveau pour ceux-ci, et à celle d'un directeur exécutif adjoint au retour de Frontex tandis qu'aucune nomination n'a été prévue pour la protection, les garanties ou la relocalisation. On note aussi d'autres mesures comme le renforcement de l'Agence européenne de garde-frontières et de garde-côtes (Frontex avec la création d'un corps permanent de 10.000 gardes) comme organisme policier et sécuritaire de l'UE.

L'objectif de cet organisme est de contrôler et de surveiller les frontières extérieures de l'UE et de les protéger, en constituant le « bras opérationnel de la politique européenne en matière de retour » et de réadmission ou de fait, une agence européenne d'expulsion, avec la création de nouveaux camps, un soutien renforcé et une « promotion des retours volontaires assistés » (RVA) qui sont en réalité des retours forcés déguisés et une intensification de l'approche « hotspot ». De ce fait, les migrants et les demandeurs d'asile sont considérés non pas comme des personnes humaines mais comme des colis à trier, avec à la carte, toute la latitude de pratiquer le retour au pays envoyeur.

L'obsession de la réadmission par l'UE

Comme l'a bien dit la commissaire européenne aux Affaires intérieures, Ylva Johansson, « nous devons nous concentrer davantage sur les retours (. . .) il y a dans notre paquet aujourd'hui nombre d'initiatives pour atteindre une efficacité accrue des retours (. . .). Un point crucial est bien entendu d'avoir de bons accords de réadmission dans les pays tiers, et c'est ce qui sera une priorité » a insisté la commissaire.

Actuellement, selon les chiffres de la Commission, seul un tiers des migrants déboutés quitte effectivement le territoire de l'UE. Dans cet esprit, au point 6.5 intitulé « favoriser la coopération en matière de réadmission et de réintégration », la communication de la Commission européenne traduit l'attention obsessionnelle de l'UE sur la réadmission. En effet, à la page 25, l'impératif suivant est mis en avant : « Il faut avant tout mettre tout pleinement et efficacement en œuvre les vingt-quatre accords et arrangements européens existants en matière de réadmission avec des pays tiers. » Il s'agit ici non pas des accords bilatéraux signés par des États membres avec des Etats tiers, mais des accords communautaires conclus par l'UE en tant que telle, dans le but d'achever les négociations de réadmission en cours, de lancer si nécessaire, de nouvelles négociations et de trouver des solutions pratiques afin d'accroître le nombre de retours effectifs.

Avec cet impératif, il est devenu impossible pour les États d'origine ou de transit cibles de coopérer avec l'UE dans un domaine spécifique sans que les objectifs européens en matière migratoire ne soient imposés. En d'autres termes, la question migratoire devient une condition centrale incontournable dans tous les secteurs et domaines de coopération de l'UE avec les États tiers.

Rappelons à ce propos que depuis 2003, année du lancement du dialogue formel (après deux années de discussions informelles) entre l'UE et le Maroc pour l'établissement d'un accord généralisé de réadmission des immigrés irréguliers avec l'Union européenne (Marocains en situation administrative irrégulière et étrangers en situation administrative irrégulière en Europe ayant transité par le Maroc, principalement les Subsahariens), les responsables européens au niveau communautaire ou à celui des États membres de l'UE, n'ont cessé d'exercer d'énormes pressions et un chantage pour amener Rabat à s'y soumettre.

Il en a été ainsi lors du septième Conseil d'association UE-Maroc tenu au Luxembourg le 13 octobre 2008, où l'on a observé la formulation d'un chantage certain et d'une nette conditionnalité dans la Déclaration de l'UE sur le statut avancé accordé au Maroc. Bruxelles a usé de son poids politique et économique pour faire plier Rabat, en l'acculant à accepter l'accord communautaire de réadmission. Dans le point 26 de ce document, il est clairement mentionné que l'approfondissement du dialogue bilatéral pour la concrétisation de ce statut avancé qui renvoie à un vaste domaine, nécessitant une approche globale, est conditionné par la nécessaire signature par le Maroc de l'accord de réadmission avec l'UE. Sur ce plan, l'UE déclare clairement sans la moindre réticence ou hésitation, qu'elle est « prête à développer sa coopération avec le Maroc (...) dès que les négociations entre la Commission européenne et le Maroc relatifs à l'accord de réadmission auront été achevées avec succès ».

En clair, tant que l'accord de réadmission n'est pas signé, il ne saurait y avoir un développement d'une coopération dans ses aspects multiples. Or, cette politique de conditionnalité suivie par l'UE est aux antipodes du principe de réciprocité et de l'esprit partenarial consacré nettement par le partenariat euro-méditerranéen.

L'autre exemple est la « Déclaration conjointe établissant un partenariat de mobilité entre le Royaume du Maroc et l'Union européenne et ses États membres » (7 juin 2013), qui prévoit que l'accord sur l'assouplissement des formalités de visas, ne peut être conclu que si de manière parallèle, simultanée et comme condition sine qua non, le Maroc signe avec l'UE l'accord de réadmission avancé par Bruxelles depuis septembre 2000. Mais depuis 2003, suite à quelques 17 rounds formels et plusieurs ateliers, la résistance marocaine a été continue, ce qui n'empêche nullement Bruxelles de persister et de signer en la matière.

Selon la vision européenne, le Maroc aura à réadmettre non seulement les irréguliers marocains au sein de l'UE, mais également les irréguliers subsahariens en Europe qui auraient transité par le territoire marocain, à charge pour lui de les renvoyer vers leurs pays d'origine, à travers la conclusion d'accords de réadmission avec ces derniers. On voit en quoi cette démarche, qui reste circonscrite dans le registre purement sécuritaire, est antinomique et en totale contradiction avec la Nouvelle Politique Migratoire du Maroc et que l'UE prétend soutenir politiquement et appuyer techniquement au niveau d'une inclusion harmonieuse des immigrés au Maroc et d'un lien entre migration et développement. Cette nouvelle politique migratoire ne peut être qu'en rupture avec la politique sécuritaire prônée par l'UE.

De notre point de vue, il existe onze autres raisons au moins de dire non, non et non à l'Union européenne pour cet accord général de réadmission avec le Maroc, et nous paraissent toujours valables:

En premier lieu, les accords de réadmission sont dans le seul intérêt de l'UE. Ainsi, dans les conclusions du Conseil de l'Union européenne en date du 27 février 2002, il est affirmé qu' *«avant de signer tout accord de réadmission, il convient de prendre en considération l'intérêt de l'Union européenne et de ses États membres »*. De même, c'est la Commission des Communautés européennes qui reconnaissait deux mois plus tard, le 10 avril 2002, dans le livre vert relatif à une politique communautaire en matière de retour des personnes en séjour irrégulier, que : « les accords de réadmission sont dans le seul intérêt de la Communauté ».

Rappelons aussi l'intervention au Sénat français en mars 2005 de l'Italien Franco Frattini, alors Commissaire européen chargé de la Justice et des Affaires intérieures :

> La négociation d'accords de réadmission, n'a pas été chose aisée (. . .) La principale raison de leur lenteur est que, bien que ces accords soient en théorie réciproques,il est clair qu'en pratique, ils servent essentiellement les intérêts de la Communauté. Tel est notamment le cas des dispositions relatives à la réadmission des ressortissants de pays tiers. La bonne fin des négociations dépend donc beaucoup des « leviers » ou des «carottes» dont la Commission dispose, c'est-à-dire d'incitations suffisamment puissantes pour obtenir la coopération du pays tiers concerné.

Les dix autres raisons pour une non signature de l'accord général de réadmission UE-Maroc, sont les suivantes :

1. L'empiètement sur la souveraineté du Maroc ;
2. La preuve du transit par le Maroc est très difficile à établir objectivement, malgré la tenue de quatre ateliers pratiques organisés par l'OIM sur le « flagrant délit » ;

3. Le manquement aux droits humains est grave avec la détention arbitraire, le recours aux traitements inhumains et dégradants et l'absence totale du juge permettant notamment les recours ;
4. La remise en cause de droits acquis, en raison de changements fréquents des législations sur l'immigration dans les pays de séjour ;
5. La prédominance du sécuritaire au détriment des questions de développement, de l'aspect humanitaire et de la dimension des droits humains ;
6. La réadmission de ressortissants de pays tiers, c'est-à-dire de ressortissants autres que ceux des parties contractantes, ne constitue nullement une obligation en vertu du droit international coutumier. L'UE cherche en fait à imposer de toute pièce une doctrine nullement fondée en droit international ;
7. Des accords de réadmission bilatéraux existent déjà dans le cas des « irréguliers » marocains (Allemagne, Italie, Espagne) de même que des accords d'identification (France, Belgique, Pays-Bas) ;
8. La sous-traitance sécuritaire qui obligerait le Maroc à reprendre les migrants subsahariens ou autres qui auraient transité par son territoire vers l'Europe, à les installer même provisoirement dans des camps de rétention ou de détention et à les rapatrier chez eux à travers des accords de réadmission qu'il doit signer avec les pays d'origine subsaharienne ou autres. À titre comparatif, les mêmes dispositions existent dans l'article 13 des accords de Lomé.
9. Une nuisance à la relation du Maroc avec l'espace africain. Une atteinte aux intérêts géostratégiques du Maroc en Afrique et au dossier prioritaire à l'échelle nationale de l'intégrité territoriale du Maroc ;
10. L'accord de réadmission est antinomique avec la nouvelle politique migratoire humaniste du Maroc lancée à l'automne 2013 et cette signature porterait un rude coup à l'image du pays.

Voilà autant de raisons pour lesquelles, la société civile ne peut qu'encourager le gouvernement marocain à résister à toutes les pressions européennes et aux divers changements de formules, d'appellations, de contenants et de cadres (tout en maintenant le contenu), dont le dernier en date est le nouveau Pacte européen sur la migration et l'asile, tendant notamment à faire signer à Rabat cet accord général de réadmission qui est pour l'UE la priorité des priorités. La même attitude devrait prévaloir pour ce qui est des « dispositifs régionaux de débarquement » proposés par l'UE en juin 2018 et qui ne font qu'ouvrir la voie à la conclusion de cet accord général de réadmission.

Un grand clin d'œil aux gouvernements populistes européens

Le nouveau Pacte européen sur la migration et l'asile vise à accroître la solidarité entre les Etats membres en abolissant le règlement de Dublin III signé en 2013 par les pays membres de l'UE, qui délègue la responsabilité de l'examen de la demande d'un réfugié au premier pays qui l'accueille, et en remplaçant ce règlement par un nouveau système de gouvernance de la migration et de l'asile. Se plaçant comme un instrument destiné à prendre en considération « l'interdépendance entre les politiques et les décisions des États membres » (p. 2) en matière de migration, d'asile, de gestion des frontières, le nouveau Pacte comporte une autre caractéristique principale. Il constitue l'expression de concessions et un message politique à l'adresse des milieux politiques radicalisés d'extrême droite en Europe et un grand clin d'œil aux pays du groupe des pays dits de Visegrade (V4) : Hongrie, Pologne, République tchèque, Slovaquie mais aussi l'Autriche et la Slovénie et à leurs gouvernements anti-immigration.

Ces pays sont les plus hostiles à l'accueil des réfugiés. Ils pratiquent une politique d'immigration et d'asile populiste dans le cadre d'un espace se voulant homogène, réfractaire notamment au partage du « fardeau » des nouveaux réfugiés arrivants, à la signature du Pacte de Marrakech de 2018, (Hongrie, Pologne, République Tchèque) même si cet instrument n'est pas si contraignant, il recèle toutefois une forte dose sécuritaire.

La crainte par l'UE de la montée des « sudistes » !

Craignant à travers une perception très sécuritaire de la migration, la «montée » du Sud vers le Nord, « l'invasion » ou la « submersion » du continent européen par les « Sudistes » africains en particulier, le projet d'un nouveau pacte a in fine pour objectif de décourager la migration en direction des frontières de l'UE et de durcir les législations sur la migration et l'asile. Le projet constitue une sorte de défense-anticipation des effets dévastateurs et de l'impact très négatif de la virulence de la pandémie de la covid-19 sur l'équilibre économique et social des pays de la rive sud de la Méditerranée. La crise d'une ampleur inédite est non seulement sanitaire, mais également socio-économique, avec notamment la fragilité des services publics de santé et pandémie de la Covid-19 qui « provoque déjà des perturbations considérables » (page 22).

On observe notamment une aggravation du sort des plus vulnérables et des plus démunis (qui étaient déjà précarisés avant la crise), une multiplication des emplois informels, une dégradation des conditions de vie et de travail en général (emploi, logement, éducation, accès aux services de base, protection sociale), une accentuation de la pauvreté de larges couches de la population, un impact psychologique exacerbé, un manque d'alternatives pour les jeunes qui risque d'après cette vision, d'amplifier le potentiel migratoire vers l'UE et de renforcer la détermination des candidats à l'émigration de partir coûte que coûte. Toujours selon cette approche, l'Europe forteresse doit se protéger encore plus en faisant appel à un large éventail d'outils d'action, en prenant une série de mesures clés et en établissant tout un dispositif législatif.

L'externalisation est un des processus mis en œuvre dans les politiques européennes, permettant à l'UE de sous-traiter le contrôle de ses frontières extérieures et d'imposer la responsabilité à des pays tiers. Ce processus d'externalisation vise essentiellement à garder les personnes migrantes et demandeuses d'asile dans leurs pays d'origine ou de transit, loin des frontières de l'UE, et est peu regardant vis-à-vis des droits humains. Son objectif fondamental est d'empêcher le fait que que les personnes migrantes et demandeuses d'asile n'atteignent le territoire de l'UE.

De ce fait, le nouveau Pacte prévoit une approche globale, regroupant les politiques dans les domaines notamment de la migration, de l'asile, de la gestion des frontières et du partenariat sécuritaire avec les pays tiers, combinant pressions, conditionnalités et mesures d'incitation. Pour fonctionner, ce pacte a un besoin vital de l'adhésion des pays limitrophes.

> Les dimensions intérieure et extérieure de la migration sont indissociables : une collaboration étroite avec les pays partenaires à une incidence directe sur l'efficacité des politiques menées au sein de l'Union », peut-on lire dès la page 2. La page 21 du document explicite la préoccupation de la Commission européenne : « Les voisins de l'UE constituent une priorité particulière », en raison notamment de « l'importance cruciale des relations avec les pays d'Afrique du Nord ». Dans cet esprit, « L'UE renforcera sa coopération avec les pays d'origine et de transit afin d'empêcher les voyages dangereux et les traversées irrégulières, notamment au moyen de partenariats chargés de lutter contre le trafic de migrants, conclus sur mesure avec des Pays tiers» (p. 16). Dans le même esprit, « un système commun de l'UE en matière de retour est nécessaire combinant des structures plus solides au sein de l'UE avec une coopération efficace avec les pays tiers pour ce qui est des retours et des réadmissions. (p. 9)

Dans cette perspective ultra sécuritaire et ce contexte politique, on peut d'abord se poser la question à savoir pourquoi la Commission européenne a estimé nécessaire d'élaborer un nouveau pacte européen sur la migration et l'asile alors qu'il y a à peine 2 ans (10 décembre 2018), était adopté à Marrakech le Pacte mondial pour des migrations sûres, ordonnées et régulières, qui est un pacte mondial de l'Organisation des Nations Unies, visant à « couvrir toutes les dimensions de la migration internationale ». De même, le 17 décembre 2018, l'Assemblée générale de l'ONU a approuvé le Pacte mondial sur les réfugiés qui « traduit la volonté politique et l'ambition de la communauté internationale dans son ensemble de renforcer la coopération et la solidarité avec les réfugiés et les pays d'accueil affectés ».

Continuité du Pacte Mondial de Marrakech

Si l'esprit des deux instruments internationaux précités porte la marque et l'empreinte sécuritaire de l'Union européenne, Bruxelles ne veut pas se contenter de ces deux accords non contraignants. Pour parvenir à ses objectifs, à savoir assurer une plus grande maîtrise de l'immigration en Europe, essentiellement sous l'angle du contrôle, du « filtrage » des entrées en Europe et de la répression des migrants ainsi qu'un durcissement de l'accès au statut de réfugié, le nouveau Pacte européen sur la migration et l'asile a été conçu comme un recul, une nouvelle régression des droits des migrant-e-s, un renforcement de la solidarité entre les États pour la rétention et les expulsions massives des migrant-e-s et un nouveau moyen de pression sur les « sudistes ». En d'autres termes, le Pacte réitère ce qui existait déjà mais en l'aggravant.

En effet, l'UE va fortement œuvrer pour que les pays du Sud, auxquels on impose déjà des obligations, se soumettent à cette démarche du nouveau pacte européen qui vise notamment, un contrôle draconien des demandeurs d'asile hors de l'espace de l'UE, en particulier par l'installation de « hotspots » et par une sous-traitance du contrôle des frontières avec les pays d'émigration et/ou de transit, dont le Maroc bien entendu. De ce fait, l'UE fait jouer aux pays sous-traitants, le rôle de gendarme de l'Europe, quitte à étendre les formes de détention des migrants en situation irrégulière comme les centres de rétention qui se trouvent déjà en Libye avec dans le cas de ce pays, des actes de torture, d'extorsions, de viols et de violations systématiques du droit international qui sont documentés.

Avec ce nouveau Pacte, la Commission européenne persiste et signe dans son approche répressive et sa vision négative de la migration. il s'agit en particulier de la persistance de la criminalisation des migrant-e-s, du renforcement de l'obsession de l'UE pour les retours contraints et forcés avec des « procédures efficaces », des politiques de rejet et de répression, des réadmissions vers les pays d'origine en faisant, dans le cadre d'une démarche en termes de carotte ou de bâton, miroiter un assouplissement dans la délivrance des visas en cas de coopération ou en exerçant au contraire, un chantage relatif à des mesures restrictives par une diminution d'octroi de visas dans le cas d'une attitude récalcitrante s'agissant des réadmissions. Ceci est en effet largement précisé à la page 25 du projet de pacte européen à propos de l'instauration dans le code des visas, d'un lien entre la coopération en matière de réadmission et de délivrance des visas. Le chantage imposé notamment aux pays de transit est le suivant : soit vous (re)prenez les personnes qui ne sont pas éligibles à l'asile, soit on réduit drastiquement le nombre de visas que l'on accorde habituellement à vos ressortissants pour voyager vers les pays de l'Union européenne :

> Sur la base des informations fournies par les Etats membres, la Commission évaluera au moins une fois par an, le degré de coopération des pays tiers en matière de réadmission et fera un rapport au Conseil. Un État membre peut également informer la Commission, s'il est confronté à des problèmes pratiques importants et persistants dans le cadre de la coopération avec un pays tiers en matière de réadmission, ce qui déclenche une évaluation ad hoc. A l'issue d'une évaluation, la Commission peut proposer d'appliquer des mesures restrictives en matière de visa ou, en cas de bonne coopération, proposer des mesures favorables en la matière. (p. 25)

Pour des catégories autres que les demandeurs d'asile, la pression est déjà exercée par la France, qui a demandé à ce que les pays de l'UE en fassent de même afin d' obliger les pays maghrébins particulièrement, à réadmettre les individus qui sont en situation administrative irrégulière. Ainsi, invité le 16 novembre 2020 dans le cadre de l'émission « Le grand rendez-vous d'Europe 1 », Clément Beaune, secrétaire d'Etat français aux Affaires européennes, envisageait une réduction « ciblée » du nombre de visas attribués aux pays qui rechignent à reprendre leurs ressortissants en situation irrégulière. « Il faut dire à ces pays qu'ils doivent reprendre les personnes qui sont leurs ressortissants » a-t-il déclaré avant de préciser la menace : « Nous avons des leviers pour le faire, par exemple les visas (...) en ciblant des responsables politiques, des responsables économiques (!!!). Oui, c'est un des leviers que le président de la République et que le ministre de l'Intérieur envisagent ».

Il y a aussi l'objectif de la gestion intégrée des frontières, l'affinement de la « gestion des frontières » à la rive sud dans le cadre des politiques d'externalisation, et l'instrumentalisation des universités et des chercheurs universitaires du Sud afin qu'ils entreprendre des études très orientées et livrer à l'UE des statistiques et autres informations sur les routes migratoires, le profil des demandeurs d'asile, etc., sous couvert de « partenariat scientifique », car « une procédure de migration et d'asile efficace nécessite une gestion appropriée des informations nécessaires ». De même, « un système Eurodac modernisé permettrait de suivre les mouvements non autorisés, de lutter contre la migration irrégulière et d'améliorer le retour ». Autre mesure clé dans ce sens : « l'UE améliorera également l'échange d'informations avec les pays tiers et l'action sur le terrain en soutenant des opérations communes et des équipes communes d'enquêtes ».

En somme, avec ce nouveau Pacte européen sur l'immigration et l'asile, il est question fondamentalement d'empêcher les arrivées sur le territoire de l'UE, de limiter l'accueil par une présélection ou un « tri » et d'intensifier les retours.

Immigration jetable et immigration choisie

Précisons tout d'abord que nous partirons de la notion de « compétences acquises » au sens large, englobant non seulement le savoir accumulé au niveau supérieur, avant ou après la migration, mais également la formation, les compétences techniques, économiques, managériales, sociales ainsi que l'expérience et le savoir-faire acquis sur le terrain, dans les domaines liés à la problématique du développement du pays d'origine qu'est le Maroc, au plan économique, social, culturel, politique, scientifique et technologique. Dans ce cadre, on retiendra ici le départ du Maroc des Marocain-e-s hautement qualifié-e-s, le retour ou le non-retour des étudiants marocains ayant terminé leurs études supérieures à l'étranger, ainsi que d'autres compétences marocaines.

À s'en tenir à un passage de la page 24 de la communication sur le nouveau Pacte, on pourrait penser que la Commission européenne fait tout pour réduire voire éliminer la fuite des compétences qui affecte considérablement le développement des pays tiers, lorsqu'elle avance que « le soutien de l'UE aux partenaires dans le domaine de la gouvernance de la migration, peut contribuer à réduire les conséquences négatives pour les pays partenaires, en réduisant la fuite des cerveaux ». Or, il n'en est rien. Le nouveau Pacte institutionnalise la chasse aux têtes et aux compétences du Sud. Dans le même esprit, l'encouragement à la migration par voie légale dont se prévaut l'Union européenne, se concentre plus sur la migration des travailleurs qualifiés et des hautes compétences. L'Europe ouvre en effet, ses frontières à une immigration sélective de hautes compétences, tout en les blindant aux autres formes de migration (réfugiés notamment). Elle adresse à la rive sud, le message suivant qui se veut rassurant : « Rassurez-vous. Nous continuerons à drainer vos cadres et à capter vos hautes compétences et talents dont nous avons grandement besoin en Europe ».

En effet, à la page 29 de son document, la Commission européenne fait un aveu qui en dit long sur ses intentions pratiques «généreuses » : « L'Union est en train de perdre la course mondiale aux talents ». Voilà pourquoi, pour faire face au vieillissement de la population européenne et à la pénurie de nombreuses compétences, le ton est donné dès l'introduction générale de la communication sur la migration et l'asile : « (. . .) les déficits des compétences à combler nécessitent une politique migratoire efficace» (p. 2). Dans la même logique, la page 27 du document indique que la Commission européenne « développera avec les principaux pays partenaires (dont le Maroc, faut-il le rappeler), des partenariats européens destinés à attirer les talents_afin de faciliter la migration légale et la mobilité ».

Dans cet esprit, la nouvelle présidente de la Commission européenne, Ursula Von der Layen, a déjà confié au Commissaire européen chargé des « questions migratoires et à la protection du mode de vie européen », le Grec Margaritis Schinas, l'accomplissement de cette tâche. Dans sa lettre de mission en date du 10 septembre qui lui avait été adressée, on y lit ceci : «Vous coordonnerez notre approche globale et travaillerez sur un nouveau pacte sur l'immigration et l'asile . . . Dans ce cadre, je souhaite que vous vous concentriez sur la création de voies d'immigration légale pour nous aider à faire venir des personnes possédant les compétences et les talents dont notre économie et notre marché du travail ont besoin ».

À cet effet également, la Commission s'est engagée à organiser prochainement une Conférence de haut niveau avec les États membres et les principales parties prenantes de l'UE, destinée à promouvoir une stratégie d'attractivité des compétences, à établir des partenariats destinés à attirer les talents, y compris par le biais notamment de la politique d'accueil des étudiants les plus qualifiés (master et doctorat), non seulement les « bons », mais surtout les « meilleurs » pour les « capter » ou les retenir.

Ainsi, outre l'intensification de la vulnérabilité et précarité de la migration jetable, renforcées davantage par la crise de la Covid-19 qui élargit le chômage parmi les immigrés dans beaucoup de secteurs en crise, l'UE ne s'embarrasse guère au même moment de manifester explicitement et de manière cynique, choquante et provocante sa ferme volonté de renforcer et d'affiner sa pratique de l'immigration choisie d'une part, en pompant les personnes qualifiées des pays de la rive sud de la Méditerranée en particulier, pour ce qui est des métiers relatifs au tourisme, à l'hôtellerie, au secteur paramédical destiné aux services à la personne (personnes âgées, malades chroniques) et d'autre part, en aspirant leurs talents et compétences hautement qualifiées, en particulier les médecins et les informaticiens, comme on peut le constater à la lecture des deux documents de la Commission européenne.

Épinglons ici même l'intitulé du chapitre 7 du nouveau pacte européen qui est, on ne peut plus clair là-dessus : « Attirer les compétences et les talents vers l'UE» avec une série de mesures précisées dans les pages 29, 30 et 31 telles que : une réforme de la directive « carte bleue européenne »; une mise en œuvre de la directive relative aux étudiants et aux chercheurs ; une révision de la directive sur les résidents de longue durée; l'examen d'un réservoir de talents européens pour les travailleurs qualifiés de pays tiers, à partir duquel l'UE pourrait puiser à volonté les compétences qui lui font défaut pour son développement : « Ce réservoir pourrait servir de plate-forme à l'échelle de l'Union en vue de recrutements internationaux, sur laquelle les ressortissants qualifiés de pays tiers pourraient indiquer leur souhait de migrer vers l'Union et être identifiés par les autorités compétentes en matière de migration et par les employeurs de l'Union en fonction de leurs besoins ».

Observons comment par cette formulation, la Commission européenne exprime vouloir en quelque sorte privilégier ce que l'on pourrait appeler le « libre arbitre », le « choix purement volontaire » et « personnel » des talents concernés, qui font part de « leur souhait de migrer vers l'Union » et à qui l'UE ne ferait qu'exaucer les vœux, sans influence aucune ou interventionnisme au grand jour de la partie européenne, que l'on pourrait accuser de vouloir s'accaparer les compétences marocaines si elle annonçait procéder plutôt autrement, de manière directe.

Au niveau concret, le document rappelle déjà à la page 29 que « les travailleurs des pays tiers comblent d'importantes pénuries dans un certain nombre de professions qui ont joué un rôle crucial dans la lutte contre la Covid-19 », en précisant à titre d'exemple, qu'en 2018, les immigrés originaires de pays tiers représentaient environ 6% du personnel soignant de l'UE, 14% des professionnels de la santé, etc.,

Analyses déconcertantes de la présidence du CCME

Sur ce point, dans l'interview grand format parue dans le numéro 28 (septembre 2020) du magazine « BAB » relevant de l'agence marocaine de presse MAP, et suite à une absence sur le terrain du CCME durant pratiquement neuf ans (!!!) (9 ans du second trimestre 2011 à nos jours), le président du Conseil de la communauté marocaine à l'étranger, Driss El Yazami, s'insurge contre ce qu'il appelle « une lecture catastrophiste de la mobilité des Marocain-e-s» et propose, de son point de vue, une interprétation « plus positive », et estime, concernant le départ des compétences et des diplômés, que « ce phénomène n'est pas spécifique au Maroc, mais il révèle l'entrée du Maroc de plain-pied dans la mondialisation migratoire » . Il renvoie selon lui, à un fait en quelque sorte banal, ordinaire, de peu d'ampleur, courant voire sain, qui doit s'analyser en termes de «normalité » (!!!).

Cette perception nous fait revenir au débat des dernières décades sur la controverse autour du « brain-drain » (exode des cerveaux) où se sont affrontés deux courants : les « internationalistes » ou mondialistes ou courant cosmopolite et le courant nationaliste. Pour le courant cosmopolite, qui regroupe les chantres de l'économie libérale, cette migration n'est qu'un phénomène normal, dont il faut sauvegarder la liberté d'existence au nom du credo libéral et de l'existence d'un « marché des cerveaux ». Pour les tenants de cette thèse, les pays d'origine forment plus de cadres, chez eux ou à l'étranger, qu'ils ne peuvent employer. Selon eux, cette migration de cadres est plus une perte potentielle que réelle. Elle serait même dans ce cas « salutaire » (!!!) comme l'a avancé Jamal Bouoiyour (une des cinq personnes citées par le binôme pour avoir fait « bénéficier la note commune de sa lecture et de ses remarques pertinentes ») dans une étude intitulée : « Migration, diaspora et développement humain », étude préparée en janvier 2006 pour le rapport « 50 ans de développement humain au Maroc et perspectives 2025 ».

De même, la note commune de Driss El Yazami (CCME) et Hicham Jamid sur les compétences marocaines à l'étranger, remise récemment à la Commission spéciale sur le modèle de développement (CSMD), récuse fortement mais sans amener la moindre démonstration, que les migrations des compétences hautement qualifiées sont « un pillage du Maroc de son capital humain et une perte sèche pour son économie » (page 3). Ce type d'analyse, de débat au parlement ou dans la presse qui parle « d'hémorragie des compétences nationales » ou de « chasse aux cadres marocains », comme ce fut le cas au début de 2019, ne serait pour ces deux auteurs que l'expression d'un « emballement médiatique » (page 2 de la note commune), voire un simple « bruit politico-médiatique » !!! (page 22).

Or, au moment où les innovations scientifiques et techniques se multiplient dans le contexte de la globalisation tant vantée par certains, le Maroc voit ses cadres, les meilleurs et les plus brillants, quitter le pays. Dire comme l'affirme la note commune à la page 18, en tant que « concession » dans l'analyse, qu'il s'agit simplement « d'une insertion inégale du Maroc dans la globalisation en cours », ne change rien à la signification et aux effets négatifs pour le pays d'origine de cette évasion de l'intelligence. À notre sens, même si le pays était pleinement inséré dans la globalisation ou mondialisation migratoire en cours pour reprendre la terminologie utilisée par le binôme, ce drainage des cerveaux n'en reste pas moins pénalisant, handicapant et préjudiciable pour un pays d'origine comme le Maroc, qui subit de plein fouet une perte significative à deux niveaux au moins :

La première perte est liée au fait que le départ des personnes hautement qualifiées est un handicap qui réduit les capacités internes du pays d'origine en terme de savoir et de savoir-faire qui sont précieux pour son développement multidimensionnel, induisant des conséquences économiques et sociales négatives, en entravant notamment l'éclosion technologique, en bloquant ses possibilités d'accès à la compétitivité scientifique et technologique de haut niveau et en maintenant les départs de migrants. Comme le précisait la Déclaration des Plateformes nationales d'O.N.Gs sur la migration et le développement, publiée en marge de « l'atelier régional sur la migration et le développement en Afrique » (Dakar, les 17–19 mars 2008) :

> La maîtrise des flux passe également par une politique équitable de partenariat et de coopération avec les pays de départ des migrants : l'immigration dite « choisie » est une façon irresponsable d'organiser « la fuite des cerveaux » hors des pays d'émigration. Une telle politique aboutit d'ailleurs au résultat inverse recherché, car en privant les pays d'émigration de leurs élites, on prive ces pays de la possibilité de créer sur place les emplois qui limiteraient les flux migratoires.

Ce mouvement de départ préjudiciable est alarmant parce qu'il est non seulement qualitatif, mais également quantitatif, dans la mesure où il concerne divers profils ayant le plus souvent un niveau d'éducation et de formation plus élevé : chercheurs, hauts cadres des administrations publiques et privées, secteur porteur de l'intelligence artificielle, médecins (anesthésistes-réanimateurs, ophtalmologistes, etc.), hommes d'affaires, universitaires, ingénieurs, etc. Pour ce qui est de cette dernière catégorie, le 14 janvier 2019 au cours d'une séance parlementaire à Rabat, Saiid Amzazi, ex-ministre de l'Éducation nationale, de la Formation professionnelle, de l'Enseignement supérieur et de la Recherche scientifique, reconnaissait que le Maroc voyait chaque année, le départ à l'étranger de quelques 600 (six cent) ingénieurs en informatique et des filières technologiques soit, afin de donner ici un autre ordre de grandeur, l'équivalent à chaque promotion annuelle de quatre écoles d'ingénieurs à Casablanca.

M. Amzazi soutenait, pour atténuer l'ampleur du fait, que l'exode des compétences n'est pas propre au Maroc, mais est une tendance mondiale liée à la mobilité des compétences. Se sentant pousser des ailes, il ajoutait par ailleurs, en tirant au passage un sentiment de gloire et de fierté, un argument pour le moins surprenant, à savoir que ce niveau de mobilité des compétences « prouve la qualité de l'enseignement au Maroc » (!!!) . . . Cette déclaration a valu au ministre un tollé de critiques lui reprochant d'une part, de ne pas appeler le phénomène par son nom, à savoir « le drainage des cerveaux », préférant l'euphémiser par « mobilité des compétences » dans le cadre de la mondialisation, et d'autre part de justifier, voire d'encourager le drainage des cerveaux dans le cadre des politiques d'immigration choisie mises en œuvre par les pays développés dont les chasseurs de têtes au Maroc, entreprises spécialisées ou agences de recrutement baptisées « the snipers » pourchassent les talents. Ceux-ci ratissent large deux fois par mois principalement à Casablanca, dans le cadre d'une véritable fuite organisée de cerveaux, qui a été révélée au début du mois de février 2019 par le scandale de « l'affaire ATOS », une entreprise française des services du numérique (ESN), accusée d'organiser des sessions de « fuite de cerveaux ». L'entreprise est connue en effet pour ses opérations de recrutement continu au Maroc (via des annonces notamment sur un site d'offres d'emploi marocain), de profils IT pour des expériences ou opportunités de longue durée en France, au détriment des besoins pressants du Maroc.

Ces départs vers l'étranger représentent une perte sèche en termes d'idées novatrices et un effritement de l'attractivité des investissements privés qui ont besoin d'un encadrement local ayant des qualifications professionnelles avérées. En mettant leur savoir-faire et leurs compétences scientifiques, techniques, économiques et financières au service d'économies étrangères, ces talents privent leur pays de compétences de haut niveau, nécessaires à son économie nationale et à sa modernisation en général, alors que celui-ci est confronté aux contraintes de la mise à niveau à tous les niveaux, en particulier celle de son système productif et de la réforme approfondie de plusieurs secteurs, ayant nécessité la rénovation de son modèle de développement. A titre d'exemple, dans un contexte d'accélération de la transformation digitale à travers le monde, le Maroc a, plus que jamais, besoin de ses compétences pour accompagner ces mutations.

La seconde perte significative est la suivante. La formation de ces élites, talents et hautes compétences qui se fait au Maroc, exige énormément de temps et pèse lourd sur le budget de la nation. Aussi, les dépenses qu'engrangent l'éducation, la formation et l'entretien au sens large, et qui sont prises en charge par les familles de ces talents, pratiquement depuis leur naissance, sont l'expression de nombreuses années d'efforts et d'investissements considérables aussi bien pour les familles que pour les pouvoirs publics. Il s'agit d'une réelle dilapidation des ressources humaines nationales, qui se traduit par une aide inversée aux pays d'immigration, une véritable dette à l'envers ou un « transfert inverse de technologie » (reverse transfert ou technologie) selon une notion mise en avant en 1974, par l'Organisation des Nations Unies pour le commerce et le développement (Voir CNUCED « Developpement aspect of the reverse transfert of technology », Genève, 1978).

Précisons que nous parlons ici des jeunes nés, ayant grandi et ayant reçu leur éducation au Maroc même. Le Maroc oeuvre à leur formation tandis que d'autres profitent de leurs services pratiquement de manière gratuite (en dehors du salaire bien entendu). Sur ce dernier aspect et en rapport avec la COVID 19, remarquons toutefois, s'agissant de la fuite des médecins et du personnel soignant marocain, que ces derniers contribuent avec des professionnels de la santé formés en Afrique et dans le pays d'accueil, à sauver des vies humaines notamment en Europe et en Amérique du Nord. Mais l'infrastructure et l'encadrement sanitaires au Maroc, connaissant un déficit patent, la nécessité de garder ces compétences au niveau du pays d'origine s'impose.

Relevons à ce propos comment le Roi Mohammed VI a interpellé fermement l'Europe, en soulignant ce qui suit dans le discours qu'il a livré à Abidjan le 28 novembre 2017, lors du Sommet Union Africaine-Union Européenne : « Il n'est pas acceptable que tant sur les bancs des écoles prestigieuses que dans les entreprises du continent, les meilleurs talents africains soient l'objet de convoitises européennes, au mépris de l'investissement de leur pays d'origine en terme de formation, l'hémorragie des cerveaux qui s'en suit est déplorable ».

Quelques années auparavant, lors du 23ème Sommet des chefs d'Etat d'Afrique et de France (Bamako, le 3 décembre 2005), le Roi Mohammed VI soutenait dans son discours que le départ du potentiel humain qualifié vers les pays développés ou l'évasion de l'intelligence, constitue une perte de compétences, un gaspillage de ressources humaines, un « gâchis » pour les pays d'origine : « A défaut de mettre en place des mécanismes particulièrement attentifs aux besoins des jeunes répondant à leurs aspirations, l'Afrique continuera d'assister impuissante au gâchis de la fuite des cerveaux ».

On constate ainsi qu'au lieu d'entreprendre d'une part, une analyse critique du drainage et de l'attraction des compétences marocaines par l'UE en particulier et de la déperdition par le Maroc de matière grise et de fournir d'autre part, des solutions alternatives, le président du CCME procède plutôt à un déni de cette double perte pour le Maroc. Il considère le départ à l'étranger de ces compétences non pas comme la perte d'un capital humain ou un fléau social, mais comme une aubaine, une opportunité, un atout, l'exercice d'une simple liberté de choix, l'expression de la recherche d'une promotion individuelle et d'une quête d'amélioration personnelle des conditions de vie des compétences qui, somme toute, leur est bénéfique à titre personnel.

Ce faisant, M. El Yazami s'inscrit dans la continuité de la logique qu'il avait développée dans l'interview accordée onze ans auparavant au journal « Les Echos Quotidiens », (Casablanca, 1er décembre 2009) : « À mon avis, il ne faut plus considérer le départ de nos compétences à l'étranger comme une malédiction » en cette ère d'hyper compétitivité. Un an plus tard, il déclarait, toujours en tant que président du CCME dans une interview accordée à Radio Al Manar, reproduite dans « Dounia News », une revue de presse hebdomadaire, au cours de la semaine du 11 au 17 janvier 2010 ceci : « Il y'a une véritable compétition internationale pour attirer les compétences de haut niveau. C'est une guerre internationale. Donc, il faut que nous menions cette guerre et à mon avis, ne pas réfléchir en terme de retour définitif ».

D'une certaine manière, cette analyse abonde dans le sens de la position défendue dans un éditorial du journal « Maroc Soir » du 5 août 1991 par un ministre d'Etat marocain, Moulay Ahmed Alaoui, qui préconisait une politique volontariste d'exportation de cadres : « À la veille du XXIe siècle, il faut penser à nous préparer, à nous élever un peu plus haut, à savoir nous positionner en tant que coopérants et non plus en émigrés quémandeurs de petits travaux, car dans quelques années seulement, l'Europe aura besoin de main-d'œuvre, naturellement d'ouvriers spécialisés qualifiés, de techniciens ».

La direction de l'ANAPEC, dans la même lignée

A l'instar du président du CCME, Abdelmounaim Madani, directeur général de l'Agence nationale de promotion de l'emploi et des compétences (ANAPEC), une institution publique chargée du placement des compétences marocaines à l'étranger, pour ne pas dire de l'exportation vers l'étranger des cadres marocains, n'y voit lui non plus rien de problématique, déclarant dans « Yabiladi.com » du 1er mars 2019 qu'il n'y a pas de drainage de cerveaux ou de « fuite des cerveaux » : « Ceux qui utilisent le terme de fuite, devraient le corriger.

Ces jeunes sont des cerveaux, et des capacités, une valeur, et que s'ils partent, cela ne devrait gêner personne, au contraire c'est une reconnaissance de leur valeur par les Américains, les Brésiliens ou autres. Ils sont en plein exercice de leurs droits à la liberté »

(voir Yabiladi.com).

Dès lors, en procédant à un véritable déni, M. Madani révoque totalement la notion de fuite pour lui substituer celle de mobilité :

> La fuite de cerveaux, je ne la connais pas et ne la reconnais pas, car c'est contraire aux règles de base des droits humains. Parce que la fuite implique que vous êtes séquestré, alors que moi, je suppose que tous les êtres humains sont libres et à leur tête les jeunes marocains. Donc il n'y a pas de fuite, il y a de la mobilité et de la jouissance d'un droit élémentaire, qui est le droit à la mobilité.

La réponse de ce même responsable, à une question posée dans « Les Inspirations ECO » du 9 avril 2019 cherchant à savoir « comment l'ANAPEC se positionne sur le sujet de la fuite des cerveaux ? », est aussi tranchée et sans appel : « Pour nous, ce débat est un non- sens. Qui dit fuite, dit qu'il y'a séquestration et une privation de liberté. Or nous ne sommes pas dans cette configuration. La liberté de circulation est reconnue par tous les textes internationaux. La difficulté que traverse le secteur IT est celle de la disponibilité des ressources humaines ».

Notons que là aussi, dans ses remerciements, le binôme a précisé que leur note commune « a bénéficié de la lecture et des remarques pertinentes de Abdelmounaim Madani . . . »

Ne jouons pas avec les mots

Ainsi, on modifie sciemment la terminologie et la sémantique pour faire perdre aux faits sociaux tout leur sens. On évacue le fait que pour des compétences marocaines opter pour le « choix » de travailler à l'étranger pour des raisons salariales et de conditions de travail en général, à cause d'un manque de reconnaissance et de valorisation et d'une absence de perspectives, n'étaient pas, en soi, une fuite de cette situation ! Il y a en effet, au-delà de la question économique, un mal être à prendre en considération.

C'est ainsi que, pétris du dogme de la « mondialisation heureuse », au lieu de parler d'exode des cerveaux ou de la notion « négative » ou de « non productive » de fuite des cerveaux, ou drainage des cerveaux et des talents, on préfère plutôt, dans une terminologie plus neutre, utiliser le terme de « migration qualifiée ». De même, dans une appellation qui se veut positive et « moderne », plus « attrayante » et enjolivée, on préfère substituer à ces notions, celle de mobilité internationale ou de « mondialisation migratoire » (formule utilisée par Driss El Yazami et Hicham Jamid) qui sonne bien mieux que la formule « négative » de fuite des cerveaux. Or, ce n'est guère user d'un discours culpabilisant ou moralisateur que de parler de pillage et de gaspillage des compétences et de migrations contraintes ou subies, en termes d'une fuite organisée des compétences, qui se conjuguent, précisons-le, non seulement au masculin, mais également au féminin.

Autrement dit, les propos précédents tenus par des responsables institutionnels marocains, dont le président du CCME, réhabilitent en quelque sorte l'exode des cerveaux marocains, justifient la fuite des compétences et légitiment le recrutement des migrants marocains qualifiés par les chasseurs de têtes en faveur des pays développés qui ont besoin non seulement d'une main-d'œuvre « banale » dans certains secteurs, en raison du déficit démographique et de la pénurie dans certaines professions comme le reconnaît le document relatif au pacte européen, mais également de « cerveaux-d'œuvre » dans le cadre d'une immigration choisie.

Former plus de cadres pour en exporter plus

Après le constat de cette fuite des compétences, d'autres responsables ont affirmé ceci: « J'ai presque envie de vous dire : et après ? ». Ils vont jusqu'à proposer que le Maroc forme davantage de cadres pour couvrir non seulement les besoins internes mais également la demande croissante externe. Ainsi, le journal l'Economiste du 20 février 2019, rapporte cette déclaration de Moulay Hafid Elalamy, ex-ministre de l'Industrie, du Commerce et de l'Economie verte et numérique : « Nous ne pouvons pas empêcher des personnes de quitter le territoire s'ils le souhaitent. Ils sont libres de circuler comme ils veulent. Nous devrions plutôt redoubler d'efforts au niveau de la formation. Or le Maroc produit peu d'ingénieurs ».

Dans le même esprit, la présidente de la Fédération marocaine des technologies de l'information, des télécommunications et de l'offshoring (APEBI) a, selon la presse marocaine, plaidé en faveur de « la multiplication de l'offre de formation pour répondre à la demande du marché intérieur et extérieur ».

Or pour nous, il y a lieu d'accorder tout l'intérêt requis à la réflexion sur l'amélioration de l'environnement local au Maroc qui participe aux raisons de cette hémorragie. Il s'agit d'abord d'éviter les départs des compétences formées au Maroc, de limiter cette fuite à partir du Maroc et ce, en retenant les professionnels qualifiés dans le pays, en améliorant notamment le cadre et les conditions de travail pour motiver ceux-ci à rester. Précisons bien les choses. De notre point de vue, si l'un des principes fondamentaux des droits humains est la liberté de circulation des personnes, il ne s'agit pas bien entendu pour le Maroc d'entraver ce principe en restreignant la liberté de mouvement de ses ressortissants hautement qualifiés, en empêchant juridiquement ces compétences de s'expatrier. Mais c'est une tout autre chose que l'encouragement officiel de cette émigration des compétences par des responsables d'instances publiques ou parapubliques au détriment de l'intérêt national, qui est celui de garder et d'utiliser chez soi les compétences nationales en vue d' accompagner le développement du Maroc qui a investi d'importantes sommes d'argent pour la formation de cette catégorie de citoyens.

Or, c'est tout le contraire que prône la note El Yazami-Jamid à la CSMD. Les dirigeants marocains se dédouanent face à cette hémorragie de compétences en contestant l'analyse de ceux qui présentent ces départs comme un des éléments qui fournissent la preuve de l'échec des modes de gestion politique, économique et éducative suivies par les divers gouvernements qui se sont succédés et comme « un révélateur des dysfonctionnements du pays » (p. 3), « révélateur d'un échec politique du pays. A les croire, aucun effort ne serait entrepris par les pouvoirs publics pour réduire le départ des Marocains diplômés ou organiser et stimuler le retour des compétences déjà expatriées ». Si le fait réel de cette émigration connaît une ampleur préoccupante, l'analyse du binôme s'aligne sur la justification des politiques publiques qui est plutôt rassurante et qui se ramène plutôt à former plus pour exporter plus.

Sans argumenter aucunement l'objection, le président du CCME a-t-il oublié que lui-même a été contre le retour au Maroc des compétences déjà expatriées, comme il a été rappelé plus haut. (Voir volet 7.)

De l'exportation des muscles à l'exportation de la matière grise

Revenant en conclusion sur la discussion qui s'est tenue au parlement et le débat public qui a eu lieu en 2019 sur la fuite des compétences marocaines. La note commune prône en définitive à la page 23, le maintien d'une politique volontariste d'exportation des cadres et des hautes compétences :

> Un des effets pervers de cette polémique a été de « délégitimer », du moins au niveau du discours public, toute mobilité, comme si partir étudier ou travailler à l'étranger serait devenu pour les individus une sorte de trahison de la patrie et pour les pouvoirs publics un manquement grave à leurs devoirs. Dans cette perspective (irréaliste), les pouvoirs publics ne devraient plus envisager de placements à l'international comme une des solutions au problème du chômage des jeunes ... Or quelles que soient les appellations (immigration circulaire, sélective ...), des pays de plus en plus nombreux, notamment du Nord, feront appel à l'immigration et il faut essayer autant que possible, que les jeunes Marocains en profitent. Pour les diplômés d'entre eux, un passage par l'international est à coup sûr un atout sur le plan personnel et peut l'être pour le Maroc aussi, si certaines conditions sont réunies. (p. 23)

Voilà de quoi conforter et satisfaire pleinement les initiateurs du nouveau Pacte européen sur la migration et l'asile, qui prônent le drainage et la captation des élites et des compétences marocaines. Ils pourraient même délivrer au binôme un certificat de proximité ou de rapprochement intellectuel avec eux. Clarifions les choses à ce stade-ci à travers les sept remarques suivantes formulées à partir de la citation précédente :

- ✓ le débat tourne autour de la fuite des compétences marocaines et/ou de leur drainage par les pays du Nord, particulièrement par l'Union européenne, et non pas de n'importe quelle forme de mobilité comme par exemple les départs pour étudier à l'étranger. En revanche, le non-retour au Maroc de ces derniers posent problème;
- ✓ l'objection du binôme ne répond nullement aux critiques de fond relatives aux pertes subies par le Maroc en tant que pays d'origine ;
- ✓ maintenant que le Pacte européen déclare publiquement que l'UE va procéder à l'attraction y compris des jeunes diplômés, va-t-on continuer de lui permettre de puiser dans le « Réservoir Maroc » pour répondre à ses besoins, quitte à former pour elle plus de cadres et de compétences aux frais du contribuable marocain ?
- ✓ l'atout pour le pays dont parle le binôme à propos du « passage des diplômés par l'international » est au conditionnel, sans que ces conditions à réunir ne soient nullement précisées, même à grands traits. Le ministre Saiid Amzazi reconnaissait, quant à lui, à la Chambre des Représentants à Rabat le 14 janvier 2019, que « le Maroc ne présente pas d'incitations permettant de séduire ces compétences en vue de les récupérer » ;

- ✓ l'analyse sur l'émigration marocaine est à renouveler et à revisiter. Elle ne doit pas continuer à être dominée par l'approche instrumentale et utilitariste, en considérant l'émigration - à l'instar des années 60 et 70 du siècle dernier - comme un secteur d'exportation et rentrant elle-même dans le cadre du modèle de développement basé sur les exportations, étendant ainsi le modèle de développement extraverti et d'économie de rente aux ressources humaines. Rappelons-nous comment le Plan Quinquennal marocain 1968–1972, préconisait une politique émigrationniste à outrance avec pour objectif d'exporter le plus possible de travailleurs marocains à l'étranger, afin de recevoir en contrepartie le maximum de devises : «… L'objectif à atteindre sera une augmentation des travailleurs à l'étranger à la fin de la période quinquennale » (voir page 93). Le Plan Quinquennal marocain 1973–1977 renchérissait : « L'émigration des travailleurs à l'étranger et l'accueil des touristes au Maroc sont, en dernière analyse, équivalents, sur le plan économique, à une exportation réalisée au Maroc » (volume 1, page 48).
- ✓ En outre, insistons pour dire que le départ de ces cerveaux ne signifie nullement que le Maroc a un trop plein de compétences scientifiques, techniques, économiques et managériales au sens large, loin s'en faut. Avec l'hémorragie des compétences, on assiste même à une situation paradoxale, celle notamment de recruter des ingénieurs étrangers et de former « à la va vite » 6 000 ingénieurs, dont 500 dans chacune des douze régions du Maroc. Cette formation est destinée aux diplômés marocains bac+3 des filières scientifiques ;
- ✓ par ailleurs, force est de constater que l'attention se focalise sur la question de la participation des cadres marocains établis à l'étranger au développement du Maroc alors que l'on accorde moins d'intérêt à la réflexion sur l'amélioration de l'environnement local au Maroc qui participe aux raisons de cette hémorragie. Autrement dit, avant de parler de stratégies et de programmes visant à inverser la fuite des cerveaux et d'afficher la volonté de mobiliser des compétences marocaines à l'étranger au profit du développement multidimensionnel du Maroc, on doit avant tout ne pas oublier de chercher coûte que coûte à limiter cette fuite à partir du Maroc et ce, en retenant les professionnels qualifiés dans le pays ;
- ✓ le redressement du Maroc pour faire face à cette évasion de l'intelligence humaine, suppose une nette amélioration du statut de ces compétences au niveau de la fonction publique, de même qu'une revalorisation des conditions matérielles et morales au niveau du secteur privé. Il s'agit

aussi de donner la priorité en matière d'expertise aux compétences nationales. La solution passe également par une réforme de l'enseignement, une adaptation du marché du travail, une intensification des investissements dans des secteurs de pointe comme les nouvelles technologies.

A chacun son Sud ?

La note du binôme propose à la page 21 que l'on facilite par exemple l'accès au marché national de l'emploi aux nouveaux diplômés étrangers au Maroc qui sont originaires essentiellement de l'Afrique subsaharienne, non pas tant dans le cadre d'une intégration africaine, et d'une participation à la libre circulation et installation des travailleurs, qui serait somme toute une motivation honorable, mais plutôt comme moyen de les retenir, de les garder ou comme dit la Commission européenne pour les « capter » : « A cet égard, il faudrait considérer ces étudiants, une fois formés, comme autant de compétences qu'il s'agit de **capter (!!!)** et de les considérer comme une composante à part entière de la politique de mobilisation des ressources humaines du pays. »

Est-ce ainsi que l'on appliquerait aux autres ce que l'on ne voudrait pas (ou plutôt que l'on ne devrait pas) voir être appliqué à soi ? Est-ce ainsi que l'on se préoccupe de l'avenir du continent et du développement des pays d'origine en Afrique subsaharienne qui ont un besoin vital de l'apport des compétences de leurs ressortissants pour leur propre développement multidimensionnel? Est-ce ainsi que l'on s'inscrit dans ce qui est prescrit par le préambule de la Constitution 2011 (qui fait partie intégrante de la Constitution), à savoir œuvrer à « consolider les relations de coopération et de solidarité avec les peuples et les pays d'Afrique, notamment les pays Subsahariens et du Sahel » et « renforcer la coopération Sud-Sud »?

Il est vrai que pour la présidence du CCME, le Maroc se situe en Afrique du Nord ... Pour elle, il s'agirait plutôt, dans le cadre de la « mondialisation migratoire », de s'inscrire dans « l'effet de cascade ». Si les Etats-Unis, le Canada, l'Australie pompent les talents européens, que les pays de l'UE parent à ce préjudice en attirant les compétences de pays tiers et bien que des pays comme le Maroc, n'ont qu'à pratiquer à leur tour, le «captage » des talents provenant de pays moins développés. Et le tour est joué.

Prêter également attention à des catégories autres que les compétences et les talents marocains expatriés

Prendre en considération l'existence d'un potentiel de plus en plus large et diversifié de talents et de cadres marocains hautement qualifiés dans les pays d'accueil européens (y compris au féminin), ne doit pas faire passer sous silence le maintien particulièrement mais non exclusivement dans les nouveaux pays d'immigration tels que l'Espagne et l'Italie ainsi que dans les pays arabes et les pays africains subsahariens, de larges franges de la communauté marocaine non formée et en situation de précarité, dont la vulnérabilité se creuse d'ailleurs avec l'impact de la Covid-19. En effet, la composition de l'immigration marocaine dans les nouveaux pays de destination tels que l'Espagne et l'Italie, rappelle la première génération de travailleurs non qualifiés, les « TME » qui s'étaient installés particulièrement en France, en Allemagne, en Belgique et aux Pays-Bas durant les « trente glorieuses », jouant le rôle de « soutiers » de l'expansion.

Un soutier, en langage maritime, est un matelot chargé à bord d'un vapeur, de transporter le charbon des soutes aux chaudières. Ce terme illustre bien la fonction des travailleurs immigrés marocains dans les pays importateurs de main-d'œuvre durant cette période-là, à savoir assurer des travaux de force ingrats, durs, rebutants, malsains, ne nécessitant aucune formation particulière, mais permettant aux pays européens de faire sauter des goulots d'étranglement et de faire fonctionner leur économie, et par là même, d'économiser sur les dépenses d'investissement. Mais une fois que cette main-d'œuvre corvéable à merci est épuisée ou bien que l'on n'a plus besoin de ses muscles, alors sans aucun scrupule, on se débarasse d'elle.

Voilà la raison pour laquelle, et du fait que de larges franges de cette communauté n'ont pas obtenu la nationalité du pays d'accueil (contrairement aux anciens pays d'installation), une politique de protection et d'élargissement des droits de ces catégories par les pouvoirs publics marocains, en relation avec les autorités des pays de séjour, reste un impératif, par le biais notamment de la dynamisation de la diplomatie sociale. En matière de protection et de promotion des droits de l'Homme des immigrés marocains dans ces pays, les priorités se déclinent en particulier dans les domaines suivants :

- ✓ une sauvegarde de la sécurité et de la dignité des immigrés, notamment des saisonnières marocaines pour la cueillette des fraises en Espagne;
- ✓ une lutte indispensable et effective contre le racisme, la xénophobie, la haine de l'islam ;
- ✓ une libéralisation de la délivrance des visas permettant notamment les visites familiales,
- ✓ une protection de l'identité culturelle et religieuse, sachant que là aussi, la responsabilité de la situation incombe également à la partie marocaine ;
- ✓ une amélioration des conditions de vie, de travail et de séjour ;
- ✓ une décriminalisation de l'immigration et une reconnaissance de son apport ;
- ✓ une mise à niveau des accords de sécurité sociale, en évitant à tout jamais les reculs et les remises en cause d'un certain nombre de droits, comme le Maroc l'a fait officiellement ces dernières années avec les Pays-Bas ;
- ✓ une révision de bien d'autres accords bilatéraux concernant les Marocains résidant à l'étranger qui se caractérisent par leur vétusté et leur non adaptation aux contextes actuels.

Lever le tabou sur les retours définitifs des compétences au Maroc

La question se pose aussi bien pour les personnes hautement qualifiées parties du Maroc vers l'étranger que du non-retour des compétences marocaines établies dans des pays d'accueil. Dans cet esprit, le retour définitif au Maroc de ces compétences expatriées doit être entièrement et explicitement reconnu, assumé et pris en charge par tous les départements concernés. En effet, chez certains gestionnaires du dossier « MRE » (influencés par des analyses dominantes) ainsi que chez les responsables du CCME, on relève une nette forme d'allergie au retour définitif et à la réinsertion des compétences, en préférant un retour momentané ou sous forme d'une intervention à distance. Dans l'étude de l'OIM et du ministère chargé de la communauté marocaine à l'étranger, intitulée « Mobilisation des compétences MRE pour le débat développement du Maroc. Éléments d'une stratégie » (Rabat, 2009), Il est dit en effet que:

> Les relations avec les pays d'accueil devraient prendre un tour nouveau. La politique de mobilisation des compétences ne devrait pas être perçue dans un sens conflictuel. La finalité et les moyens de cette politique doivent être clairement et concrètement présentés aux migrants qualifiés. Sur le point précis de la compétence MRE au service des chantiers du pays, elle doit être conçue comme une offre d'expertise et non de retour.

Cela veut dire que l'appartenance de ces compétences (également au Maroc) est déjà tranchée en faveur des pays d'accueil essentiellement européens (où elles ont une double nationalié), en privilégiant l'approche dans le cadre de la migration circulaire. Cette approche consiste en ce que, après un séjour momentané dans le pays d'origine, ces individus opèrent un retour vers les pays développés, afin que ces derniers ne perdent pas ces compétences.

Au-delà de l'économique et du technique : des compétences citoyennes marocaines d'abord

À la page 16 de la note commune est abordée l'action de ce que l'on pourrait appeler les associations « co-développementalistes », désignées également comme OSIM (organisations de solidarité internationale issues de l'immigration) qui ont un rapport étroit de solidarité et de disponibilité de même que de solides liens avec les régions d'origine au Maroc : appui à l'enfance, à l'éducation (écoles, bibliothèques), à la santé avec création de dispensaires et service d'assainissement, au développement durable ou à la protection de l'environnement. C'est à propos de cette frange de la société civile MRE grandement impliquée dans le développement solidaire local, que pour la seule fois dans la note, est soulevée explicitement bien que de manière fondamentalement très dépréciative, la question de la représentation parlementaire des MRE au Maroc. Il est affirmé en effet ce qui suit :

> De manière générale, la mobilisation des compétences expatriées pour le développement fait depuis de nombreuses années, partie intégrante du discours public des acteurs sociaux au sein de la diaspora. Cet argument est souvent avancé vis-à-vis des autorités et de l'opinion pour dénoncer un déficit de reconnaissance ou pour soutenir le plaidoyer en faveur de l'octroi de droits, comme la représentation au parlement (!!!)

De notre point de vue, cette présentation est faite pour déconsidérer et disqualifier la revendication lancinante des citoyens marocains établis à l'étranger pour une effectivité de la citoyenneté pleine et entière par rapport au Maroc. En premier lieu, des associations de développement largement connues comme « Maroc Développement », se sont limitées à l'action sociale sur le terrain (qui est en soi très importante bien entendu), sans qu'il y'ait en même temps, des revendications politiques par rapport au Maroc. Par ailleurs, dans le cadre de l'Instance Equité Réconciliation, le nécessaire développement des régions d'origine était pris comme une compensation collective aux violations des droits humains qu'avait subie la communauté marocaine à l'étranger durant les « années de plomb ». Mais le droit de vote et d'éligibilité notamment parlementaire par rapport au Maroc, à partir des pays de résidence, n'a nullement été réclamé par les Marocains résidant à l'étranger depuis fort longtemps parce que ceux-ci envoient beaucoup d'argent au pays ou bien doit être considéré comme une « compensation » ou une « faveur » parce qu'ils mènent de nombreux projets de développement solidaire, mais comme un droit lié à la citoyenneté. (phrase boîteuse ??)

La critique à demi-mots, d'une position attribuée faussement à une partie de la société civile MRE, se retourne contre le président du CCME lui-même, quand on voit ce qu'il déclarait dans une interview parue dans « L'observateur du Maroc » en date du 4 octobre 2011 : « Quand on reconnaît la réciprocité des droits civiques et la double appartenance, c'est une empreinte du CCME. Il faut savoir que peu de constitutions ont eu le courage d'affirmer ce principe. Ce n'est pas un cadeau, mais la concrétisation du rôle des MDM (Marocains du Monde) dans le soutien à l'économie nationale ».

Or, comment ramener le fondement du droit à la bi-citoyenneté (si tant est que « le soutien à l'économie nationale » peut l'être), au fondement du droit de vote et d'éligibilité dans le pays d'origine ? Le droit de vote et d'éligibilité, y compris le droit à la représentation parlementaire, est en fait un droit lié à la citoyenneté, à l'appartenance nationale au Maroc, un droit qui est permis par la Constitution marocaine bien avant même l'article 17 de la Constitution 2011 (comme ceci a été le cas lors de la seule expérience de députation MRE 1984–1992) et par de multiples discours royaux, en particulier le discours fondateur du 6 novembre 2005, à l'occasion du 30ème anniversaire de la Marche Verte, qui renvoie à des enjeux centraux en termes démocratiques, politiques et de participation citoyenne. Ce discours annonçait en effet, deux importantes et complémentaires décisions prises par le Roi Mohammed VI de faire représenter les Marocains résidant à l'étranger à la Chambre des députés par le biais de circonscriptions électorales législatives de l'étranger, autrement dit par le vote direct dans les pays de résidence :

> Nous avons pris deux décisions importantes et complémentaires les unes des autres. La première consiste à conférer aux Marocains résidant à l'étranger, la possibilité de se faire dûment représenter à la Chambre des Représentants, de façon appropriée, réaliste et rationnelle. Quant à la deuxième décision, qui découle, d'ailleurs, de la première, elle porte sur la nécessité de créer des circonscriptions législatives électorales à l'étranger, afin de permettre à nos citoyens de choisir leurs députés dans la première chambre du parlement. Il est à noter à cet égard, qu'ils jouissent, sur un pied d'égalité, des droits politiques et civils que confère la loi à tous les Marocains, dont celui d'être électeurs et éligibles dans le pays.

Tenant à rappeler les fondements des mesures prises, en les liant à des principes de droit, le discours royal fait ici référence à deux dispositions de la Constitution de 1972 (encore en vigueur en 1984) qui existaient de manière identique depuis la Constitution de 1962 et qui seront maintenus dans les constitutions de 1992 et 1996 jusqu'à la réforme constitutionnelle de 2011. Il s'agit d'une part de l'article 5 qui énonce que « tous les Marocains sont égaux devant la loi » et d'autre part, de l'article 8 qui stipule que : « l'homme et la femme jouissent de droits politiques égaux. Sont électeurs tous les citoyens majeurs des deux sexes, jouissant de leurs droits civiques et politiques ». C'est également sur la base de ces deux articles que la loi organique déterminant en 1984 la nouvelle composition de la Chambre des Représentants, a fait que l'expérience de la représentation parlementaire MRE a pu être menée entre 1984–1992, en choisissant le nombre de cinq députés MRE et au niveau de la forme, le vote direct dans les ambassades et consulats marocains, par le biais de cinq circonscriptions électorales législatives de l'étranger.

Par ailleurs, le développement ne doit pas être considéré dans les seuls volets économique, social, culturel ou environnemental. Les dimensions politique et démocratique sont également à prendre en considération. Livrer à la CSMD et lui présenter la « note commune » avec cette vision étriquée du développement, alors que cette Commission spéciale est chargée précisément de rénover le modèle de développement du Maroc a de quoi faire rire.

Le parti-pris de la note commune contre la participation politique par rapport au Maroc des nouvelles générations nées à l'étranger est encore plus flagrant, en conclusion à la page 24 :

> Enfin, il nous faut désormais, et de plus en plus, prendre en compte la double appartenance des nouvelles générations nées à l'étranger et l'accompagner. Le deuxième alinéa de l'article 16 de la constitution de 2011 avait pris acte de cette mutation radicale, en affirmant que le Royaume « veille au renforcement de leur contribution au développement de leur patrie, le Maroc, et au resserrement des liens d'amitié et de

coopération avec les gouvernements et les sociétés des pays où ils résident ou dont ils sont aussi citoyens. »

Précisons ici que déjà, dans une interview parue dans « Le Matin du Sahara », le 10 mars 2008, Driss El Yazami, président du Conseil de la communauté marocaine à l'étranger, invoquait également des mutations structurelles parmi les immigrés marocains au sein des pays de réception pour récuser la légitimité de leur reconnaissance de droits politiques par rapport au Maroc : « Ces terres d'accueil sont en train de devenir progressivement leurs propres pays et non seulement des pays de résidence (... Il faut que la politique générale du Maroc réponde aux principes d'accompagnement de l'intégration des Marocains résidant à l'étranger dans leurs sociétés d'accueil et non entraver cette intégration ».

En d'autres termes, dans une conception très frileuse, permettre aux Marocains résidant à l'étranger d'être électeurs et élus comme députés au Maroc à partir des pays de séjour, constitue une entrave, un parasitage, un obstacle ou un frein à leur intégration dans les pays hôtes qui doit être l'objectif recherché. Par conséquent, la double appartenance ou double fidélité, est un danger mortel auquel il faut se soustraire, en donnant la priorité absolue et exclusive à l'intégration dans les pays d'accueil. Dans cet esprit, la nationalité du pays d'accueil doit primer sur celle du pays d'origine. La communauté marocaine à l'étranger ne doit pas s'insérer dans sa société d'établissement avec ses caractéristiques et spécificités propres. Le seul devenir viable et fiable serait pour ses membres leur pure dissolution, dilution et assimilation dans les pays d'accueil.

Bien entendu, on doit résoudre la question de la double appartenance, mais ceci ne peut se faire en dégradant et en sous-évaluant l'appartenance au Maroc, voire en l'occultant. L'approche précitée privilégie en effet la nationalité du pays d'accueil en l'envisageant comme prioritaire sur toute autre et par là même, considère comme subalterne, secondaire et subordonnée voire inexistante, la nationalité du pays d'origine. Or, faut-il sur ce point rappeler aux responsables du CCME (au pluriel car son Secrétaire général est aussi concerné), que cette institution NATIONALE est le Conseil de la communauté MAROCAINE à l'étranger et non pas le conseil des Européens ou des étrangers d'origine marocaine. De plus, une nationalité n'annule pas l'autre. En l'occurrence ici, une nationalité étrangère ne supprime guère la nationalité marocaine. Quant aux responsables des institutions marocaines, ne doivent-ils pas d'abord et avant tout, faire pencher la balance plutôt du côté du Maroc?

Ce n'est pas faire preuve de nationalisme étroit ou de chauvinisme débridé que de considérer avec force, du côté du Maroc, que la question de la communauté marocaine établie à l'étranger est d'abord une question nationale marocaine et non pas un simple problème franco-français, néerlando-hollandais, canado-canadien, etc., au point de laisser le soin aux pays d'accueil de déterminer l'avenir identitaire des membres de cette communauté.

Par ailleurs, tout en se voulant ouvert et en prônant le respect de la citoyenneté acquise dans les pays de résidence, voire en reconnaissant la double nationalité, l'article 16 de la constitution marocaine de 2011, n'en prescrit pas moins la défense de l'identité *nationale* (marocaine) des citoyens marocains à l'étranger. Rappelons en ce qui nous concerne, la formulation de l'article 16 dans son intégralité, et non pas en reproduisant simplement le deuxième alinéa :

> Le Royaume du Maroc œuvre à la protection des droits et des intérêts légitimes des citoyennes et des citoyens marocains résidant à l'étranger, dans le respect du droit international et des lois en vigueur dans les pays d'accueil. Il s'attache au maintien et au développement de leurs liens humains, notamment culturels, avec le Royaume et à la préservation de leur identité nationale. Il veille au renforcement de leur contribution au développement de leur patrie, le Maroc_et au respect des liens d'amitié et de coopération avec les gouvernements et les sociétés des pays où ils résident ou dont ils sont aussi citoyens.

Soulignons pour notre part ce qui ne l'a pas été dans la note commune :

- ✓ les Marocains résidant à l'étranger sont considérés par cet article 16 comme des citoyennes et des citoyens marocains résidant à l'étranger ;
- ✓ le Maroc s'attache à la défense et au maintien de l'identité nationale des citoyennes et des citoyens marocains établis à l'extérieur ;
- ✓ le Maroc est la patrie des citoyennes et des citoyens marocains résidant à l'étranger. Ceci veut clairement dire que les citoyens marocains établis à l'étranger font partie de la nation marocaine, indépendamment de l'évolution de leur statut juridique dans leurs pays de résidence ;
- ✓ si dans une démarche de progrès, l'article 16 reconnaît la double citoyenneté des Marocains résidant à l'étranger, cette reconnaissance ne signifie nullement la déchéance ou la suppression de leur citoyenneté marocaine, y compris pour les nouvelles générations nées dans les pays d'accueil. Relevons ici qu'à l'occasion du 59ème anniversaire de la Révolution du Roi et du Peuple, dont les citoyennes et les citoyens marocains établis à l'étranger font partie intégrante, le Roi Mohammed VI a pris l'engagement solennel dans son discours du 20 août 2012 d'impliquer étroitement les jeunes marocains à l'étranger qui sont

nos « compatriotes » « à la construction du Maroc de demain », sous-entendu au sens large. Le développement ne se réduit évidemment pas, encore une fois, à ses aspects économique, comptable, matériel, social, mais englobe aussi les plans écologique, politique et démocratique. De même qu'il comprend le système des valeurs et de la culture, en bref, il intègre tous les facteurs non économiques du développement, chers à notre maître, le regretté Aziz Belal, qui avait édité un ouvrage remarquable sur cette thématique il y a plus de vingt ans.[1]

Par conséquent, on ne peut s'opposer viscéralement à la citoyenneté pleine et entière des citoyens marocains résidant à l'étranger (y compris les talents et les compétences) et à leur représentation parlementaire au Maroc, expressément prévue à l'article 17 de la Constitution, sous prétexte que le plein exercice des droits politiques par rapport au Maroc des citoyens marocains à l'étranger est une entrave et un parasitage à leur intégration totale dans les pays d'accueil.

Cette remarque ne s'adresse pas seulement au président du CCME, mais également au Secrétaire général de ce Conseil, Abdellah Boussouf, connu pour ses multiples dérives médiatiques et autres bourdes en la matière. Ainsi, dans l'émission Moubacharatan Maâkoum, il déclarait le 28 mai 2014 en direct sur 2 M :

> Le défi auquel on doit faire face est la nécessaire intégration totale de la communauté marocaine résidant à l'étranger dans les pays d'accueil._Le suivi d'un projet sociétal à l'intérieur de l'Europe, ne laisse nullement le temps suffisant pour l'implication dans un autre projet sociétal dans un autre pays (sous-entendu le Maroc) à plusieurs milliers de kilomètres de là. Dans cette situation, on serait dans une position contradictoire : opposition dans les références, conflit d'intérêts entre les pays. Le moindre problème qui surgit dans les pays concernés pourrait donner lieu à une très grande crise.

Les positions précitées de la direction bicéphale du CCME se retrouvent d'ailleurs dans la première partie du livre de ce Conseil publié en octobre 2013 et intitulé « la question de la participation et de la représentation politique des Marocains du monde ». Ce livre constitue un plaidoyer contre la participation et la représentation politique des immigrés en général dans leurs pays respectifs et des Marocains du monde en particulier, qui ne peuvent être des bi-citoyens ou des binationaux, mais qui devraient s'assimiler complètement dans les pays d'accueil. Ainsi, il est affirmé, aux pages 18 et 19 du livre, qu'au niveau mondial, la double problématique de la participation et de la représentation politique des immigrés par rapport à leur pays d'origine : « soulève des questions majeures et complexes dont celles :

- ✓ de l'intégration dans les pays de résidence : la participation électorale dans les pays d'origine n'est-elle pas un frein à l'intégration dans les pays de résidence et d'installation ?
- ✓ de la double voire triple allégeance nationale : Les binationaux voire les trinationaux, ne risquent-ils pas d'avoir des positions contradictoires entre leur pays de résidence et leur pays d'origine, ou d'importer des conflits ou des enjeux inopportuns. »

Voilà pourquoi, dans le magazine « BAB » de la MAP que nous avons cité plus haut, le président du CCME lançait une nouvelle alerte aux responsables politiques oncernant le droit de vote et la représentation parlementaire des citoyens MRE, à partir des pays de résidence pour les dissuader d'y adhérer : « la tenue d'élections au suffrage direct, si elle était d'aventure envisagée (!!!) devrait être mûrie et pesée ». En d'autres termes, cette implication politique serait un saut dans l'inconnu, une aventure à éviter à tout prix pour des raisons visiblement sécuritaires qui ne sont aucunement clarifiées et qui, en tout état de cause, ne peuvent fonder cette exclusion citoyenne.

Ce n'est nullement un hasard si cette déclaration était faite à un moment où le ministère de l'Intérieur organisait des consultations avec les partis politiques au sujet de la préparation des prochaines élections marocaines en 2021, y compris les législatives d'où les MRE sont toujours évincés du droit de vote et de représentation parlementaire à partir des pays de résidence.

À l'occasion, on regrettera vivement que les responsables éditoriaux de BAB n'aient pas permis d'ouvrir « l'interview grand format » en question à la discussion et au débat d'idées, préférant ignorer le pluralisme existant et le débat contradictoire qui contribuent à la force de la démocratie. Faut-il attirer sur ce plan, l'attention du médiateur de la MAP, le magazine relevant quand même de cette institution nationale ! ? Mais là, un problème de taille se pose. Le destinataire ne serait autre que l'ex-numéro 3 du CCME, ancien « membre dirigeant » ou « coordonnateur du Conseil », qui s'est également toujours opposé publiquement et de manière viscérale, à la pleine citoyenneté des Marocains établis à l'étranger par rapport au Maroc.

Mobiliser politiquement en Europe et dans les pays du Sud

Pour contrer ce projet régressif de Pacte européen sur la migration et l'asile, les forces de progrès en Europe doivent se mobiliser : les partis politiques, les mouvements syndicaux, les ONGs de défense des droits humains, les associations de protection des droits des migrants y compris la société civile africaine et maghrébine en particulier, immigrée en Europe. Des actions de sensibilisation, de lobbying et de plaidoyer sont à entreprendre auprès des médias, des membres du Conseil de l'Europe, de toutes les autres institutions européennes comme le Conseil économique, social et environnemental européen, le Comité des Régions mais surtout le Parlement européen, toutes sensibilités confondues, ainsi que les parlementaires nationaux des divers États membres de l'UE.

L'Union européenne devrait être appelée notamment à :

- ✓ reconnaître l'apport des immigrés au développement économique, scientifique, technologique, social, culturel, artistique, sportif dans les pays d'accueil;
- ✓ respecter ses engagements relatifs au respect des droits humains;
- ✓ entreprendre un changement radical des politiques migratoires pour une réelle solidarité, non pas sécuritaire entre États, mais une solidarité fondée sur la protection des personnes migrantes ou demandeuses d'asile;
- ✓ adopter une approche à la migration et à l'asile qui soit humaine et axée sur les droits, en garantissant une véritable responsabilisation pour les violations des droits humains, y compris la violation du principe de non refoulement; (pas clair)
- ✓ inciter les Etats membres de l'UE à adhérer à la Convention internationale pour la protection des droits de tous les travailleurs migrants et des membres de leur famille;
- ✓ intervenir pour revoir l'article 1A2 de la Convention de Genève sur le statut des réfugiés pour inclure de nouvelles raisons de persécutions comme les pandémies, les catastrophes naturelles;
- ✓ ne pas rendre l'aide aux pays partenaires conditionnelle à leur coopération avec les exigences de l'UE relatives aux retours, aux réadmissions ou à la gestion des frontières;
- ✓ interdire l'utilisation des fonds de l'UE à des fins allant à l'encontre du droit international concernant les droits humains.

Une mobilisation contre le nouveau Pacte européen sur la migration et l'asile devrait avoir lieu également dans les pays du Sud et tout particulièrement au Maghreb dans la mesure où il s'agit du continent le plus concerné par les mesures draconiennes prévues par le nouveau Pacte européen. Là aussi, un travail de lobbying et de plaidoyer devrait être entrepris par chaque gouvernement africain, parlement national ainsi que le parlement africain afin d' inciter tous les Etats concernés à refuser d'adhérer à l'esprit de ce Pacte européen et au partenariat sécuritaire qu'il veut instaurer, voire renforcer en multipliant les accords de réadmission avec les États membres de l'Union européenne ou avec l'UE elle-même. En contrepartie de « carottes » (visas, aide financière), amener les pays impliqués à exercer le rôle de supplétif de l'Europe en participant à l'externalisation des frontières de celle-ci, en adoptant des législations sur la migration et l'asile qui correspondent aux intérêts de l'UE pour en fin de compte, protéger celle-ci de l'afflux des « sudistes ».

Pour les acteurs syndicaux qui devraient participer à cette mobilisation générale, il s'agit de privilégier les structures à vocation continentale qui sont au nombre de deux à savoir l'Organisation de l'unité syndicale africaine (OUSA) et l'Organisation régionale africaine de la Confédération syndicale internationale (CSI-Afrique), qui regroupe une centaine de centrales syndicales affiliées dans 51 pays. À côté de ces deux entités, on pourrait retenir pour des raisons de présence sur le terrain, le Réseau syndical migrations méditerranéennes subsahariennes (RSMMS) qui regroupe une trentaine d'organisations syndicales d'Afrique du Nord, Australe, de l'Ouest et d'Europe. Le Maroc est représenté par l'Union Marocaine du Travail (UMT) et la Confédération Démocratique du Travail (CDT) auxquelles il conviendrait d'ajouter l'Organisation Démocratique du Travail (ODT) qui a créé en 2012, l'Organisation démocratique des travailleurs migrants au Maroc (ODT-I), le premier syndicat des migrants au Maroc composé d'Africains, d'Asiatiques et de Syriens en vue de défendre et de faire valoir leurs droits fondamentaux, conformément aux accords internationaux pertinents.

Un rôle spécifique à jouer par le Maroc et l'Union Africaine

Le Maroc est concerné par le nouveau Pacte européen et ce, au moins pour deux raisons. La première est liée aux relations migratoires étroites avec l'Union européenne compte tenu d'une présence significative de Marocains au sein de l'Union. Le Pacte aura un impact certain sur l'émigration marocaine vers l'Europe et sur la situation des Marocains en Europe. La seconde raison tient au statut du Maroc en tant que pays de voisinage auquel l'UE accorde tout l'intérêt requis pour la réussite de sa politique migratoire et d'asile, comme celle délimitée dans le projet de nouveau Pacte européen. Voilà pourquoi une mobilisation particulière doit être assurée pour faire échec à ce Pacte qui ne fera que renforcer le partenariat migratoire sécuritaire dans la région, s'il passe avec succès le cap du parlement européen. Raison pour laquelle un lobbying actif devrait être assuré notamment auprès des divers groupes parlementaires des deux chambres à Rabat afin d'amener le gouvernement marocain à ne pas céder aux pressions de l'UE et à intervenir auprès de leurs homologues européens à travers tous les canaux du dialogue parlementaire pour faire infléchir le contenu du Pacte dans le sens de la solidarité avec les personnes migrantes et les demandeuses d'asile.

Pour le Maroc, il convient d'abord de maintenir et de renforcer la Stratégie Nationale d'Immigration et d'Asile (SNIA) qui n'a pas été «adoptée dans le sillage de la signature du partenariat de mobilité de l'Union européenne» contrairement à ce qui est écrit à la page 10 de sa toute dernière publication intitulée « Le véritable intérêt commun », mais qui a été établie en cohérence avec la Nouvelle Politique Migratoire du Maroc, qui constitue un choix délibéré souverain et indépendant du Maroc, et qui a pris par surprise même l'UE.

Par ailleurs, la vigilance parlementaire et citoyenne s'impose en particulier concernant le refus du Maroc de signer l'accord général de réadmission avec l'UE ainsi qu'un accord de coopération avec Frontex. La vigilance doit être également de mise quant à la nécessaire adoption de la loi sur l'asile et les conditions de son octroi, et la réforme en profondeur de la loi 02–03 relative au séjour des étrangers au Maroc, à l'émigration et l'immigration irrégulières. Rappelons que cette dernière loi n'est pas du tout équilibrée. À sa lecture, on est frappé par la tonalité excessive sécuritaire et répressive, permettant une gestion autoritaire et musclée de tout ce qui se rapporte aux migrations.

En fait, pour comprendre le contexte politique régional, ainsi que les motivations profondes de cette loi 02–03, il faudrait revenir à la note de présentation qui accompagnait son projet, préparé par la direction des Affaires générales du ministère marocain de l'Intérieur. L'aveu était explicitement énoncé et reconnu. Il s'agit de « permettre au Maroc d'assumer pleinement ses engagements envers ses partenaires, notamment en matière de lutte commune (!!!) contre la migration clandestine transfrontalière, dans sa double composante nationale et étrangère ».

Les deux réformes juridiques précédentes ne doivent nullement se faire dans un esprit liberticide et ultra sécuritaire du nouveau pacte européen comme on l'a vu plus haut, mais doivent plutôt s'inspirer du droit international protecteur des migrants et des demandeurs d'asile, ainsi que de l'esprit humaniste de l'Agenda Africain des Migrations, qui constitue un apport majeur de la part du Royaume du Maroc à l'Union Africaine.

Cet Agenda comporte un certain nombre de principes et de choix retenus de manière consensuelle au niveau de l'UA, qui permettent de traiter les politiques migratoires et d'asile dans chacun des pays africains et de constituer la base d'un dialogue, particulièrement entre l'UA et l'UE en matière de migration et d'asile.

À titre d'exemple, en matière de législation sur l'asile, l'Agenda africain qui se veut « afro-centré et humaniste » (point 10), considère à son point 29 que la « Convention de l'UA régissant les aspects propres aux problèmes des réfugiés en Afrique », adoptée le 10 septembre 1969 et ratifiée par le Maroc qui ne l'a jamais dénoncée (reniée ???) durant sa longue période de retrait de l'ex OUA, constitue l'un des trois « principaux instruments juridiques sur lesquels doit s'appuyer la vision d'un Agenda Africain pour la Migration ». Or, cette convention africaine est davantage en avance concernant l'acquis de Genève, en ajoutant que « le terme « réfugié », s'applique également à toute personne qui, du fait d'une agression, d'une occupation extérieure, d'une domination étrangère ou d'événements troublant gravement l'ordre public dans une partie ou dans la totalité de son pays d'origine ou du pays dont elle a la nationalité . . . » (art.1, par2)

L'Agenda insiste par ailleurs sur la nécessité pour les pays membres de l'UA, de favoriser et de réaliser le retour des compétences africaines. Il encourage la réinsertion des talents africains pour contribuer au développement multidimensionnel de l'Afrique :

> Une attention accrue des Etats africains devrait être accordée à leur diaspora à travers la création de cadres propices pour faciliter le retour_et encourager leur contribution aux efforts de développement dans les secteurs stratégiques de leurs pays respectifs et soutenir l'investissement sur des projets rentables et profitables au développement économique de leurs pays. (point 62).

Au point 66 et tout en maintenant la liberté d'émigrer, l'Agenda Africain considère notamment que « les États africains gagneraient à favoriser l'environnement adéquat et les conditions politiques, sociales et économiques nécessaires pour inverser la tendance à la fuite des cerveaux. Il convient d'établir des mesures visant à créer des conditions favorables pour que les travailleurs hautement qualifiés aient le libre choix de rester dans leur pays d'origine (...) ».

Plus encore, c'est l'état d'esprit même de l'Agenda, qui constitue un véritable changement paradigmatique, fondé sur une démarche inclusive et participative, qu'il conviendrait de partager avec les responsables européens, tout en faisant prévaloir la vision positive de la migration, résidant dans la valorisation du potentiel migratoire, et non pas dans la perception négative à dominante ultra sécuritaire. Dans cet esprit, la réponse à la question migratoire (et à l'asile), doit être notamment: globale, holistique et intégrée, constructive, humaine, inclusive, informée et réaliste, cohérente et novatrice, solidaire et fédératrice, enfin sociale (voir la partie III de l'Agenda).

En conséquence, face au Pacte européen sur la migration et l'asile, l'UA ne peut-elle faire prévaloir l'Agenda Africain des Migrations en l'actualisant sur certains points et en l'approfondissant dans le domaine de l'asile ?

Par ailleurs, l'Observatoire Africain des Migration constitue une réponse concrète à un besoin structurel, en matière de données fiables sur les migrations et dont l'opérationnalisation à Rabat devrait prendre en considération également la migration extra continentale. Ceci voudrait dire que cette dimension devrait se retrouver dans toutes les principales activités de l'observatoire (formation, sensibilisation, accompagnement des politiques migratoires nationales, etc ...) et notamment dans ses livrables, tels que le Rapport annuel sur la migration en Afrique, le Rapport semestriel sur la migration en Afrique, les Bulletins trimestriels, dont l'élaboration nécessite bien entendu une collecte des diverses données à traiter de manière pluridisciplinaire, loin de l'hégémonie sécuritaire.

Le rôle du Maroc, en tant que leader de l'UA sur la question de la migration, pourrait être très important dans l'inflexion du nouveau Pacte européen sur la migration et l'asile. Dans cet esprit, le point 121 de l'Agenda énonce notamment « qu' il s'agit d'engager un dialogue d'égal à égal et courageux entre l'Afrique et ses partenaires », ici l'Union Européenne. Parmi les thèmes, traiter la question migratoire dans ses causes profondes et non pas en aval « à travers l'éradication de la pauvreté, la prévention et la résolution des conflits, la lutte contre les effets néfastes des changements climatiques, ainsi que la réalisation d'un développement durable et inclusif » (point 127). De même, on pourrait examiner la question du drainage des cerveaux africains par l'Union européenne.

Sur un plan plus concret et opérationnel, et tout en récusant la notion de tsunami migratoire, d'avalanche ou d'invasion du Nord par les «s udistes », galvaudée à travers un surdimensionnement, un gonflement des chiffres et une dramatisation, alors que la migration africaine est d'abord intra continentale et intra-régionale pour les quatre cinquièmes, il s'agirait de prendre des initiatives d'une défense commune par l'Union Africaine des droits multidimensionnels de tous les ressortissants africains se trouvant en dehors du continent africain et principalement au sein de l'UE, grâce notamment à une politique concertée et coordonnée en la matière au niveau des consulats et des ambassades africains dans les pays d'immigration, et principalement des pays africains ayant une forte diaspora en dehors de l'Afrique (Sénégal, Mali, Nigéria, Tunisie, Algérie, Egypte, Maroc).

L'Agenda ajoute ce qui suit au point 128 au niveau de la démarche interne africaine : « L'Afrique devra développer une approche introspective de la question migratoire, qu'elle devra concevoir de manière positive ». Pour le Maroc, les critiques, les recommandations et les propositions formulées dans la présente contribution au débat public pour l'action, sont à percevoir dans cet esprit introspectif.

D'autres priorités marocaines

Il convient en particulier :

- ✓ d'établir une réelle stratégie nationale globale, cohérente et intégrée en direction des citoyens marocains établis à l'étranger ; de rétablir la confiance avec eux en assurant la sécurité du droit de propriété de leurs biens immobiliers acquis au Maroc et qui sont spoliés et acquis frauduleusement ;
- ✓ d'intégrer les citoyens MRE dans leur citoyenneté pleine et entière en opérationnalisant tous leurs droits constitutionnels, y compris le droit de vote et de représentation parlementaire à partir de circonscriptions électorales législatives de l'étranger;
- ✓ de démocratiser la gestion des institutions marocaines chargées en totalité ou partiellement du dossier MRE et de les rendre efficientes (en particulier le CCME, la Fondation Hassan II pour les Marocains résidant à l'étranger, le Conseil européen des oulémas marocains basé à Bruxelles, le réseau consulaire . . .).

Il importe également de :

- ✓ mettre en place un observatoire national des migrations efficient relatif aux divers volets de la migration internationale pour le Maroc (immigration étrangère et asile au Maroc, émigration du Maroc vers l'extérieur, que ce soient les nationaux ou les étrangers et la communauté marocaine à l'étranger), un observatoire qui soit ouvert, sans exclusivité ou discrimination, à toutes les parties concernées;
- ✓ élaborer et suivre un programme national de la recherche en la matière, susceptible de fournir des réponses articulées aux défis et enjeux migratoires propres au Maroc et non pensées par rapport à l'agenda de ses partenaires techniques et financiers, un programme financé par conséquent de manière interne afin de se soustraire aux influences extérieures, principalement celles de l'UE sous couvert de « renforcement des capacités » ou de « séminaires de formation » à l'étranger;
- ✓ recadrer le discours officiel d'un certain nombre de responsables institutionnels qui encourage même de manière involontaire, le pompage par l'UE des talents et des compétences marocaines et lui facilite la tâche par des discours et des préconisations très discutables comme nous l'avons déjà largement démontré.

De même qu'ils « militent » afin que que le Maroc adopte à l'égard des compétences et des talents des pays de l'Afrique subsaharienne, non pas une démarche inspirée par la nécessité de l'intégration africaine, mais bien par la même politique de « captation » que l'Union Européenne a mis en œuvre vis-à-vis des talents du Sud, y compris marocains.

Note

1 Voir l'ouvrage de Aziz Belal (1980).

Références bibliographiques

S. M. le Roi Mohammed VI
Premier discours du Trône du 30 juillet 1999.
Discours royal du 20 août 2001.
Discours du Trône du 30 juillet 2002.
Discours royal du 6 novembre 2005.
Discours au 23ème Sommet des chefs d'Etat d'Afrique et de France (Bamako, 3 décembre 2005).
Discours royal du 6 novembre 2006.

Discours royal du 6 novembre 2007.
Discours royal du 20 août 2012.
Discours royal du 6 novembre 2013.
Discours du Trône du 30 juillet 2015.
Message au 5ème Sommet de l'Union Africaine-Union Européenne à Abidjan, le 29 novembre 2017
Message livré à la Conférence intergouvernementale sur la migration tenue à Marrakech, le 10 décembre 2018.
Pour un Agenda Africain sur la Migration. Rapport de S.M. Mohammed VI, Roi du Maroc, Leader de l'UA sur la question de la migration à la 30ème Session ordinaire de la Conférence des chefs d'Etat et de gouvernement de l'Union Africaine.
Sur le suivi de la création de l'Observatoire Africain des Migrations au Maroc. Rapport de Sa Majesté Mohammed VI, Roi du Maroc, Leader sur la question de la migration à la 32ème session ordinaire des chefs d'Etat et de gouvernement de l'Union Africaine, AddisAbeba, les 10–11 février 2019, 9 pages.
Adouani, Sami (2020). *Pacte européen sur la migration et l'asile : L'illusion de la forteresse imprenable*. La Presse (Tunis), 12 octobre 2020.
Alami, Houria (2001) *Les cadres marocains commencent à partir*, Cadres CFDT n°397, décembre 2001, pp. 53–62.
Belal, Aziz (1980). *Développement et facteurs non-économiques*, SMER, Rabat.
Benjelloun, Sara (2019). *Diplomatie migratoire du Maroc. La Nouvelle politique migratoire ou la formation d'une politique publique engagée pour soutenir la politique étrangère du Maroc*, Thèse en sciences politiques, Université Grenoble Alpes, décembre 2019.
Belguendouz, Abdelkrim (2019). *Immigré(e)s au Maroc et citoyen(ne)s marocain(e)s à l'étranger. Un double plaidoyer*, Imp. Albassira, Rabat, 303 pages.
——— (2018) *Politiques migratoires marocaines en débat. Enjeux externes et défis internes (2013–2018)* .Imp. Beni Snassen, Salé, 772 pages.
——— (2014) *Marocains du monde, sous-citoyenneté et non représentation parlementaire. Jusqu'à quand ?* Imp. Beni Snassen, Salé, 207 pages.
——— (2013) *Gouvernance migratoire au Maroc et CCME en débat (2008–2013)*, Imp. Beni Snassen, Salé, 391 pages.
——— (2010) *Compétences (ex) expatriées et développement du Maroc*, Imp. Beni Snassen, Salé, 174 pages.
——— (2008) *Plaidoyer pour les citoyens marocains à l'étranger. Un combat pour les droits humains*, Imp. Beni Snassen, Salé, 751 pages.
——— (2006) *Politiques migratoires du Maroc. D'hier à 2007*, Imp. Beni Snassen, Salé, 608 pages.
——— (2006) *Enjeux migratoires Maghreb-Europe-Afrique. Un regard du Sud* Imp. Beni Snassen, Salé, 342 pages
——— (2005) *Politique européenne de voisinage, barrage aux Sudistes*, Imp. Beni Snassen, Salé, 171 pages
——— (2004) *MRE: quelle marocanité ?* Imp. Beni Snassen, Salé, 255 p.

——— (2003) *Le Maroc, non africain, gendarme de l'Europe ? Alerte au projet de loi 02–03 relatif à l'entrée et au séjour des étrangers au Maroc, à l'émigration et l'immigration irrégulière*. Imp. Beni Snassen, Salé, 157 pages.

——— (2002) *L'ahrig du Maroc, l'Espagne et l'UE, Plus d'Europe … sécuritaire* Imp. Beni Snassen, Salé, 310 pages.

——— (2001) *Certaines de nos écoles d'ingénieurs ne travaillent plus pratiquement que pour l'expatriation des cadres marocains*. Interview accordée à *L'Indépendant Magazine*, Casablanca du 16–18 novembre 2001.

——— (2000). *Le Maroc coupable d'émigration et de transit vers l'Europe* Ed. Boukili Impression, Kénitra, 157 pages.

——— (1999). *La communauté marocaine à l'étranger et la nouvelle marche marocaine. Plaidoyer pour une politique gouvernementale de changement*, Ed. Boukili Impression, 328 p.

——— (1999). *Les Marocains à l'étranger, citoyens et partenaires*, Ed. Boukili, Kénitra, 292 p.

——— (1997). *La communauté marocaine à l'étranger, un potentiel stratégique*, in Association Ribat Al Fath, « Le capital humain », Rabat.

——— (1993) *Dimensions, mutations et perspectives de l'émigration externe marocaine : des TME à la CME. Abderrahim Bouabid et la question économique*, (Mélanges), Rabat : Publication de l'Association des Economistes Marocain.

Bouoiyour, Jamal (2006). *Migration, diaspora et développement humain*. Document remis pour le Rapport du Cinquantenaire « 50 ans de développement humain au Maroc et perspectives en 2025 », Rabat.

Commission Européenne (2020). *Un nouveau pacte sur la migration et l'asile*, Bruxelles, le 23 septembre 2020, COM (2020) 609, final, 34.p. Plus Annexe, feuille de route, 4 pages.

Conseil Européen pour les refugiés et les exilés (ECRE)(2020). *Pacte européen sur la migration et l'asil, octobre, 8 pages.*

Constitution marocaine de 2011

CNUCED(2018). *Le développement économique en Afrique. Rapport 2018. Les migrations au service de la transformation structurelle*, 163 pages.

__________(1978). *Development aspect of the reverse transfert of technology*, Genève.

Dahir n° 1-07-08 du 21 décembre 2007 portant création du Conseil de la Communauté marocaine à l'étranger (CCME).

Elmadmad, khadija (2010). *La migration qualifiée au Maroc, une analyse socio-juridique*. CARIM Notes d'analyse et de synthèse 2010/15.

El Yazami, Driss, Président du CCME (2020). Interview grand format, Magazine BAB, n° 26, septembre 2020, tutelle 62–72.

EL Yazami Driss et JAMID, Hicham (2020). *Maroc, compétences et mondialisation migratoire. Mutations et pistes d'action*. Note à la CSMD, 27 pages.

Euromed Droits (2020). *Analyse du nouveau pacte européen sur la migration et l'asile. Un « nouveau départ » pour violer les droits humains, 18 pages.*

Groupe Antiraciste de défense des étrangers au Maroc (GADEM) (2018). « *Coups et blessures. Rapport sur les opérations des forces de l'ordre menées dans le nord du Maroc entre juillet et septembre 2018. Éléments factuels d'analyse* », Rabat, 68 pages.

_________ (2018) *Expulsions gratuites*, septembre 2018, 28 pages.

Haut Commissariat au Plan du Maroc (2020). *Enquête sur l'impact de la COVID 19 sur la situation socio-économique et psychologique des réfugiés au Maroc*, septembre, 26 pages.

Institut Aladeus (2019). *100 propositions pour un modèle de développement national durable, juste, inclusif et innovant*. Mémorandum à la CSMD, Rabat, 108 pages.

Institut Royal d'études stratégiques (IRES) (2013). *Pour une stratégie nationale intégrée de la mobilité à l'horizon 2030. Rapport stratégique de synthèse, Rabat*, 30 pages.

Loi n° 19–89 portant création de la Fondation Hassan II pour les Marocains résidant à l'étranger.

Loi n° 02–03 sur l'entrée et le séjour des étrangers au Maroc, à l'émigration et l'immigration irrégulières (11 novembre 2003).

Observatoire marocain des migrations (2020). *Déclaration sur le Pacte européen sur la migration et l'asile*, octobre.

Organisation démocratique du travail (ODT) (2020). *Mémorandum de l'ODT relatif au modèle de développement espéré, 20 pages.*

——— (2020). *Lettre à l'Ambassadeur, Chef de la Délégation de l'UE au Maroc, relative à la question de la gestion syndicale des migrants au Maroc.*

——— (2019). *Lettre ouverte à S.M. le Roi Mohammed VI*, adressée par l'ODT et l'ODT-I (Organisation démocratique des travailleurs immigrés au Maroc), 25 juin 2019.

Oxfam (2020). *Le véritable intérêt commun. Les agendas convergents des politiques migratoires de l'UE et de l'Afrique du Nord : quelle place pour les intérêts des populations ?* Octobre, 24 pages.

UNHCR (Bureau de Rabat)

——— (2020) *L'inclusion des personnes en besoin de protection internationale dans le Nouveau Modèle de Développement (NMD)*. Mémorandum à la CSMD, 6 pages

——— (2020) *Les communautés réfugiées et migrantes à l'épreuve de la Covid-19 au Maroc : Réflexions et recommandations du monde académique*. Recueil d'articles, Rabat, octobre, 85 pages.

Union Africaine (2018) *Cadre de politique migratoire pour l'Afrique révisé et plan d'action (2018–2030)*.

Webographie

www.carim.org: Site du Consortium euro-mediterrannéen pour la recherche appliquée sur les migrations internationales (CARIM, Florence)

https://www.academia.edu/77587001/Dounia_News_magazine_num%C3%A9rique: Revue électronique relative à l'immigration maghrébine en Europe

www.yabiladi.com : Site de la diaspora marocaine

www.wakeupinfo.fr

www.oujdacity.ma

· 2 ·

LE DÉFI DE LA MIGRATION IRRÉGULIÈRE DANS L'ESPACE EURO-MÉDITERRANÉEN : POUR UNE GESTION CONCERTÉE DES FLUX MIGRATOIRES

Mohamed Khachani

La migration qualifiée d'irrégulière, d'illégale, de clandestine, de non autorisée ou encore des «sans-papiers» . . . prend en ce début du XXIème siècle une importance considérable. C'est un phénomène mondial, très répandu aussi bien dans les pays développés comme ceux de l'Europe occidentale et les États Unis que dans les pays en développement de l'Asie, de l'Amérique Latine et de l'Afrique et où les frontières héritées de la colonisation ne constituent point, pour les populations riveraines, des barrières étanches.

De nos jours, le phénomène prend une autre dimension notamment depuis les accords de Schengen. Les dispositions prises à la suite de la convention d'application des accords de Schengen signée le 19 juin 1990 (établissement de visas et de contrôles rigoureux aux frontières, système très sélectif de délivrance de permis de travail, etc.) ont réduit l'émigration légale[1]. Force est de constater, cependant, que ces mesures n'ont pas pour autant arrêté le phénomène de la migration irrégulière. L'illusion de la maîtrise de ces flux par le «tout contrôle» paraît patente, car un grand nombre de personnes continue, dans des conditions difficiles et au prix parfois même de leur vie, de tenter de traverser le Détroit de Gibraltar ou d'emprunter d'autres passages vers l'Europe.

Les routes méditerranéennes pour accéder à l'espace européen

Il existe trois principales voies pour accéder à l'espace européen : la voie est-méditerranéenne, la voie de la Méditerranée centrale et la voie ouest -méditerranéenne. Voir Figure 1 ci-dessous :

Le nombre de migrants transitant par ces routes fluctue en fonction du contexte politique régional et des mesures de contrôle prises par les autorités des pays concernées. Ces flux sont passés de 215.770 en 2014 à 1.015.848 en 2015 pour baisser à 363.048 en 2016, 171.191 en 2017 et 43.694 au premier semestre 2018[2]. Ainsi, après le pic de 2015 qui a vu partir des migrants et des réfugiés notamment syriens et irakiens vers la Grèce, c'est la route de la méditerranée centrale reliant la Libye aux îles italiennes qui est la plus empruntée par des migrants essentiellement subsahariens.

Au Maroc, le nombre de pateras (embarcations de fortune) interceptées par les autorités espagnoles est passé de 4 en 1991, année qui suit celle de la signature de la convention d'application des accords de Schengen à 1020 en 2002, ce qui dénote le paradoxe du système Schengen, qui a été destiné à réduire et à lutter contre les passages clandestins dans l'espace européen. Les deux routes empruntées sont: l'archipel des Canaries en partance des côtes mauritaniennes,

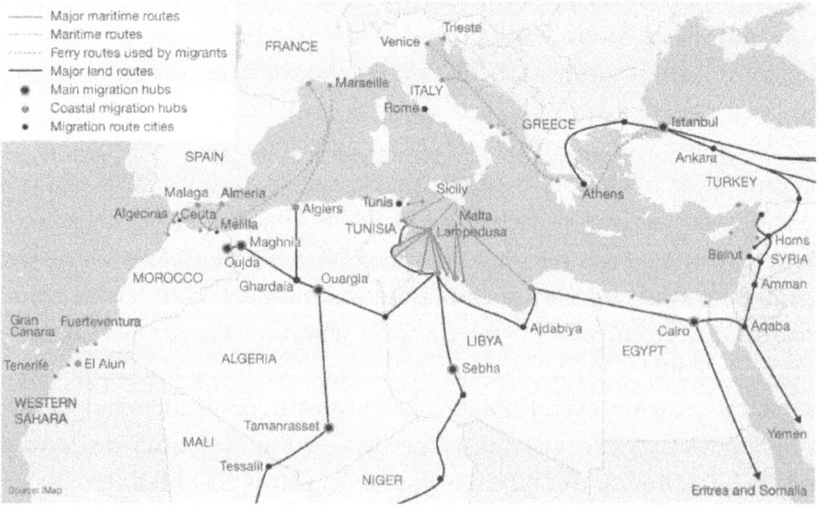

Figure 1. Les routes méditerranéennes pour accéder à l'espace européen
Source: Wikipedia. 2022.

sénégalaises et les provinces sahariennes et la route « ouest-méditerranéenne » par le Détroit de Gibraltar. Le volume de l'émigration qui passe par ce dernier passage demeure peu important comparé aux migrants qui consomment leur séjour légal comme touristes ou travailleurs dont les contrats ont expiré. Les passagers clandestins par le Détroit sont estimés en 2002 par le ministre de l'Intérieur espagnol Manuel Rajoy à 15% du volume de l'immigration irrégulière en Espagne[3]. Selon le ministère de l'Intérieur espagnol, les interceptions sont passées de 477 en 1991 à 39.180 en 2006 pour baisser à 7.121 en 2013[4]. Quatre facteurs semblent expliquer cette baisse :

- La collaboration entre les autorités marocaines et espagnoles dans la lutte contre les réseaux de l'immigration clandestine (échange d'informations, patrouilles mixtes, etc.)
- La nouvelle politique migratoire menée par le Maroc qui a substitué à l'approche sécuritaire, celle des droits humains et les régularisations des migrants en situation irrégulière[5].
- Une propension à émigrer moins forte chez les Marocains (Enquête ETF/AMERM)[6].
- La crise économique qui a sévi dans certains pays d'accueil, notamment deux des destinations privilégiées de la migration marocaine : l'Espagne et l'Italie.

Afin de détourner la logistique du SIVE (SistemaIntegral de vigilencia Exterior) sur les côtes espagnoles, les migrants clandestins marocains utilisent d'autres itinéraires pour accéder à l'espace de l'UE: 1. La route « centre-méditerranéenne » à savoir les côtes italiennes (Lampedusa, Linosa et la Sicile) et Malte en partance des côtes tunisiennes et libyennes et 2. La route « Est Méditerranéenne » à savoir la frontière entre la Turquie et la Grèce.

Mais à partir de 2016, on constate une remontée des flux à destination de l'Espagne. Il s'agit selon le porte-parole du gouvernement marocain, de migrations d'étrangers principalement subsahariens. Mais on est loin des arrivées massives de 2015 en Grèce, quand plus de 800.000 migrants ont débarqué dans ce pays, ou de 2016 en Italie, quand ils étaient plus de 180.000. Selon le quotidien espagnol ABC, les flux clandestins à destination de l'Espagne en 2017 ont augmenté de 101,4% pour atteindre 42. 000 migrants en octobre 2018, dont plus de 38. 000 par voie maritime[7], faisant de l'Espagne de nouveau, la principale voie d'accès des migrants en Europe[8], alors que les entrées par la Grèce ont diminué de 77%. La principale raison de cette baisse est l'accord signé entre l'UE et la Turquie en mars 2016 qui vise à réduire la migration irrégulière et l'afflux des réfugiés vers l'Europe[9]. Mais, d'après les statistiques publiées en date du 23 juillet 2019 par l'Organisation Internationale pour les migrations, cette route de la Méditerranée orientale est devenue de nouveau la première porte d'entrée en Europe avec 22.000 arrivées, contre 3.600 en Italie et 15.000 en Espagne[10].

La dimension du phénomène

Afin d'évaluer globalement la dimension du phénomène, une remarque d'ordre méthodologique s'impose. Elle a trait à la définition du statut du migrant clandestin; le volume de ces migrants en situation irrégulière comprend:

- ✓ les personnes entrées clandestinement dans les pays d'accueil et non régularisées ;
- ✓ les personnes qui, entrées régulièrement et ayant épuisé leur séjour légal, décident de rester sur le territoire du pays d'accueil ;
- ✓ les personnes qui travaillent «au noir» durant un séjour autorisé ;
- ✓ les personnes qui occupent un autre emploi que celui autorisé par le contrat du travail ;
- ✓ les migrants inactifs accompagnant les catégories précédentes.

De par sa nature même, le phénomène de la clandestinité est difficile à mesurer. Si des statistiques sur les personnes régularisées ou arrêtées en situation d'illégalité sont parfois disponibles, il n'en demeure pas moins que des estimations parfois contradictoires sont avancées selon les différentes sources d'information.

Selon le rapport du PNUD de 2009, 50 millions de personnes vivent et travaillent en situation irrégulière à l'étranger[11]. Chaque année, 2,5 à 4 millions de migrants, selon les estimations, franchissent les frontières internationales sans autorisation.

Concernant la migration clandestine en Europe, Eurostat livre des données statistiques sur le nombre de ressortissants de pays tiers repérés en situation illégale dans les différents pays de l'UE. Voir Tableau 1 ci-dessous :

Mais ces chiffres restent approximatifs. Dans certains pays comme la France, « S'il faut proposer un ordre de grandeur du nombre de migrants irréguliers (. . .), mieux vaut le situer entre l'estimation haute tirée de l'AME (Aide médicale de l'État,) et l'estimation basse empruntée au modèle méditerranéen.

Tableau 1 Ressortissants de pays tiers repérés en situation illégale dans les pays de l'UE (28) et les principaux pays d'accueil de la migration marocaine (2010–2018)

Années	2010	2011	2012	2013	2014	2015	2016	2017	2018	2019
UE des 28	508 850	474 690	443 425	452 270	672 215	2 155 485	983 935	618 730	601 500	644.715
France	56.220	57.975	49.760	48.965	96.375(*b*)	109.720	91.985	115.085	105.880	120.455
Espagne	70.315	68.825	52.485	46.195	47.885	42.605	37.295	44.625	78.280	62.865
Italie	46.955	29.505	29.345	23.945	25.300	27.305	32.365	36.230	26.780	26.886
Belgique	12.115	13.550	15.085	15.075	15.540	16.275	19.320	18.285	19.145	17.585

Source :Eurostat. Data Explorerhttp://appsso.eurostat.ec.europa.eu/nui/show.do?dataset=migr_ei pre&lang=fr

La fourchette ainsi tracée va de 6% à 10% de la population immigrée, soit environ un demi-million de personnes, i.e. moins de 1% de la population du pays ».[12]

Bien avant, le ministre de l'Intérieur français, lors d'une audition par la Commission d'enquête du Sénat sur l'immigration clandestine a évalué entre 200.000 à 400.000 le nombre d'étrangers sans papiers vivant en France et entre 80.000 et 100.000 celui des migrants illégaux supplémentaires entrant chaque année[13].

En Italie, selon l'Institut Italien de Statistiques (ISTAT), le pays compterait 500.000 sans papiers en 2012 pour un effectif de 3,6 millions d'immigrés en règle[14].

En Espagne, nous disposons de plus d'informations sur ces flux irréguliers[15]. Selon le ministère de l'Intérieur, 154.156 immigrés sont entrés illégalement en Espagne durant la décennie s'étalant entre 2002 et 2012. Parmi ces immigrés irréguliers, 47.057 provenaient du Maroc, 91.559 de l'Afrique subsaharienne, 12.254 de l'Algérie, 2.091 de l'Asie et 1.195 d'autres pays[16].

Dans ce pays, on estime que 35% des Marocains légalement installés en Espagne en 2012 soit 296.605 individus, ont vécu, à un moment donné de leur processus migratoire, dans la clandestinité[17].

En 2018, selon l'agence de presse espagnole EFE, citant des sources marocaines et espagnoles, près de 250.000 Marocains étaient en situation irrégulière en Espagne. Il s'agit de Marocains dont le titre de séjour est arrivé à expiration, mais il y a aussi des Marocains qui sont arrivés en Espagne à bord des «pateras» (embarcations de fortune). Entre 2016 et le premier trimestre de 2018, ils seraient au moins 30.000 à avoir débarqués dans la péninsule ibérique en traversant la Méditerranée, selon les estimations des autorités espagnoles[18].

Force est de constater que l'immigration en Espagne s'est développée en dehors des canaux légaux de recrutement et d'installation. Les gouvernements successifs ont dû recourir à pas moins de six opérations de régularisation pour absorber les flux permanents et les effectifs de clandestins. La dernière en date remonte à 2005, elle était destinée uniquement aux travailleurs et a permis à 604.357 employés étrangers de sortir de la clandestinité dont 10% environ étaient des Marocains.

Conscient de cette situation, le législateur espagnol a prévu une issue permanente permettant aux migrants irréguliers l'accès à la légalité. Il s'agit d'une disposition légale (art.31.3 de la Loi Organique 4/2000 et art.124 du Décret Royal 557/2011) connue sous le nom de Arraigo (Enracinement). Après deux ou trois ans, selon les cas, de résidence illégale, l'étranger peut prétendre à la régularisation de sa situation ; 290.408 personnes ont pu régulariser leur situation de séjour grâce à cette disposition entre 2009 et 2012 dont 37.096 Marocains (13% du total)[19].

En Allemagne, selon des sources diplomatiques allemandes à Rabat, plus de 10.000 Marocains sans-papiers ont été recensés dans ce pays entre décembre 2015 et janvier 2016, accompagnant la vague des réfugiés syriens. Toujours selon la même source, à ce chiffre il faudrait ajouter 2.000 Marocains irréguliers déjà présents sur le sol allemand avant cette vague d'émigration[20].

Enfin, pour comparaison, dans les pays du Golfe, un grand nombre de migrants sont en situation irrégulière. *Al Ahdath Al Maghribia* du 19 juin 2018 rapporte que quelque deux millions et demi de sans-papiers sont recensés actuellement en Arabie Saoudite, mais que les autorités locales ont toujours fermé les yeux à leur égard, tant le pays a besoin de cette main-d'œuvre abondante, bon marché et corvéable à merci dans divers secteurs socio-économiques. Des Marocaines et des Marocains font partie de ces migrants, mais on ignore leur nombre.

Les déterminants de la migration irrégulière

Partir sur les « routes de la clandestinité » et donc de l'inconnu signifie, comme le note Pauline Carnet, « affronter son destin et miser sur le futur dans le but de pouvoir mieux le construire ».

Certes, une décision aussi lourde de conséquences que celle de quitter son « chez soi », son milieu social et de s'installer dans la clandestinité ne se fait pas à la légère. L'enjeu n'a d'égal que l'acharnement qui accompagne assez souvent la décision de partir.

En fait, le schéma explicatif du phénomène est assez complexe. La clandestinité n'est certes pas un état naturel, elle est le produit d'une conjonction de plusieurs facteurs internes, mais elle n'aurait pas pris cette importance s'ils n'existaient pas d'autres facteurs d'appel dans les pays d'accueil.

Les causes dans les pays de départ

Cet engouement notamment pour la rive Nord de la Méditerranée s'explique au Maroc par divers facteurs. On peut distinguer deux niveaux dans cette causalité: les facteurs générateurs et les facteurs incitateurs.

Les facteurs générateurs

(i) Le phénomène de l'émigration clandestine exprime fondamentalement les disparités économiques qui caractérisent les deux rives de la Méditerranée: En 2018, le PIB français (2.777.535,24 millions de $) est 24 fois supérieur au PIB marocain (117.921,39 millions de $), celui de l'Italie (2 083 864,26 M $) est supérieur de près de 18 fois; celui de l'Espagne (1419.041,95 M $), de plus de 12 fois et celui de l'Allemagne (3.446.756,88 M $) de plus de 34 fois[21].

(ii) A cet écart entre les deux rives s'ajoutent d'autres écarts internes, ceux résultant de la répartition des revenus entre les différentes catégories sociales, mais également les écarts de développement entre les différentes régions à l'intérieur du pays.

(iii) Le Maroc, comme la plupart des économies de l'Est et du Sud méditerranéen, est soumis à une forte instabilité économique. C'est le secteur primaire qui conditionne encore le rythme de sa croissance économique. L'agriculture, en dépit des efforts déployés pour développer le secteur irrigué, demeure dépendante à 90% des aléas climatiques. La succession d'années de sécheresse durant les deux dernières décennies a eu, compte tenu d'un PIB agricole très fluctuant, un impact négatif sur le rythme de croissance. Cette instabilité de la croissance, en dents de scie, pose avec acuité le problème de la satisfaction de l'offre de travail additionnelle.

(iv) Le Maroc se trouve dans une phase avancée de la transition démographique (la phase de l'aubaine démographique). Cette transition s'est traduite par une augmentation de la population en âge de travailler, enregistrant, selon le HCP, une croissance annuelle moyenne de 1,7% entre 2001 et 2015, supérieure au rythme de croissance démographique qui est de 1,1%. « La contribution négative de l'effet emploi montre que les structures économiques n'ont pas permis de valoriser le potentiel offert par l'effet démographique. Les créations d'emploi au niveau de l'économie qui étaient en moyenne annuelle de 186 000 postes entre 2001–2008 ont baissé à seulement 70 000 postes entre 2008–2015 ».

(v) Selon des données récentes du HCP, sur la situation du marché du travail, la population en chômage atteint 1.107.000 en 2019, soit un taux de chômage de 9,2% au niveau national. Ce taux est de 12,9% en milieu urbain et de 3,7% en milieu rural.

Par âge, le taux de chômage atteint 24,9% parmi les jeunes âgés de 15 à 24 ans et 7% parmi les personnes âgées de 25 ans et plus. Par sexe, le phénomène du chômage touche les femmes plus que les hommes, avec des taux respectifs de 13,5% et de 7,8%. Dans les villes, le taux de chômage des femmes est plus que le double de celui des hommes, soit respectivement 21,8% et 10,3%.

Par niveau d'instruction, le taux de chômage croît avec le niveau de qualification. Il passe, ainsi, de 3,1% pour les personnes n'ayant aucun diplôme à 15,7% pour les détenteurs d'un diplôme et de 12,4% pour les personnes ayant un diplôme moyen à 21,6% pour celles ayant un diplôme supérieur. Il reste relativement plus élevé parmi certaines catégories de diplômés dont particulièrement les détenteurs des diplômes délivrés par les facultés (23,6%), des diplômes de techniciens et cadres moyens (23,9%) et des certificats en spécialisation professionnelle (20,9 %)[22].

A la lumière de l'évolution prévisible de l'économie marocaine, et compte tenu de la réduction des flux migratoires légaux qui constituaient auparavant un facteur de régulation, le défi de l'emploi serait difficile à relever. L'économie marocaine n'est pas en mesure d'absorber la masse des sans travail et trouver de l'embauche pour les jeunes demandeurs d'emplois, alors que le cumul du chômage s'amplifie d'année en année.

Les facteurs incitateurs

Si les causes économiques sont autant de facteurs d'émigration, l'idée d'émigrer peut ne pas se manifester chez des candidats potentiels. L'incubation du projet d'émigrer est souvent enclenchée sous l'effet d'autres facteurs d'attraction, ces facteurs incitateurs engendrent les mécanismes de l'émigration et provoquent un effet d'entraînement qui assure le passage du stade latent à celui de la concrétisation de l'acte d'émigrer :

- L'image de la réussite sociale qu'affiche l'émigré de retour au pays pendant ses vacances annuelles. Cette image conforte l'idée que l'on se fait de ce présumé « Eldorado » largement médiatisé par la télévision.
- L'impact de l'audiovisuel. Par l'intermédiaire de l'image diffusée par des centaines de chaînes captées par la parabole, des couches déshéritées sont transportées chaque soir, dans un monde « magique » qui cultive chez eux le désir d'émigrer.
- La proximité géographique: l'Europe est à 14 kilomètres des côtes marocaines, le littoral espagnol est visible à partir de la côte marocaine qui s'étend de Tanger à Sebta.

Si ces facteurs générateurs et incitateurs entretiennent une forte propension à émigrer, celle-ci est stimulée également par des facteurs d'appel dans les pays d'accueil.

Les facteurs d'appel dans les pays d'accueil

- Les dispositions prises à la suite de la convention d'application des accords de Schengen ont réduit l'émigration légale. Ces dispositifs réglementaires, destinés à contrôler en amont les flux migratoires, vont soutenir la logique de l'ostracisme et entraver de manière constante la circulation des personnes. L'émigration est devenue un projet économique coûteux. En dépit de la désillusion à laquelle peut être confronté un émigré, le retour est une option à exclure, celui-ci ne peut en aucun cas revenir au pays les mains vides. Ces mesures ont donc eu des effets pervers. Elles ont engendré le développement de l'émigration illégale puisque les réseaux clandestins ont ainsi pris le relais des circuits légaux.
- Une demande de travail spécifique existe dans les pays d'accueil mais qui répond, pour des raisons de coût et de flexibilité, aux besoins d'un marché secondaire, caractérisé par des emplois précaires et/ou socialement indésirables. Cette demande de travail émane principalement de l'économie souterraine. Ce secteur, en particulier, tire de gros avantages financiers et sociaux de la main-d'œuvre clandestine, réputée être docile et peu coûteuse. Profitant de « la fragilité juridique », des migrants clandestins, les employeurs multiplient les embauches illégales. La sanction encourue par un employeur qui recourt à une main-d'œuvre clandestine, selon les législations en vigueur, ne semble pas suffisamment lourde pour constituer un facteur de dissuasion[23]. L'existence de ce marché parallèle,

combiné à une construction juridique contraignante, qui multiplie les interdictions bien au-delà de certaines limites, a engendré nécessairement l'illégalité et le développement de l'émigration clandestine.

Cet appel économique qui explique en grande partie la recrudescence du phénomène est pratiquement occulté par les médias et totalement absent du discours officiel. Cette dialectique du rejet juridique et de l'appel économique a favorisé le développement de ce qu'on pourrait appeler le « commerce des illusions ».

- Le «commerce des illusions» est une activité qui prend des dimensions dramatiques. Des réseaux structurés se sont formés pour faire passer des clandestins en Espagne en assurant des services à des prix exorbitants. Les candidats paient des sommes qui peuvent aller de 600 Euros environ à 6.000 Euros et plus si le service inclut la promesse de papiers en règle, une promesse souvent sans fondement. Ici, la responsabilité est indiscutablement partagée. Au sein de ces réseaux opèrent des agents des deux bords, d'après des témoignages de clandestins marocains que nous avons recueillis en Espagne. La mafia des passeurs dans le monde tire de ces activités un bénéfice important. Le déploiement de ces réseaux de trafiquants dans les pays de départ, de transit et de destination, engendre un chiffre d'affaires estimé selon le directeur général de l'OIM à quelques 35 milliards de dollars US par an[24].

Tous ces facteurs expliquent l'importance des flux migratoires entre le Maroc et les différents pays d'accueil. Ainsi, les immigrés clandestins qui réussissent à franchir les frontières de l'Union Européenne constituent un volume de plus en plus important de migrants en situation irrégulière et vivent dans des conditions infrahumaines en attendant de pouvoir bénéficier, tôt ou tard, d'une mesure de régularisation.

Ces facteurs continuent d'inciter de plus en plus de jeunes africains des deux sexes à traverser le désert par différents moyens afin d'atteindre la rive sud de la Méditerranée, et avec l'espoir de terminer ce périple dans un pays de l'Union Européenne (UE). Ces « aventuriers » sont confrontés à des dangers imminents lors de la traversée du désert et de la Méditerranée. Si en Méditerranée, les drames sont médiatisés, dans le désert, ces jeunes sont parfois condamnés à une mort anonyme[25].

Au vu de ce fâcheux constat, ne serait-il pas plus humain de définir une autre politique d'immigration qui soit moins controversée et en pensant à une gestion organisée de « l'ordre migratoire » entre l'Union Européenne et ses partenaires du Sud ? Ceci permettrait d'atteindre l'objectif tant souhaitée d'une migration sûre, ordonnée et régulière, comme le stipule le Pacte Mondial dont la plupart des pays de l'UE sont signataires. Mais celui-ci butte contre un certain nombre de paradoxes de la politique migratoire européenne.

Les paradoxes de la politique migratoire européenne

Les accords de Schengen signés le 14 juin 1985 ont pour objet la suppression des contrôles de personnes aux frontières communes entre les États de l'Union. Les cinq pays signataires à l'origine sont la France, l'Allemagne, la Belgique, les Pays-Bas et le Luxembourg. Ils ont été rejoints depuis par l'Italie en 1990, l'Espagne et le Portugal en 1991, la Grèce en 1992, l'Autriche en 1995, puis la Finlande, le Danemark et la Suède en 1996. 9 des 10 États membres qui ont adhéré à l'UE en 2004 font partie de l'espace Schengen depuis le 21 décembre 2007 (Estonie, Lituanie, Lettonie, Hongrie, Malte, Pologne,Tchèquie, Slovaquie et Slovénie)[26].

De nos jours, ce sont 22 parmi les 27 États de l'Union Européenne qui ont adhéré au système Schengen (SIS). Un statut particulier a été accordé au Royaume-Uni (avant le Brexit) et à l'Irlande qui ont conservé, entre autres, leur droit de contrôler les personnes aux frontières et de ne pas participer, dès leur adoption, aux mesures concernant les visas, l'asile et l'immigration. L'Islande et la Norvège, non membres de l'UE, font cependant partie depuis 2001 de l'espace Schengen en raison des accords de libre circulation les liant aux autres pays nordiques. La Suisse s'est associée en 2005 aux accords de Schengen et a commencé à les mettre en application en 2008. Cette configuration est celle d'« une Europe à géométrie variable ».

La convention d'application des accords de Schengen a été signée en juin 1990. Le dispositif mis en place a consisté à supprimer les contrôles intérieurs et à adopter des règles communes sur l'entrée et le séjour des ressortissants n'appartenant pas à l'Union européenne. Ces mesures ont été accompagnées par un renforcement de la coopération policière, douanière et judiciaire.

Force est de constater que l'UE a adopté plusieurs dispositifs réglementaires lors des différents sommets de l'Union. Les principales étapes de cette évolution se déclinent comme suit:

- le Traité de Maastricht a été signé en 1992 et est inscrit au rang de « questions d'intérêt commun » à savoir les conditions d'entrée, de circulation et de séjour, ainsi que la lutte contre l'immigration, le séjour et le travail irrégulier des ressortissants des pays tiers sur le territoire des Etats membres. En outre, le traité introduit la notion de citoyenneté européenne, assortie de nouveaux droits ;
- le Traité d'Amsterdam a été signé en 1997 et est entré en vigueur en 1999. Il intègre « l'acquis Schengen » (avec des dispositions particulières pour le Royaume-Uni, l'Irlande et le Danemark) et consacre un nouveau titre aux visas, à l'asile, à l'immigration et aux autres politiques liées à la libre circulation des personnes. Il prévoit qu'au bout de cinq ans, la Commission européenne disposerait d'une capacité d'initiative exclusive et que le Conseil aurait la possibilité de voter à la majorité qualifiée, dans le cadre de la procédure de codécision avec le Parlement européen, sur ces questions ;
- le Sommet de Tampere des 15 et 16 octobre 1999 adopte, en application du traité d'Amsterdam, une série de mesures détaillées pour la mise en place d'un véritable espace européen de liberté, de sécurité et de justice au sein de l'Union européenne. Le sommet définit une politique d'immigration commune fondée sur l'évaluation des besoins économiques et démographiques de l'UE et de la situation des pays d'origine. Deux angles d'approche complémentaires sont dégagés: lutter contre l'immigration clandestine et s'opposer à la criminalité internationale, tout en assurant le respect et l'intégration dans les pays européens des ressortissants des pays tiers résidant légalement dans l'UE. Les Etats membres abandonnent l'objectif d'« immigration zéro » ;
- le Sommet européen de Séville tenu les 21 et 22 juin 2002 se donne pour objectif principal la lutte contre l'immigration clandestine. A cette occasion, les chefs d'Etats et de gouvernements ont donné des orientations visant à renforcer l'échange des données et à accélérer les accords de réadmission avec les pays d'origine et de transit des flux migratoires ;
- le Sommet européen de Thessalonique, du 19 au 20 juin 2003, relance le processus d'harmonisation des politiques d'immigration. Il exprime l'exigence d'une « politique structurée qui couvre tout l'éventail des relations avec les pays tiers ». Ce Conseil propose ainsi des orientations pour impulser, entre autres, de nouvelles initiatives afin d'établir une bonne coopération entre les corps de surveillance aux frontières des États membres ;

- la création de l'agence Frontex (Agence européenne pour la gestion de la coopération opérationnelle aux frontières extérieures des Etats membres de l'Union européenne), est créée par règlement du Conseil le 26 octobre 2004. L'agence coordonne la coopération des Etats membres en matière de gestion des frontières extérieures, notamment dans les situations qui exigent une assistance renforcée à ces frontières, dans l'organisation des opérations de retour conjointes et dans la formation des garde-frontières nationaux ;
- le Programme de La Haye (4–5 novembre 2004) prévoit l'élaboration sur cinq ans d'une politique commune de l'immigration et de l'asile. Celle-ci poursuit en particulier:
  - ✓ la création d'un « système européen d'asile » comprenant un statut uniforme d'asile et de protection subsidiaire ainsi qu'un système commun de protection temporaire.
  - ✓ la refonte du système d'information Schengen de deuxième génération (SIS II) qui doit rendre plus performant l'échange d'informations entre les Etats membres.
- Préalable au « Pacte européen pour l'immigration et l'asile », la Directive du retour a été adoptée le 18 juin 2008 au Parlement européen. Ce texte exprime à la fois la volonté de « lutte contre l'immigration illégale » et le souhait de « favoriser les synergies entre les migrations et le développement ». Il se décline en 5 objectifs:
  - ➢ organiser l'immigration légale;
  - ➢ lutter contre l'immigration illégale;
  - ➢ renforcer l'efficacité des contrôles aux frontières;
  - ➢ bâtir une « Europe de l'asile »;
  - ➢ mettre l'accent sur le co-développement.

La directive du retour vise également à harmoniser les règles d'expulsion des sans-papiers. Elle prévoit une rétention administrative pouvant aller jusqu'à dix-huit mois et le bannissement de tous les pays de l'UE pendant cinq ans. Ces dispositions s'appliqueraient aussi aux mineurs.

- le Programme de Stockholm, adopté à la fin de 2009, définit les orientations en matière d'immigration et d'asile, pour une durée de cinq ans. Il remplace le programme de La Haye ;

- suite aux mouvements de migrations consécutifs aux révolutions dans le monde arabe, la Commission européenne a fait des propositions en faveur d'une nouvelle approche de la politique de migration. Parmi elles:
  - ✓ le renforcement des contrôles en bordure de la zone Schengen ainsi qu'aux frontières de l'Union;
  - ✓ l'échange d'information entre les pays membres sur les possibilités d'intégration des immigrés légaux;
  - ✓ L'adoption d'une politique commune en matière de demande d'asile avant 2012.

Après les nombreux naufrages entraînant la mort de plusieurs centaines de migrants en 2014 et 2015, l'UE a pris des mesures renforçant le contrôle des frontières dont notamment[27]:

- L'augmentation des moyens attribués aux opérations de l'agence Frontex, en triplant les budgets de contrôle des frontières et des nouvelles routes empruntées par les migrants.
- Avec l'afflux de réfugiés syriens, l'UE a signé lors du sommet de la Valette organisé le 29 novembre 2015, un accord avec la Turquie. Au terme de cet accord, ce pays s'engage à limiter les nouvelles arrivées sur son territoire et à accepter aussi de maintenir sur son territoire les réfugiés présents en améliorant leurs conditions d'accueil et d'enregistrement (avec l'aide de l'UE), d'activer les nombreux accords bilatéraux passés avec les pays d'origine ou de transit pour assurer la réadmission des migrants en situation irrégulière, de lutter contre les réseaux de passeurs et de contrôler ses frontières, avec la coopération de l'agence européenne Frontex, notamment en mer Égée.
- En contrepartie, l'Union a multiplié les promesses: un financement de 3 milliards d'euros (reconductible) afin d'améliorer la situation des réfugiés et donc leur maintien dans ce pays; la reprise des négociations sur la libéralisation des visas de courte durée lancée en 2013 et la relance du processus d'adhésion.

Face à ce contexte de crise migratoire, la commission européenne a présenté le 4 mai 2018 son nouveau plan dont les principaux points sont[28]:

- la libéralisation des visas pour les citoyens turcs ;
- l'établissement d'un système commun d'asile « durable et équitable » visant une meilleure répartition des demandes entre les Etats membres et l'accélération des procédures. Le système actuel, celui dit de « Dublin », est en partie maintenu c'est-à-dire qu'un demandeur fait sa requête dans le premier pays où il arrive mais la pression sur certains Etats devrait être allégée.
- Renforcement de la base de données Eurodac pour faciliter la politique de « retour » et mieux lutter contre l'immigration illégale. Cette base de données répertorie les empreintes de tous les demandeurs d'asile et des « migrants illégaux ». Elle permet de savoir si une personne a déjà déposer une demande dans un autre pays, ou si elle est entrée illégalement dans l'Union.
- L'instauration d'une Agence européenne de l'asile. Succédant au Bureau européen d'appui en matière d'asile (ou EASO EuropeanAsylum Support Office), elle serait chargée d'appliquer les nouvelles règles, de favoriser les échanges et la coopération entre les Etats membres, de veiller à la bonne répartition des réfugiés. L'Agence devrait également apporter une aide à un Etat confronté à un afflux inhabituel et soudain de demandeurs d'asile, grâce à des équipes d'experts qui compteraient au moins 500 personnes.

En fait, malgré ce foisonnement d'instruments institutionnels et de mesures, la communautarisation de la politique européenne en matière d'asile et d'immigration continue de butter contre un certain nombre d'obstacles, et les désaccords sur la question semblent dominer entre les partenaires européens.

Dans ce contexte, certains Etats se sont tournés vers des solutions nationales en élaborant sans concertation avec les autres, des lois contraignantes en matière d'immigration. En France, par exemple, entre 1992 et 2016, 8 lois ont été promulguées sur la question: la loi Marchand en 1992, la loi Pascua en 1993, la loi Debré en 1997, la loi Chevènement en 1998 et les deux lois Sarkozy en 2003 et 2006. Une autre loi a été adoptée en octobre 2010 et la dernière le 7 mars 2016 (cette loi a été ainsi modifié 41 fois depuis l'ordonnance de 1945). Un dernier projet de loi asile et immigration a été soumis à un examen le mercredi 4 juillet 2018 en Commission Mixte Paritaire. Celle-ci doit se mettre d'accord sur une copie commune du texte, le Sénat ayant, entre autres, durci les conditions d'accès à l'asile par rapport à la version de l'Assemblée nationale[29].

Cette multiplicité de lois concerne également d'autre pays de destination de la migration marocaine. En Italie, plusieurs lois ont été promulguées entre 1990 et 2014. La loi Martelli en 1990, la loi Turco-Napolitano en 1998, la loi Bossi-Fini en 2002. La quatrième loi, plus ouverte, a été adoptée en avril 2007, la cinquième, celle relative à la « sécurité intérieure et l'immigration » et adoptée en 2009 par le gouvernement Berlusconi est parmi les plus sévères en Europe. Le Sénat a voté, mardi 21 janvier 2014, une autre loi, en faveur de l'abrogation de cette loi en l'assouplissant sensiblement. En 2018, la loi italienne n°132/2018, communément appelée « Loi sécurité et immigration » prévoit des mesures plus drastiques. Les autorisations de séjour accordées pour motifs humanitaires sont abolies et seront remplacées par des permis spéciaux visant à récompenser un comportement méritoire, à permettre un traitement médical ou à accueillir des immigrés fuyant des calamités naturelles. L'entrée en Italie devrait être interdite pour tout autre motif[30]. Le décret-loi prévoit d'interner pendant trente jours dans des « hotspots » (centres d'accueil) les demandeurs d'asile, libres jusqu'à présent de leurs mouvements après identification, et de porter de 90 à 180 jours la durée de rétention, avant expulsion. D'un point de vue financier, la loi réduit fortement les ressources financières destinées au système d'accueil. Cependant, le fonds pour les rapatriements a été augmenté, passant de 0,5 milliard d'euros en 2018 à1,5 milliard d'euros pour les années 2019 et 2020[31].

En Espagne, la loi 4/2000 (11 janvier 2000) a été révisée la même année. Elle est l'une des lois espagnoles qui ont le moins duré et a été remplacée par la loi 8/2000 (22 décembre 2000). Finalement, cette loi a elle-même été modifiée. Une nouvelle loi est entrée en vigueur le 13 décembre 2009, la quatrième durant cette dernière décennie. Cette loi a été elle-même amendée pour autoriser l'expulsion des migrants clandestins.

Ces dispositifs réglementaires se sont accompagnés par une volonté délibérée de l'UE d'« externaliser la question migratoire ». L'UE entreprend ainsi de repousser ses limites géographiques et de délocaliser sa politique d'immigration, transformant de fait le Maghreb en zone tampon où se joue le sort des migrants. Les instruments pour la mise en pratique de cette politique sont les suivants:

- pressions sur les gouvernements maghrébins pour promulguer des lois restrictives de circulation des personnes sur leur territoire, ce qui a donné lieu au Maroc à l'adoption de la loi 02–03 relative à « l'entrée et au séjour des étrangers au Maroc, à l'émigration et l'immigration irrégulières » et en Tunisie, à la promulgation de la loi n° 2003–75. L'Algérie a rejoint la tendance régionale en deux temps: le 25 juin 2008, fut promulguée la loi n°08–11 du 25 juin 2008, relative aux conditions d'entrée, de séjour et de circulation des étrangers qui modifie un texte datant de 1966. Le 25 février 2009, elle modifiait son code pénal pour y ajouter le délit de sortie irrégulière du territoire pour ses citoyens et les étrangers résidents, ainsi que les crimes de trafic de migrants et de traite des personnes, conformément aux Protocoles de Palerme qu'elle a ratifiés[32] ;

- négociations pour la conclusion d'accords de réadmission avec les pays d'origine des migrants dont le Maroc. Rappelons que le Maroc a accepté de négocier avec l'UE « la réadmission » des migrants en situation irrégulière. L'article 71, alinéa B de l'accord d'association prévoit « la réinsertion des personnes rapatriées en raison du caractère illégal de la situation au regard de la législation de l'Etat considéré ». Mais si le Maroc a signé des accords de réadmission avec certains Etats (l'Espagne en 1992, les Pays-Bas en 1993, l'Allemagne et l'Italie en 1998), il résiste toutefois à signer cet accord avec la Commission européenne.
- projet de création de « centres d'accueil » pour les migrants subsahariens dans les pays d'Afrique du Nord. Il s'agit de traiter les dossiers de ces migrants en dehors du territoire de l'Union. Il est évident que ce projet manque de réalisme. Il s'agit, pour paraphraser Michel Foucault, auteur de l'Histoire de la folie, d'enfermer les « insensés » « à l'intérieur de l'extérieur, et inversement ». Aujourd'hui, aux frontières de l'Union, comme hier aux portes des villes[33] ,
- une plus grande coopération et intégration policière (assistance technique, patrouilles mixtes, etc.) ;
- l'usage d'une technologie de plus en plus sophistiquée dans le contrôle des flux (SIS, Passeports biométriques, ...) et de lourds moyens pour lutter contre la migration irrégulière (SIVE, FRONTEX) ;
- la tenue de la conférence euro-africaine les 10 et 11 juillet 2006 à Rabat (processus de Rabat), à Tripoli, à Dakar, à Rome ... La dernière en date est celle organisée à Marrakech, les 1 et 2 mai 2018[34]. Les rencontres avaient pour objectif de chercher une coordination et une adhésion des pays d'origine et de transit des migrants subsahariens à la politique migratoire européenne.

Parallèlement à ces dispositifs, certains pays de l'UE procèdent à la régularisation des migrants en situation d'irrégularité. Le recours aux régularisations est devenu une pratique assez courante, comme en témoigne les opérations de régularisation organisées dans des pays traditionnellement d'accueil (France,

Belgique) ou dans les nouveaux pays d'immigration (Italie, Espagne). Ces programmes épousent différents types (exceptionnel, regroupement, permanent, temporaire ou de mérite) et ils reposent sur des critères bien définis (emploi, lien familial, durée de séjour).

Contrairement à l'Espagne qui a procédé à une régularisation de masse en 1985, 1991,1996, 2000, 2001 et 2005 et à l'Italie, en 1988, 1990, 1995, 1998, 2000 et 2012, la France, principal pays d'accueil de la migration marocaine a procédé à des régularisations systématiques deux fois: en 1981, au début du septennat de François Mitterrand et en 1997, après l'arrivée de Lionel Jospin à Matignon. Depuis, les régularisations se font au cas par cas à un rythme d'environ 30.000 régularisations annuelles[35]. Celles-ci ont atteint 35.274 en 2013, 31.265 en 2014[36] et 33 257 en 2018[37].

Cette méthode permet de légaliser le statut des migrants qui travaillent depuis de nombreuses années illégalement sur le territoire sans donner ce droit aux migrants récents et donc d'avoir toujours un « stock d'illégaux en réserve ».

L'existence de ce « stock » permet aux employeurs de multiplier les embauches illégales profitant de « la fragilité juridique » des migrants clandestins. Le travailleur en situation irrégulière est en effet le plus intéressant pour l'employeur qui propose un emploi lui-même irrégulier, car non protégé par les lois du travail; ce travailleur est dans une situation de vulnérabilité qui lui fait accepter un salaire plus bas et des garanties inférieures à celles offertes aux autochtones et aux immigrés en situation régulière. Dans ces conditions, ce n'est pas l'irrégularité de l'immigration qui créée l'irrégularité de l'emploi, mais l'inverse[38], avec tout ce que cela représente comme manque à gagner pour l'Etat en termes d'impôts et de contributions aux caisses de sécurité sociale. En dépit du fait que ces régularisations sont souvent décriées en Europe, elles demeurent le seul moyen de stabiliser et de légaliser une population immigrée nécessaire au fonctionnement de l'économie de ces pays.

Au vu de ce bilan mitigé de la politique migratoire européenne, plusieurs facteurs militent en faveur d'une organisation de l'«ordre migratoire».

Les facteurs qui militent pour une organisation de l'« ordre migratoire »

Ces facteurs sont variés, ils révèlent les dimensions négatives de la politique appliquée jusqu'à nos jours en matière migratoire dans les relations entre l'Union Européenne et ses partenaires du Sud.

Les dérapages d'une politique focalisée sur des mesures restrictives et l'externalisation de la question migratoire

Ces mesures ont eu des effets pervers, ils ont engendré le développement d'une émigration illégale, comme l'exprime le philosophe grec Thucydide « l'épaisseur d'une muraille compte moins que la volonté de la franchir ». Les restrictions réglementaires apportées à la circulation des étrangers ont moins empêché les entrées qu'elles n'ont entravé les déplacements de va et vient. Elles ont favorisé le développement des séjours en situation irrégulière. D'aucuns estiment même que si l'accès aux pays d'accueil était libre, les mouvements migratoires finiraient par s'autoréguler. Un équilibre des flux d'entrée et de sortie s'installerait peu à peu, alors qu'aujourd'hui, l'émigration est devenue un projet économique qui a un coût. Plus les frontières sont fermées, plus les gens s'installent dans les pays d'accueil faute de pouvoir repartir et revenir. Les tenants de cette thèse font valoir que depuis trente ans, l'admission restrictive des travailleurs migrants légaux dans les pays les plus industrialisés n'a abouti qu'à laisser se développer une immigration économique de travailleurs sans papiers, souvent exploités par leurs employeurs.

Par ailleurs, toutes les études tendent à prouver que la répression est contreproductive. L'externalisation de la question migratoire est une illusion, les pays de départ et de transit sont incapables de contrôler des frontières s'étendant sur des milliers de kilomètres.

A cet égard, l'UE a même usé du chantage à l'aide. Ses dirigeants ont été explicites, en novembre 2004, en parlant d'une « intégration complète de la question de l'immigration dans les relations existantes et futures de l'UE avec les pays tiers ». Ils ont exigé « le renforcement des capacités aux frontières méridionales de l'UE » tout en promettant une aide aux « pays qui font preuve d'une réelle volonté de s'acquitter des obligations qui leur incombent ». A la conditionnalité démocratique, l'Europe a substitué une conditionnalité migratoire[39]. L'UE veut leur faire assumer un nouveau rôle, celui de « sentinelle avancée ».

Les mesures prises par l'UE pour agir en amont sur les causes de la migration, n'ont au fond, pas produit de grands effets, même si elles constituent l'un des objectifs stratégiques du Fonds fiduciaire d'urgence créé pour l'Afrique. Une évaluation à ce niveau semble nécessaire. On constate une focalisation sur les conséquences et donc sur les aspects sécuritaires et la lutte contre la migration irrégulière. Or, cette focalisation a eu des effets pervers comme le montre le volume de l'immigration irrégulière dans les pays de l'UE. Le nombre de ces migrants a atteint selon Eurostat, 2 155 485 en 2015, 983 935 en 2016, 618 730 en 2017 et 601 500 en 2018.

Par ailleurs, l'UE demeure réfractaire à l'adhésion à la Convention Internationale Pour la Protection de Tous les Travailleurs Migrants et des Membres de leurs familles. Cette position est fortement critiquée par la société civile marocaine. Ce n'est pas le cas du Maroc qui essaye d'honorer ses engagements en élaborant une politique migratoire humaniste et intégrée.

- Une demande de travail spécifique existe dans les pays de l'Union Européenne et répond, pour des raisons de coût et de flexibilité, aux besoins du marché du travail. Cette demande émane principalement de certains secteurs comme l'agriculture, le bâtiment et les services. Des pans entiers de ces secteurs ne fonctionneraient pas sans la présence des immigrés (cas d'El Ejido en Espagne). La croissance remarquable de ces secteurs a engendré une offre considérable d'emplois saisonniers, flexibles, généralement peu qualifiés, et donc boudés par les populations autochtones, à laquelle l'immigration clandestine offre aujourd'hui une réponse adéquate. Ces emplois sont situés en dehors de l'échelle de la promotion sociale et donc sans attrait pour les autochtones (Les 3D: Dirty, Dangerous, Degrading)[40].

Les secteurs demandeurs tirent actuellement de gros avantages financiers et sociaux en employant une main d'œuvre clandestine, réputée être docile et peu coûteuse. Ici, les employeurs multiplient les embauches illégales profitant de « la fragilité juridique » des migrants clandestins. Les pays européens sont d'ailleurs contraints de reconnaître ce fait et de pallier ces dérapages en procédant à des régularisations par vagues (ou au cas par cas) de ces migrants clandestins après un séjour illégal parfois de plus de dix-ans[41].

Le cas de l'Italie est intéressant à méditer. Les travailleurs au noir sont de plus en plus nombreux. Parmi eux, ceux qui assurent le ménage (colf) ou qui veillent sur des personnes âgées ou infirmes (badanti). Ces sans-papiers d'un genre particulier travaillent, pour un grand nombre d'entre eux, au noir, mais, comble du paradoxe, ils le font au vu et au su de tous, y compris des autorités qui reconnaissent le rôle qui est le leur dans une société vieillissante où ils viennent combler un déficit énorme en matière d'assistance aux personnes âgées, seules ou malades. Ces travailleurs représentent une alternative moins coûteuse et à même d'alléger les frais afférents aux maisons de retraite et autres centres de soins médicalisés qui grèvent le budget de l'Etat. Un intérêt certain qu'on ne pouvait pas ignorer en particulier dans le contexte de la pandémie de la COVID 19.

– Le manque de canaux légaux stimule l'irrégularité de l'emploi

Le travailleur en situation irrégulière est en effet plus intéressant pour l'employeur proposant un emploi lui-même irrégulier, car, non protégé par les lois du travail. Ce travailleur est dans une situation de vulnérabilité qui lui fait accepter un salaire plus bas et des garanties inférieures à celles offertes aux autochtones et aux immigrés en situation régulière. Dans ces conditions, comme cela a été affirmé c'est l'irrégularité de l'emploi qui crée l'irrégularité de l'immigration. La migration irrégulière se voit ainsi stimulée par l'excès de demande en Europe d'une main-d'œuvre non qualifiée et par un manque de canaux légaux pour couvrir ladite demande. Un vaste marché du travail à l'intérieur de l'économie submergée constitue ainsi un important effet d'appel.

En fait, le marché s'est avéré plus fort pour engendrer des flux que les États pour les réguler[42]. L'immigration clandestine en Europe est en partie une réponse rationnelle à la situation de l'emploi dans des secteurs porteurs des économies notamment de l'Europe du sud. La lutte que les États entendent mener contre l'immigration irrégulière, passe ainsi par une lutte contre le travail irrégulier en Europe.

Force est de constater cependant que les besoins du marché de l'emploi ne sont pas circonscrits aux emplois non ou peu qualifiés, mais de plus en plus se font sentir au niveau des emplois qualifiés, comme le confirme les initiatives prises par différents pays de l'UE: Green Card en Allemagne, carte bleu (UE) « immigration choisie » en France, etc.

– Le défi démographique

Cette question a été traitée plus haut[43]. Il s'agit ici de rappeler l'apport de la migration face aux perspectives des déficits démographiques dans les pays de la rive nord. Les femmes dans les pays de l'Union Européenne donnent naissance en moyenne au cours de leur vie à 1,59 enfants alors qu'il en faudrait 2,1 au moins pour renouveler la population[44]. La part de l'Europe dans la population mondiale a ainsi diminué passant d'environ 25% au début du XXème siècle à 11% à l'heure actuelle, et ce déclin devrait se poursuivre.

Cette inertie démographique contraste avec la croissance enregistrée notamment en Afrique. La population du continent croît à un rythme rapide;

elle pourrait presque quadrupler d'ici la fin du siècle, passant de 1,2 milliard d'habitants en 2017 à 2,4 en 2050, pour enfin atteindre 4,4 milliards en 2100.

Face à ce déclin démographique dans un contexte de vieillissement de la population, « l'immigration devient, selon un rapport du Conseil de l'Europe, une composante clé de l'accroissement de la population »[45]. Mais ces besoins demeurent confrontés à des politiques restrictives dans les différents pays de l'Union Européenne.

- Cette dialectique du rejet juridique et de l'appel économique a favorisé le développement de ce que l'on pourrait appeler le « commerce des illusions »

Les réseaux mafieux se sont installés de part et d'autre de la Méditerranée et tout au long de l'itinéraire migratoire pour proposer leurs services à des prix exorbitants. C'est un commerce qui est devenu prospère à l'échelle internationale où le chiffre d'affaires des réseaux mafieux des passeurs (falsification de documents, transport, etc.) est estimé à 35 milliards de $ (OIM).

D'après l'enquête AMERM/CISP, le pourcentage le plus élevé des migrants interviewés, 23,5% d'individus ont payé entre 201 et 500 Euros alors que près du cinquième d'entre eux ont payé plus de 500 Euros. Certains (1,1%) ont payé au-delà de 2 000 Euros. Ces sommes ont été déboursées avant l'arrivée de ces migrants au Maroc et la traversée de la mer exige parfois plus de 6.000 Euros.

- Cette politique a un coût élevé pour les contribuables européens

D'importants moyens sont mobilisés pour accompagner les politiques de lutte contre la migration irrégulière à travers des institutions qui dépendent de la commission ou qui sont créées par des États de l'Union:

- Un déploiement de logistiques sophistiquées de lutte contre la migration irrégulière et de dispositifs de contrôle (mise en place de systèmes comme le Système d'Information Schengen (SIS) destiné au contrôle des mouvements migratoires aux frontières de l'UE.): (SIS 1, SIS 2), le VIS ou Eurosur, visant la systématisation de fichiers électroniques à base d'identifiants biométriques et la surveillance renforcée des frontières européennes par l'armée et la police.
- La création de l'Agence européenne pour la gestion de la coopération opérationnelle aux frontières extérieures des États membres de l'UE

(Frontex). Cette agence mobilise un arsenal important dans le cadre d'opérations communes telles Triton[46], Poséidon[47] et Sophia[48], avions, hélicoptères, bateaux, usage des drones, satellites, dispositifs de détection « placés comme des lignes Maginot électroniques le long des bandes frontières ». L'Union Européenne a décidé de doper les moyens de cette agence pour créer une « super frontex »: la nouvelle agence disposera de prérogatives élargies, parmi lesquelles l'entretien d'une force de réaction rapidement mobilisable, composée de 1.500 hommes. Son budget annuel, fixé à 114 millions d'euros pour l'année 2015, augmentera pour atteindre le chiffre de 322 millions d'euros à l'horizon 2020[49].

– Dans le même but, d'importants moyens militaires sont déployés dans les pays du sud de la Méditerrané, comme en Espagne où en 1999, le gouvernement espagnol a pris la décision d'installer autour du Détroit, le Système intégral de vigilance extérieure (SIVE), une véritable « barrière électronique », financée en partie par l'Union européenne. D'un coût global de 142 millions d'euros en plus des frais de maintenance[50], il prévoit le « blindage total » de la frontière andalouse, avec l'adjonction de six tours fixes de détection de la Huelva à Almería. Cinq tours bardées de caméras thermiques et à infrarouge capables de détecter la chaleur d'un corps humain dans un rayon de 15 kilomètres. Des hélicoptères, de nombreux camions-radars et des moyens perfectionnés en véhicules et vedettes rapides permettent un repérage immédiat des migrants clandestins. Des patrouilles maritimes et aériennes renforcées complètent le dispositif. Un système similaire a été mis en place dans l'archipel des Canaries.
– Un projet de création de « centres d'accueil » dans les pays d'Afrique du Nord, projet initié par l'Allemagne et l'Italie, n'a pas fait l'unanimité. La France et l'Espagne se sont opposées à cette initiative. Il est évident que ce projet manque de réalisme car des pays de l'Union européenne ont été incapables de gérer ces centres comme le confirment les expériences de Sangatte en France de même que celles des deux centres installés dans les deux enclaves encore sous domination espagnole que sont Ceuta et Melilla. L'idée a été reprise dernièrement par l'Autriche, l'Allemagne et l'Italie représentées chacune par son ministre de l'Intérieur respectif et qui ont manifesté l'intention de « créer un axe pour lutter contre l'immigration clandestine»[51]
– Dans la même veine, afin de lutter contre la migration clandestine, un arsenal de contrôle a été mis en place dans différents pays de l'Union

européenne. Ainsi, au début des années 90, l'Allemagne avait mis sur pied, « L'agence Centrale pour lutter contre l'Immigration illégale » alors qu'en France, a été créée en 1994 « La Direction Centrale de l'Immigration et de la lutte contre l'Emploi des Clandestins » (la DICILEC)[52].

– L'immigration irrégulière engendre un manque à gagner pour les Etats des pays d'accueil

La migration légale demeure la forme idoine de mobilité qui permet de stabiliser une population immigrée nécessaire au fonctionnement de l'économie européenne. Elle contribue à la lutte contre le travail au noir, permet à l'Etat de bénéficier de versements d'impôts et accule les entrepreneurs à verser des contributions sociales[53], dans un contexte où, face à une population vieillissante, la pérennité des retraites dépend de nouvelles cotisations. En Espagne, par exemple, le nombre d'étrangers affiliés à la sécurité sociale a atteint le chiffre de 1.930.622 cotisants en avril 2018. A cet égard, l'apport de ces migrants en termes de cotisations est important, comme en témoigne les régularisations effectuées en 2006. Chaque immigré régularisé a apporté à l'escarcelle de la sécurité sociale entre 1.000 et 1.500 euros. Une manne financière importante.

Enfin, sur le plan sécuritaire, la migration légale rend visibles ces travailleurs, limite l'emprise des réseaux mafieux sur les flux migratoires et favorise une meilleure intégration des immigrés en leur offrant de meilleures conditions de vie et le droit de bénéficier, au même titre que les autochtones, des différents avantages sociaux.

– Cette politique a aussi un coût très élevé en vies humaines car cette aventure est très périlleuse. En fait, les drames les plus médiatisés sont ceux qui interviennent quand l'aventure migratoire se termine d'une manière tragique au fond des eaux du Détroit ou des îles italiennes ou de la Mer Egée.

La Méditerranée est devenue ainsi le plus grand cimetière du monde. Selon Migrants Files, un collectif qui regroupe des journalistes européens qui s'intéressent aux drames de la migration ainsi que des demandeurs d'asile, le nombre de victimes parmi les migrants et les demandeurs d'asile en route vers l'Europe a atteint entre 2000, et jusqu'au 25 mai 2016, 32.040 personnes[54] (phrase non claire). Entre 2016 et juillet 2019, le nombre de victimes a atteint 11.276 personnes, dont 9174 en Méditerranée centrale, 1369 en Méditerranée occidentale et 724 en Méditerranée Orientale.

Ce bilan fait de cette route dite de la “Méditerranée centrale”, reliant la Libye à l’Italie, la voie la plus meurtrière parmi les routes maritimes empruntées par les migrants et les réfugiés pour rejoindre l’Europe[55].

Sur la voie maritime entre le Maroc et Espagne, le nombre de décès n’a cessé d’augmenter passant de 59 en 2014 à 811 en 2018. Cette dernière année a été particulièrement meurtrière ; le nombre de morts a pratiquement quadruplé passant de 224 décès en 2017 à 811 en 2018. La raison en est, selon le HCR, l’utilisation de bateaux impropres à la navigation ou envoyés en mer malgré de mauvaises conditions météorologiques.

En 2018, le bilan était de 1314 morts, selon des chiffres publiés par l’Organisation Internationale pour les Migrations. En amont, lors de la traversée du désert, l’enquête AMERM/CISP a permis d’évaluer l’ampleur des drames vécus par ces migrants avant leur arrivée au Maroc, et tout au long de leur itinéraire migratoire qui peut couvrir des milliers de kilomètres. La traversée du Sahara est une épreuve qui laisse des marques chez tous ceux qui l’ont endurée et, pour beaucoup d’entre eux, le désert devient un gigantesque cimetière à ciel ouvert, parfois plus effrayant que la traversée de la mer. Selon cette enquête, 37% des migrants interviewés ont été témoins du décès de quelqu’un durant le voyage[56].

– Enfin, du point de vue géostratégique, l’Union Européenne ne peut pas continuer à prospérer avec à ses flancs Sud et Est des poches de misère. Une attitude solidaire de la part des pays de l’UE est nécessaire.

La convention de Lomé , accord de coopération commerciale signé le 28 février 1975 entre la CEE et 46 pays d’Afrique, des Caraïbes et du Pacifique (dits pays ACP), et renouvelé en 1979 (Lomé II, 57 pays), 1984 (Lomé III, 66 pays), 1990 (Lomé IV, 70 pays) et en 1995 (Lomé IV bis, 70 pays) n’a pas eu d’impact économique sur ces pays puisque 33 d’entre eux sont toujours classés parmi les pays les moins avancés. Les exportations sont restées très peu diversifiées et composées pour l’essentiel de produits primaires non transformés dont les prix sont affectés par les fluctuations des cours mondiaux.

La signature des accords de Cotonou le 23 juin 2000 (révisés le 25 juin 2005) ne semble pas améliorer cette situation. Ceci explique le piétinement des négociations au sujet des accords de partenariat économique (APE) entre l’Union européenne et les pays de l’ACP[57]. Il est indéniablement reconnu que les préférences commerciales de l’Union européenne n’ont pas donné satisfaction aux pays africains, la part de marché des ACP en Europe est passée de 7,6 % des exportations en 1976 à moins de 2,5 % au début du troisième millénaire.

Et il est à craindre que cette part ne se réduise sous l'effet du libéralisme et que les APE ne fragilisent encore davantage les économies africaines. Les pertes de recettes fiscales risquent d'avoir un impact négatif sur les budgets des Etats et donc réduire le financement des programmes de lutte contre la pauvreté. Dans ce contexte, ces économies ne sont pas outillées pour affronter la concurrence étrangère. Elles ne sont pas non plus en mesure de créer les emplois nécessaires afin d'absorber la masse additionnelle des sans travail et procurer de l'embauche pour les jeunes demandeurs d'emplois. Le taux de chômage en Afrique subsaharienne dépasse les 14%. Et l'émigration demeure un facteur de régulation du marché de l'emploi.

Le bilan des accords de libre-échange signés avec les pays de l'Afrique du Nord est plutôt mitigé[58].

Force est de constater que le libre-échange ne réduira pas les pressions migratoires à court terme, mais qu'il les accroîtra vraisemblablement; c'est plutôt sur le long terme qu'il pourrait produire le résultat escompté[59]. Dans un premier temps, il entraînera une perte de compétitivité des industries du sud accompagnée d'une diminution de l'emploi qu'elles assurent. L'abaissement des barrières, tarifaires ou non, devrait accentuer le jeu des avantages comparatifs. Or, la technologie et la maîtrise des marchés avantagent pour l'instant les industries du Nord. Et cet état de choses ne fera qu'augmenter la pression migratoire vers l'Europe.

Le sens du partenariat proposé par l'UE est à reconsidérer. Comme le note José Manuel Baroso, ex-président de la Commission « Jusqu'à présent, nous avons eu une politique pour l'Afrique, il nous faut aujourd'hui une politique avec l'Afrique (. . .), l'Afrique est redevenue un enjeu stratégique majeur sur la scène internationale. Le continent africain devrait retrouver aujourd'hui une place en accord avec ses énormes potentialités dans les différents agendas politiques internationaux »[60].

Cette affirmation a été à nouveau exprimée par Josep Borrell, l'actuel chef de la diplomatie européenne, pour qui le destin de l'Europe est lié à la dynamique démographique, économique et politique de l'Afrique. Or, déplore-t-il, les opinions publiques ne voient l'Afrique qu'à travers le prisme des migrations[61]. « Notre avenir se joue en Afrique. La frontière de l'Europe n'est pas en Méditerranée, mais au sud du Sahel ». Notre avenir climatique dépend davantage de ce que feront les Africains que de ce que nous ferons à notre niveau.

Il faut donc être à l'écoute des dirigeants africains Et il ne s'agit pas seulement de les écouter mais « il faut en faire des partenaires. Il faut sortir des idées reçues selon lesquelles les Européens ne s'intéressent à l'Afrique que pour la migration ou donner des leçons de morale ». La question de la migration, par exemple, ne pourrait être résolue si l'on n'établit pas d'accords avec les pays d'origine et de transit.

Sur le plan économique, les Africains sont en train de construire un grand marché intégré à l'échelle du continent, la Zlecaf *[zone de libre-échange continentale africaine]*. Quel marché potentiel pour les entreprises européennes, Nous devons être interactifs, d'où l'intérêt d'« élaborer une stratégie avec le continent ».

Identification des pistes d'actions pour une « circulation organisée des flux migratoires »

Il est certes trivial de rappeler que la relance du dialogue entre les pays de l'UE et les pays du Sud est la clé d'une régulation des flux migratoires en partance de ces pays. Il s'agit donc d'établir un ordre migratoire concerté sauvegardant les intérêts des deux partenaires.

Mais cette question est à gérer sous le signe du paradoxe entre d'une part, l'appel économique incarné par les besoins de pans entiers des systèmes productifs dans ces pays et d'autre part, la grande sensibilité de l'opinion publique européenne à l'égard de celle-ci et qui connaît des implications directes au niveau politique.

Dans le cadre de ces paradoxes, il faut scruter les pistes susceptibles d'apporter des réponses idoines. « De l'immigration nécessaire à la nécessité de l'immigration, la pédagogie est facile à élaborer. C'est la meilleure manière, comme le dit Sami Naïr, de lutter contre le racisme et la xénophobie, . . . qui frappe aujourd'hui prioritairement les étrangers et les immigrés »[62] et de démystifier l'image négative de la migration.

Démystifier l'image négative de l'immigration

Dans le discours politique comme dans celui médiatique, l'immigration est traitée en général sous un signe négatif (immigration clandestine, problèmes d'intégration, terrorisme, délinquance, drogue, etc.). Certains discours politiques brandissent la notion du « coût de l'immigration » ignorant par-là même l'apport indéniable de ces allochtones aux économies d'accueil. Malheureusement, cet apport est occulté par un discours dominant, stigmatisant et largement ancré dans la conscience collective. Un discours qui considère que les immigrés prélèvent plus de la société qu'ils n'apportent, ce qui attise les attitudes de rejet, nourrit les appréhensions et conforte des préjugés tels la menace de l'identité, l'insécurité et la sur criminalité des allogènes.

L'apport de l'immigration aux pays d'accueil est, sans conteste, indéniable. Il se manifeste à plusieurs niveaux, comme on l'a expliqué plus haut: au niveau démographique et du marché de l'emploi mais aussi au niveau économique: les migrants en tant que créateurs de la richesse, travailleurs et producteurs (entrepreneurs et indépendants). Les migrants comme consommateurs (marché des biens et services), épargnants et contribuables.

Ce préalable pédagogique semble nécessaire parce que l'immigration est devenue un thème central du discours politique en Europe. Il s'agit à présent d'identifier des pistes d'actions pour une « circulation organisée des flux migratoires ».

Cette organisation de l'ordre migratoire impliquerait: (i) une amélioration des anciennes voies et/ou (ii) une définition de nouvelles formules de circulation des flux migratoires. Seront nécessaires aussi (iii) des mesures d'accompagnement consistant à développer les mécanismes de diffusion de l'information et d'intermédiation et des mécanismes facilitateurs d'intégration des migrants légaux.

Réactiver les anciens accords de main-d'œuvre

Catherine Wihtol de Wenden disait à juste titre, « il faut ouvrir les frontières à plus de catégories de gens, car nous sommes dépendants démographiquement et économiquement de l'immigration »[63]. Des conventions de main-d'œuvre ont été signées dans les années 60 entre certains pays de la rive sud et les pays traditionnels d'accueil: l'Allemagne, la France, la Belgique et les Pays-Bas. Pour ce qui est du cas marocain, par exemple, ces conventions, conclues pour des périodes de 1 à 5 ans, renouvelables par reconduction tacite n'ont pas été dénoncées par l'une ou l'autre partie comme le stipule, par exemple dans le cas français, l'article 15 de la convention. Ces conventions prévoyaient la constitution de commissions mixtes qui se réuniraient à la requête de l'une ou l'autre partie, se chargeront de suivre l'exécution de la convention, de proposer le cas échéant sa révision et d'aplanir les difficultés qui surgiraient lors de son application. Ces commissions se sont réunies à des échéances irrégulières; dans le cas de la convention avec la France, cette commission ne s'est réunie pour la toute première fois, que 12 années après la signature de l'accord qui s'est faite en 1964. Il conviendrait donc de réactiver ces commissions et de les réunir afin d'examiner dans quelles mesures ces conventions deviendraient opérationnelles.

Etablir de nouveaux accords avec des pays devenus récemment des pays d'immigration

Certains pays seraient peut-être disposés à signer de nouveaux accords de main-d'œuvre: les nouveaux pays adhérents à l'UE présentent la particularité d'avoir une faible croissance démographique. La tendance à la baisse de la fécondité est plus prononcée dans ces pays que celle enregistrée dans les autres pays de l'UE. L'indice synthétique de fécondité est parmi les plus bas du monde (Voir supra) et ne permet pas, par conséquent, le renouvellement des générations. Ces pays, enregistrent même une croissance démographique négative comme en 2015, en Lituanie (-11,3‰), en Lettonie (-8,7‰) en Croatie (-8,2‰), en Bulgarie (-6,7‰), en Grèce (-6,0‰), en Roumanie (-5,6‰), au Portugal (-3,2%), en Hongrie (-2,6%) et en Pologne (-1%). Ces pays, à moins d'un sursaut démographique qui semble toutefois peu probable, seront incapables de compenser le déficit démographique pour subvenir à leurs besoins en force de travail. Ces besoins sont appelés à augmenter au fur et à mesure de la mise à niveau de leurs économies. Certains de ces pays comme la Pologne, la Hongrie, la Tchéquie, la Slovaquie, l'Estonie et la Slovénie ont vu leur solde migratoire devenir positif. Ils sont alors devenus des pays d'accueil pour une migration en provenance notamment de l'ex-URSS (de l'Ukraine suite à la récente guerre de la Russie contre ce pays en 2022) et des pays asiatiques. Ce constat fait des nouveaux pays membres de l'UE, un marché potentiel pour le recrutement de la main-d'œuvre africaine.

A défaut de pouvoir signer des accords de main-d'œuvre, des formules plus souples pourraient être envisagées.

Cibler des formules souples pour soutenir les flux migratoires

(i) La migration saisonnière/temporaire

Cette formule semble être mieux acceptée par l'opinion publique. C'est une formule compatible avec la demande en main-d'œuvre dans certains pays comme l'Espagne, l'Italie et la France. La formulation peut se traduire par un renouvellement des contrats à l'issue de chaque échéance. Les secteurs ciblés sont généralement des secteurs ne requérant pas ou peu de qualification et où la demande est supérieure à l'offre nationale.

Force est de constater que cette formule se développe à l'échelle internationale, comme le confirme le Rapport de Kofi Annan: « On assiste à une multiplication des programmes de migration provisoire, mis en place pour répondre à la demande croissante de main-d'œuvre dans les pays d'accueil. Bien que le nombre de migrants admis dans le cadre des tous derniers programmes soit modeste, il peut résulter de ces programmes une synergie bénéfique pour les migrants, les pays d'origine et les pays d'accueil »[64]. Cette forme de migration pourrait être à la base d'une nouvelle formule de mobilité: la migration circulaire.

(ii) La migration circulaire

Le thème de la migration circulaire demeure peu appréhendé par le milieu de la recherche. Même si cette forme de migration existait auparavant, elle n'a pas été, compte tenu d'une carence de données, suffisamment visible pour susciter un intérêt de la part des chercheurs. L'étude de cette forme de migration peut être abordée sous deux angles:

- la migration circulaire Nord-Sud-Nord: celle où le migrant a comme résidence principalc lc pays d'accueil. Ce cas de figure concerne, dans une large mesure, les migrants ayant acquis des compétences et un savoir-faire dans les pays de résidence et qui montent des projets ou proposent leur expertise dans leur pays d'origine ;
- la migration circulaire Sud-Nord-Sud: celle où le migrant a comme résidence principale le pays d'origine. Cela concerne dans le contexte actuel principalement les programmes de recrutement de travailleurs temporaires/saisonniers et accessoirement des compétences dans certains secteurs déficitaires dans les pays d'accueil (NTIC, services de la santé, agriculture, etc.)

(iii) Les accords sectoriels

L'Afrique et l'UE s'intéresseront plus particulièrement à la question de la migration de la main-d'œuvre qualifiée comme par exemple les professionnels de la santé, et chercheront à minimiser l'impact négatif du recrutement d'Africains par les Européens puisque la pénurie relative au personnel de la santé étant aujourd'hui identifié comme un obstacle majeur à la réalisation des objectifs du millénaire pour le développement (OMD). En Éthiopie, une récente enquête de la Banque mondiale sur les jeunes diplômés des écoles de médecine et d'infirmiers a montré que, 70% des médecins et 62% des infirmiers envisageaient de quitter le pays « à la première occasion ». Nous avons relevé ce même désir chez les étudiants lors de notre visite à la Faculté de Médecine d'Oum Dermane au Soudan. On estime qu'actuellement 80.000 travailleurs qualifiés, dont 23.000 cadres supérieurs ou professionnels, quittent le continent africain chaque année[65].

Compte tenu des besoins spécifiques dans certains secteurs ou pans de secteurs, besoins couvrant une plage variée de profils tels les emplois domestiques, en particulier en Espagne et en Italie, le personnel paramédical dans la plupart des pays de l'UE à cause notamment du vieillissement de la population (care drain) et les diplômés des NTIC, en particulier en Allemagne et en France, certains pays demandeurs pourraient signer des accords sectoriels pour combler leurs besoins et pallier les déficiences enregistrées dans certains secteurs.

Cela rejoint en partie la position du gouvernement français sur la migration choisie et qui vise à faire passer la part de la migration économique progressivement de 7%, à 50%.

L'importation de l'emploi: les délocalisations

Au cœur des politiques actuelles de réduction des coûts et/ou augmentation de la productivité, les délocalisations offrent un avantage concurrentiel certain. L'Afrique, notamment grâce à une main-d'œuvre efficace et à moindre coût, est un véritable eldorado pour le service délocalisé.

Les opérations les plus délocalisées sont le back-end processing, les call-centers et les opérations de comptabilité. Les services qui ont une plus grande valeur sont ceux qui, comme au Maroc, touchent aux domaines du développement et de la maintenance de logiciels informatiques, du design de pièces automobiles et aéronautiques, et de la recherche pharmaceutique.

La télémigration

Les technologies digitales font tomber les frontières. Le télétravail, qui s'est développé avec la pandémie de la Covid 19 et grâce à l'internet et aux équipements technologiques connexes, va accélérer la télémigration à travers le monde. En fait, la télémigration, qu'on ne connaissait pas sous cette appellation, a commencé dans la dernière décennie du XXème siècle. La crise de la Covid-19 a joué un rôle d'accélérateur des pratiques de télétravail au sein de nombreuses entreprises dans le monde. Dorénavant, la délocalisation des emplois qualifiés, ou "télémigration", pourrait gagner du terrain. Le télétravail est devenu le quotidien de millions de personnes, ouvrant certaines perspectives, dont celle de la "télémigration" et la délocalisation des emplois qualifiés. Le télémigrant ne se déplace pas physiquement vers un pays d'accueil: il fait le travail à distance. Il ne s'agit plus d'un phénomène marginal, mais bien d'un mouvement de fond qui se développe à grande échelle.

Répondre aux défis courants et potentiels par un renforcement de la capacité institutionnelle

Organiser l'ordre migratoire est un véritable pari. L'administration du dossier de la migration du travail est une entreprise complexe qui requiert une gestion saine et intègre d'où la nécessité de créer ou de renforcer les structures nationales d'intermédiation pour l'information et la gestion des offres d'emploi européennes, les doter de moyens humains et matériels nécessaires. Au Maroc, l'ANAPEC est la structure d'intermédiation indiquée pour bénéficier de ce renforcement de capacité. L'enjeu est de taille quand on sait qu'un candidat à la migration peut dépenser des sommes importantes pour traverser le Détroit dans la clandestinité et encore plus, quand cette émigration se fait dans les normes, avec un contrat de travail et une prise en charge du voyage. A cet égard, il est nécessaire de prévoir:

- un programme de formation des candidats à l'émigration;
- la création d'un Centre documentaire matériel et virtuel sur les voies de la migration légale vers les pays de l'Union Européenne ;
- la création d'agences régionales afin de décentraliser l'information.

Il est toutefois impératif que ce dispositif institutionnel définisse une politique de communication destinée à expliquer aux candidats à l'émigration clandestine, qui ignorent souvent ces possibilités d'émigrer légalement, le contenu de tous les accords signés avec les pays demandeurs de main-d'œuvre. Ceci permettrait à des milliers de jeunes de savoir qu'il existe des moyens légaux de chercher un travail dans les pays de l'UE qui ne mettraient pas en danger leurs vies et qui ne feraient pas d'eux des proies faciles entre les mains des passeurs et d'employeurs sans scrupules.

Conclusion

En guise de conclusion concernant cet impératif de la gestion concertée des flux migratoires, il est trivial de rappeler que la relance du dialogue entre les pays de l'UE et le Maroc est la clé d'une régulation des flux migratoires en partance de ce pays. Il s'agit donc d'établir un ordre migratoire concerté sauvegardant les intérêts des deux partenaires.

Mais cette question continue à être gérée sous le signe du paradoxe entre l'appel économique incarné par les besoins de pans entiers des secteurs économiques dans ces pays et le rejet juridique dû à une grande sensibilité de l'opinion publique à l'égard de la question, question qui a des implications directes au niveau politique.

Ce paradoxe s'observe également au niveau de la gestion politique de la question migratoire entre d'une part, les impératifs électoraux[66] et d'autre part, les engagements pris dans le cadre du partenariat euro-méditerranéen et dont l'un des principaux paramètres est le partenariat social. Il s'agit là de donner un sens plus concret au 3ème volet de la Déclaration de Barcelone, à savoir le volet social, humain et culturel.

Toutes ces raisons militent en faveur d'une nouvelle approche dans le traitement de la question migratoire qui répond aux intérêts du Maroc et des pays européens. Comme le confirme un rapport du parlement européen qui, tout en insistant sur la nécessité de définir en matière d'immigration « une politique raisonnable et digne de l'Homme », souligne que celle-ci devrait être fondée sur la constatation que, dans les décennies à venir, « l'immigration sera non seulement une réalité mais aussi une nécessité »[67]. C'est la raison pour laquelle, il faudrait créer dans le cadre du partenariat euro-marocain « un cadre contractuel pour une immigration réglementaire ».

La question migratoire dans l'espace euro-méditerranéen ne peut se résoudre unilatéralement. Le Maroc comme l'UE doivent collaborer, en tant que partenaires (et donner un sens concret à ce partenariat) et œuvrer à une gestion concertée des flux migratoires à travers le dialogue.

Notes

1 En 2018, le nombre de demandes de visas refusés par les consulats des Etats Schengen au Maroc atteint 120 000 **visas**, soit un taux de refus de 18 %. Les taux de refus les plus élevés ont été enregistrés en Irak (47,8%), en Guinée (46,8%), en RDC (46%), et en Algérie (45,5%). Concernant la France, le nombre de demandes de visas enregistré au Maroc a

atteint en 2018, 362.429 soit une augmentation de 6,9% par rapport à 2017. Un pourcentage de 15,6% de ces demandes, soit 56.784 ont été refusées, ce qui équivaut à une hausse de refus de 23,6% par rapport à l'année précédente qui avait enregistré elle, 43.377 refus pour 337.399 demandes. Voir le site Schengen Visa Info.

2 - Le Monde du 28 juin 2018.

3 - El Pais du dimanche 12 mai 2002.

4 - La Croix le 15/01/2015.

5 - Voir infra chapitre VI.

6 - Voir le chapitre précédent.

7 http://www.rfi.fr/afrique/20181013-immigration-route-marocaine-devient-plus-emprun tee-mediterranee-migratoire

8 Le chef du gouvernement espagnol Pedro Sanchez a annoncé le 3 août 2020 la création «d'un commandement opérationnel unique» des forces de sécurité espagnoles pour faire face à cette nouvelle vague d'arrivées ainsi qu'un plan d'urgence de 30 millions d'euros visant à renforcer le dispositif d'assistance sur les plages espagnoles et augmenter le nombre de places dans les centres d'accueil des migrants. Voir: L'Espagne devient la première porte d'accès des migrants en Europe in Le Monde du 3 août 2018.

Le chef de l'Exécutif espagnol a également annoncé que Madrid renforcerait la coopération et le dialogue avec le Maroc, présenté comme un pays ami «fondamental pour la gestion et le contrôle des flux migratoires». Le même jour, la Commission européenne et le gouvernement espagnol ont également annoncé «l'octroi urgent de 55 millions d'euros pour des programmes de gestion des frontières au Maroc et en Tunisie».Voir: Telquel du 3 août 2018.

9 Abc.es du 11/02/2018&Telquel.ma du 22 avril 2018.

10 RTBF.be citant comme sources, le Haut-Commissariat de l'ONU pour les réfugiés et l'OIM https://www.rtbf.be/info/monde/detail_migration-en-mediterranee-des-arrivees-en-bai sse-mais-la-mer-fait-toujours-autant-de-morts-carte-interactive?id=10279813.

Une autre forme de migration clandestine dans le sens Europe/Maroc a été engendrée par la pandémie du Coronavirus pour fuir la pandémie qui sévit en Espagne, de jeunes immigrés marocains ont fait la traversée en sens inverse, vers le Maroc, à bord de bateaux pneumatiques. Chacun d'entre eux a versé 6000 Euros aux passeurs. Voir Al Ahdate du 2 avril 2020.

11 La même estimation, se référant à la même année, est reprise par le GMDAC/ OIM : Global Migration Indicators 2018.

12 La documentation française (mise à jour le 18/3/2016). Voir https://geoconfluences.ens-lyon.fr/actualites/veille/dossier-2018immigration-et-politique-migratoire-en-france2019-la-documentation-francaise

13 In Letiia Van Eeckhout: Débat public: L'immigration. Op. cit, p 45.

14 « Mario Monti fait appel à l'argent des immigrés » in Libération du 13 septembre 2012.

15 Voir Khaldi: Les Marocains en Espagne in Les Marocains de l'Extérieur 2013. Op. cit.

16 MAP du vendredi 22 novembre 2013. Ces chiffres ont été dévoilées dans une réponse du gouvernement à une question écrite d'une députée du Parti socialiste ouvrier espagnol (PSOE) et publiés par l'agence d'informations «Servimedia».

17 Khaldi: Les Marocains, op.cit.

18 Voir Telquel du 11 juin 2018; https://telquel.ma/2018/06/11/1598122_1598122

19 Khaldi: Les Marocains, op.cit.
20 Yabiladi.com du 03/02/2016.
21 Base de données de la Banque mondiale:https://donnees.banquemondiale.org/indicateur/NY.GDP.MKTP.CD
22 Le Matin du 19 février 2020.
23 Selon l'enquête ETF/AMERM, La proportion des migrants de retour ayant travaillé sans contrat de travail est élevée puisqu'elle est de 44% pour les hommes et de 45% pour les femmes. Voir: ETF/AMERM: Migration et compétences, op.cit, p. 66.
24 Cette estimation disponible englobe deux phénomènes distincts: la traite des personnes (trafficking) et le trafic illicite de migrants clandestins (smuggling). Voir https://cf2r.org/actualite/le-trafic-d-etres-humains/
25 Voir: La Tribune du 1er Juin 2017. La mort de 44 migrants dont des bébés dans le désert nigérien.
26 La Bulgarie et la Roumanie ont adhéré à l'Union européenne le 1er janvier 2007. Depuis le 1er janvier 2014, les restrictions à l'entrée pour les Roumains et les Bulgares sur le marché du travail français ont été levées. Cf. Baptiste Bouthier: Travailleurs roumains et bulgares: ce qui a vraiment changé le 1er janvier. Libération (France) du 3 janvier 2014.
27 Voir: AFP du 20 avril 2015.
28 - Voir: Le Monde du 4 mai 2016.
29 Voir: https://www.alternatives-economiques.fr//aider-un-migrant-un-crime/00085473?utm_source=emailing&utm_medium=email&utm_campaign=NL_Quotidienne%2F03072018
30 L'Italie vote une nouvelle loi anti-migrants. Voir https://www.lefigaro.fr/international/2018/09/24/01003-20180924ARTFIG00326-l-italie-vote-une-nouvelle-loi-pour-limiter-l-accueil-des-migrants.php
31 Pour plus de détails sur cette loi, voir Fabio Perocco Nouvelles » politiques de l'exclusion. La loi N. 132/2018 Sécurité et immigration, énième étape du processus de précarisation et d'infériorisation des immigrés en Italie. In Actes du colloque Agadir, op.cit.
32 Mohamed Khachani: Mobilité des travailleurs au Maghreb. Nations Unies-Commission Economique Pour l'Afrique (CEA). Bureau pour l'Afrique du Nord Rabat, 14–16 septembre 2011.
33 Potte-Bonneville, Mathieu (2004). « Les nouvelles frontières de l'intolérable » in Le Monde du dimanche 19 et le lundi 20 septembre.
34 http://maroc-diplomatique.net/le-processus-de-rabat-demontre-chaque-jour-sa-pertinence-m-bourita/
35 RFI. Emission Accents Europ du 03 -12-2012.
36 Le Monde.fr et AFP du 15/01/2015.
37 La Dépêche.fr du 1er juin 2020.
38 Voir: Wrench, John (1998). « Discrimination formelle et informelle sur le marché du travail européen », Hommes et Migrations, n°1211: 100–111.
39 Ali Bensaad (2005). Le Maghreb pris entre deux feux, Le Monde du 28 octobre.
40 Voir Arte : El Ejido, l'enfer sous serre, « un documentaire coup de point sur les esclaves modernes en Andalousie », publié le 18/5/2008 et mis à jour le 01/02/2008.
41 In Letiia Van Eeckhout: Débat public. op. cit p 81.
42 Peixoto, João « Strong market, weak state: the case of recent foreign immigration in Portugal », Journal of Ethnic and Migration Studies Vol. 28, issue 3, 2002, pp. 483–497.

43 Voir supra, p 216.
44 L'Indice Synthétique de Fécondité est de: 4,8 en Afrique subsaharienne, 3,3 dans le Monde arabe, 2,1 en Amérique Latine.
45 Conseil de l'Europe: Évolution démographique en Europe. Editions du Conseil de l'Europe. Décembre 2001.
46 Sa zone d'intervention couvre les frontières maritimes de la Grèce entre la Turquie et les îles grecques.
47 Sa zone d'intervention couvre les eaux territoriales italiennes, jusqu'à 138 miles nautiques au sud de la Sicile.
48 L'opération Sophia a étélancée le 22 juin 2015 àla suite d'une décision du Conseil européen de lutter de toute urgence contre les passeurs et les trafiquants d'êtres humains en Méditerranée centrale. Cette opération vise àparticiper aux efforts plus larges de l'UE pour démanteler le modèle économique des réseaux criminels en Méditerranée centrale et empêcher de nouvelles pertes de vies humaines en mer. L'opération Sophia a principalement pour but d'identifier, d'arrêter et de neutraliser les navires, les embarcations et les ressources utilisées ou soupçonnées d'être utilisées par des passeurs ou des trafiquants d'êtres humains.
49 Reuter, 5 déc. 2015.
50 En 2006, le gouvernement espagnol a prévu un budget de 30 millions d'euros pour renforcer leSIVE, un réseau de radars plantés le long des côtes sud de l'Espagne et une partie des côtes des Îles Canaries.
51 Le Parisien du 13 juin 2018. Également RT France 13 juin 2018. https://francais.rt.com/international/51564-allemagne-autriche-italie-creent-axe-immigration-clandestine
52 Valentine M.C. « L'Union Européenne face aux déplacements de populations: logiques d'Etat face aux droits des personnes » in REMI, vol 12, N°2, 1996.
53 Cf. Dépêche de la MAP du 27 décembre 2005.
54 Le Monde du 25/5/2016.
55 RTBF.be citant comme sources, le Haut-Commissariat de l'ONU pour les réfugiés et l'OIM.
56 AMERM/CISP. op. cit., p 56.
57 Exprimé à sa manière, le Président Abdelhay Wade affirme: « Si l'Europe n'a plus que la camisole de force des Accords de Partenariat Economique (APE) à nous proposer, on peut se demander si l'imagination et la créativité ne sont pas en panne à Bruxelles ». Le Monde du 15/11/2007.
58 Voir à propos du Maroc, Dkhissi, S, Akesbi, N et Khachani, M: L'accord de libre-échange Maroc-Union Européenne à l'épreuve des faits. Publications de la Revue Marocaine des Sciences Politiques et Sociales. Rabat 2015.
59 Voir: Tapinos, Georges Photios (2000) « Migration, trade and development: the European Union and the Maghreb countries » in Eldorado or fortress?: in King, Russell, Gabriella Lazaridis and CharalambosTsardanidis (2000). Eldorado or Fortress?: Migration in Southern Europe.- London, Macmillan Press; New York, St. Martin's Press: 277–297. Assous, Laurence (2000) « Regional integration and migration flows: a critical review of recent literature » in OECD (2000) Globalization, Migration and Development OECD, Paris: 59–73.
60 Comme le déclarait Robert Schuman le 9 mai 1950, « L'Europe pourra, avec ses moyens accrus, poursuivre la réalisation d'une des tâches essentielles: le développement du continent africain ». Or, ce qu'on constate c'est le fait que les pays riches tournent le dos aux pays

pauvres et consacrent selon le Stockholm International Peace Research Institute (Sipri), (dans son rapport du 2 mai 2018) aux budgets militaires en 2017, 1.739 milliards de dollars soit l'équivalent de 2,2% du produit intérieur brut mondial. Ces statistiques témoignent de la persistance des dépenses en armement à l'échelle planétaire. Pour en prendre pleinement la mesure, le Sipri précise ainsi que non moins de 230 dollars par personne ont été dépensés dans le monde pour répondre à ces « besoins » d'entretiens, formations et équipements des armées. Voir: Les Info.ma du 5 août 2018.

61 Le Monde du 8 et 9 mars 2020 : « La frontière de l'Europe n'est pas en Méditerranée, mais au sud du Sahel »

62 Sami Naïr: L'immigration est une chance: entre la peur et la raison. Edition Seuil. 2007, p. 182.

63 Interview de Catherine Wihtol de Wenden in Le Monde du 27 novembre 2013.

64 Rapport du Secrétaire Général des Nations Unies: Migrations internationales et développement, Nations Unies A/60/871. Mai 2006.

65 « Du Caire à Lisbonne - Le nouveau partenariat stratégique UE-Afrique dans un monde globalisé ». https://old.robert-schuman.eu//fr/doc/notes/notes-42-fr.pdf

66 En France et indépendamment de la couleur politique, le discours électoral confortait cette opinion publique. En 1989, François Mitterrand parlait de « seuil de tolérance dépassé » ; en 1991, Jacques Chirac évoquait une « overdose d'immigrés » et en 1992, Valéry Giscard D'Estaing parlait d'une « invasion » in Letiia Van Eeckhout: Débat public: L'immigration. Op.cit, p 35.

67 Parlement Européen: Rapport de la Présidence du Conseil et de la Commission relatif à la politique méditerranéenne: prolongement de la Conférence de Barcelone. 29 janvier 1997.

Bibliographie

AFP du 20 avril 2015

El Pais du dimanche 12 mai 2002

La Croix du 15 janvier 2015

La Dépêche.fr du 1er juin 2020

La MAP du 27 décembre 2005

Le Matin du 19 février 2020

Le Monde du 8/9 mars 2020

Le Monde du 28 juin 2018

Le Monde du 25 mai 2016

Le Monde du 4 mai 2016

Le Monde.fr et AFP du 15 janvier 2015

Le Monde du 27 novembre 2013

Le Monde du 15 novembre 2007

Le Parisien du 13 juin 2018.

https://francais.rt.com/international/51564-allemagne-autriche-italie-creent-axe-immigration-clandestine

Les Info.ma du 5 août 2018

Libération (France) du 3 janvier 2014
Libération du 13 septembre 2012
Telquel du 11 juin 2018 et du 3 août 2018
Reuters du 5 décembre 2015
Yabiladi.com du 3 février 2016
Assous, Laurence (2000). « Regional integration and migration flows: a critical review of recent literature», in Globalisation, Migration and Development OECD, Paris: 59–73.
Bensaad, Ali (2005). « Le Maghreb pris entre deux feux ». Le Monde du 28.10.2005.
Dkhissi, Said, Akesbi, Najib et Khachani, M (2015). L'accord de libre-échange Maroc-Union Européenne à l'épreuve des faits. Publications de la Revue Marocaine des Sciences Politiques et Sociales. Rabat.
Khachani, Mohamed (2011). Mobilité des travailleurs au Maghreb. Nations Unies-Commission Economique Pour l'Afrique (CEA). Bureau pour l'Afrique du Nord Rabat, 14–16 septembre.
Khaldi, Mohammed (2013). Les Marocains en Espagne, in *Les Marocains de l'Extérieur 2013*, Mohamed Benriane (Ed.). Rabat. Publications de la Fondation Hassan II, pp. 263–310.
Claude-Valentine, Marie. (1996). « L'Union Européenne face aux déplacements de populations: logiques d'Etat face aux droits des personnes », in REMI, vol 12, N°2, pp. 169–209.
Naïr, Sami (2007). L'immigration est une chance: entre la peur et la raison; Edition Seuil. 2007, p 182.
Potte-Bonneville, Mathieu (2004). « Les nouvelles frontières de l'intolérable », in Le Monde de dimanche 19- Lundi 20 septembre 2004.-http://maroc-diplomatique.net/le-proces sus-de-rabat-demontre-chaque-jour-sa-pertinence-m-bourita/
Wrench, John (1998). « Discrimination formelle et informelle sur le marché du travail européen » Hommes et Migrations, n°1211, pp. 100–111.
Potte-Bonneville, Mathieu (20004). « Les nouvelles frontières de l'intolérable », in *le Monde* de dimanche 19 et Lundi 20 septembre.
Perocco, Fabio Nouvelles « politiques de l'exclusion. La loi N. 132/2018, Sécurité et immigration, énième étape du processus de précarisation et d'infériorisation des immigrés en Italie », in Actes du colloque Agadir, op.cit.
Peixoto, João (2002). «Strong market, weak state: the case of recent foreign immigration in Portugal», Journal of Ethnic and Migration Studies Vol. 28, issue 3, 2002, pp 483–497.
Tapinos, Georges Photios (2000). « Migration, trade and development: the European Union and the Maghreb countries », in Eldorado or fortress?: Migration in Southern Europe, Russell, King, Gabriella Lazaridis and CharalambosTsardanidis (2000) Eds. London, Macmillan Press; New York, St. Martin's Press: 277–297.
Claude-Valentine, Marie. (1996). « L'Union Européenne face aux déplacements de populations: logiques d'Etat face aux droits des personnes », in REMI, vol 12, N°2.

· 3 ·

LA LUTTE CONTRE L'IMMIGRATION IRRÉGULIÈRE ET LES IMPÉRATIFS DES DROITS HUMAINS : LE CAS DU MAROC ET DE L'ESPAGNE

Diachari Poudiougo

Introduction

L'aventure de Caïn fuiyant sa forfaiture, l'exode des juifs face à l'oppression du Pharaon, l'exil de Joseph et Marie en Égypte pour protéger le Christ Jésus ou encore, celui des compagnons du prophète de l'Islam en Éthiopie, revèlent que l'histoire de l'humanité est jalonnée de mouvements d'individus et de populations.

Cependant, jamais la population des migrants dans le monde n'a atteint les chiffres que connaît le XXIème siècle. Dans son rapport de 2022 sur l'état de la migration dans le monde, l'Organisation Internationale pour la Migration (OIM)[1] estimait à 3,6 % de la population mondiale, soit 281 millions, l'effectif des migrants à travers le monde en 2020.

Incontestablement, la migration est devenue aujourd'hui (2023) l'un des grands défis géopolitiques et géoéconomiques du siècle et les migrants, des acteurs non négligeables des relations internationales. Sur ce point, il convient de souligner qu'il existe désormais un droit international de la migration en plein essor.

Depuis la première vague d'accession des États africains à l'indépendance politique, les conflits armés et les migrations humaines ne cessent de rythmer les relations interafricaines[2].

Toutefois, le continent africain connaît une longue tradition migratoire bien que cette migration reste avant tout «intra-africaine», c'est-à-dire qu'elle s'effectue à l'intérieur même de l'Afrique. Si la migration est ancrée dans l'histoire de l'Afrique, les migrations africaines transcontinentales, plus précisément l'immigration dite «irrégulière» des africains vers l'Europe constitue un phénomène relativement récent[3]. Elle n'a pris de l'ampleur qu'à l'aube du XXIème siècle. Selon le Centre d'Études Stratégiques de l'Afrique, le continent africain ne représente en 2023, que « 4 % des migrants du monde, comparé à 41 % venus d'Asie et 24 % d'Europe[4]». Malgré ce pourcentage négligeable (par rapport aux migrations qui s'effectuent à l'intérieur des frontières africaines), les migrations africaines vers l'Europe ont provoqué une levée de boucliers dans les États européens et dans certains États de transit comme la Tunisie.

Elles sont parfois perçues comme une menace, voire un acte criminel au même titre que le terrorisme comme en témoignent les évènements dramatiques de Sebta et Melilla durant l'automne 2005 et la politique migratoire d'apartheid de 2023 en Tunisie ainsi que les termes utilisés pour décrire ses migrations: invasions, agression, vagues migratoires, flux migratoires, criquets, guerre hybride ... Jamais un sujet n'a provoqué autant d'acharnement de la part des médias en particulier ceux des pays du Nord.[5]

De par sa situation géographique, le Maroc constitue l'une des grandes routes migratoires les plus empruntées et occupe une place stratégique aussi bien pour les migrants subsahariens que pour les États européens de destination[6]. Pour les premiers, il est avant tout, un pont de passage par excellence et une terre de transit vers «l'Eldorado». Pour l'Union Européenne (UE), le Maroc est un incontournable partenaire économique et stratégique pour la mise en œuvre de sa politique sécuritaire de «l'Europe Forteresse». Cette stratégie est clairement explicitée dans les grandes lignes de la Politique de voisinage de l'UE[7].

C'est dans ce cadre que le Maroc bénéficie d'une coopération étroite avec l'UE d'une manière générale et avec l'Espagne plus particulièrement dans la lutte contre l'immigration «irrégulière». Dans cette stratégie de lutte contre l'immigration, le Maroc et l'Espagne se sont dotés d'un puissant arsenal juridique et institutionnel. Après deux décennies de renforcement des contrôles, une omniprésence de la surveillance le long des frontières européennes et le *boomerang* des refoulements par ces deux États, les migrants africains restent décidés et gardent toujours l'espoir d'atteindre l'Europe. Les candidats à l'immigration continuent à traverser l'impitoyable désert du Sahara et les embarcations de fortunes baignent encore les eaux méditerranéennes.

Depuis les drames de Sebta et Melilla, la réaction des États européens face aux migrations africaines a été ambivalente. D'un côté, elle semble chercher une coopération avec les États africains pour une gestion commune des «flux migratoires» comme ce fut le cas lors de la Conférence Ministérielle euro-africaine de Rabat sur la Migration et le Développement et lors de la Conférence intergouvernementale pour l'adoption du Pacte mondial sur les migrations à Marrakech.[8]

De l'autre côté, l'UE est bien déterminée à poursuivre sa politique de répression de l'immigration africaine en dépit de la volonté de coopération exprimée lors de la Conférence de Rabat.[9] Elle continue d'exercer des pressions sur ses voisins immédiats et sur les pays d'origine afin d'arracher des accords de réadmission. Les relations euro-africaines restent encore timides quant à la gestion de la migration[10] qui est devenue une pierre d'achoppement pour certains et une montagne de refuge pour d'autres avec le développement d'une politique migratoire de la dissuation.

En l'absence d'une solution globale et d'une véritable coopération pour la gestion des «flux migratoires», il n'existe aucune garantie pour le respect des droits humains face à la politique européenne de lutte contre l'immigration africaine. Dès lors, il n'est pas exclu que des incidents similaires à ceux de Sebta et Melilla puissent se répéter. Plusieurs années après la Conférence de Marrakech, les migrations d'origine africaine vers l'Europe sont loin de s'arrêter. L'expression migration irrégulière est un générique qui s'applique ici au mouvement des migrants dépourvus de documents de voyage ou de titre de séjour y compris les demandeurs d'asile.

Quelle est la place des droits humains dans les politiques espganole et marocaine de lutte contre l'immigration irrégulière?

Les politiques espagnole et marocaine de lutte contre l'immigration irrégulière s'inscrivent dans le cadre d'un contexte géopolitique des migrations africaines vers l'Europe.

Nous analyserons ici, les stratégies européennes d'une manière globale et la coopération hispano-marocaine en matière de lutte contre l'immigration irrégulière, leurs méthodes et moyens d'action tout en mettant en exergue, leurs répercussions sur les droits humains.

Cet article est axé sur l'immigration d'origine subsaharienne malgré la présence de maghrébins parmi cette population migrante. Pour ce faire, il utilise la méthode de l'analyse juridique et la description en application de l'observation participante. L'article propose des recommandations pour une humanisation de la gestion des migrations africaines vers l'Europe.

La nouvelle dynamique des migrations africaines

Pendant longtemps, les migrations africaines sont restées foncièrement intra-continentales. Les États africains comme la Côte d'Ivoire, le Ghana, l'Afrique du Sud, la Libye et la Guinée Conakry sont restés aujourd'hui encore, les premières destinations des migrants africains. À titre d'exemple, la Libye et la Côte d'Ivoire ont accueilli un grand nombre de migrants économiques depuis le début des années 1990. Si la migration vers la Côte d'Ivoire était surtout liée à son progrès économique et à son statut de modèle de stabilité politico-économique dans la sous-région jusqu'à la crise politique de 2002, les migrations subsahariennes vers la Libye s'expliquent d'avantage par la politique panafricaniste du Guide libyen Muhammar Kadhafi qui se présentait comme un fervent défenseur de l'intégration africaine. Les migrations politiques semblent avoir plus marqué la longue tradition migratoire du continent. Entre 1998 et 1999, le conflit armé au Libéria et en Sierra-Leone ont provoqué une forte migration vers la Guinée Conakry. De même, le conflit mauritano-sénégalais[11] a causé la migration de milliers de réfugiés au Mali et au Sénégal[12] . . . Ces pays ne sont cités qu'à titre d'exemple illustratifs.

À partir de l'an 2000, les migrations africaines ont connu un renouveau en ce qui concerne leur nature et leur destination. Cette nouvelle dynamique des migrations africaines s'explique par plusieurs facteurs tels que le contexte géopolitique de l'après-guerre froide marqué par la persistence des crises politiques et des conflits armés sur le continent, l'échec ou la lenteur de l'intégration africaine, la redéfinition des politiques migratoires à l'intérieur du continent et la mondialisation.

La peristance des conflits internes et la mal gouvernance

Durant la guerre froide, le continent africain a été le théâtre d'affrontement des grandes puissances. C'est l'exemple de l'Angola qui été éprouvée par plusieurs décennies de guerre civile importée et alimentée par les deux systèmes rivaux (capitaliste et communiste). L'Union Soviétique (URSS) et Cuba apportaient leur soutien au Mouvement Populaire de Libération de l'Angola[13] (MPLA) tandis que les États-Unis d'Amérique et l'Afrique du Sud appuyaient conjointement l'UNITA (Union Nationale pour l'Indépendance de l'Angola). Dans le même sens, le Mozambique a connu une guerre civile qui a fait près d'un million de morts.

La fin de la guerre froide n'a pas été synonyme d'un *«nouvel ordre mondial»* pour l'Afrique où elle a été suivie par la résurgence des conflits armés internes. Depuis 1990, aucun facteur interne n'a autant contribué au déclin socio-économique du continent africain que le fléau des conflits armés et de l'instabilité politique quasi permanente. La fin de la guerre froide a radicalement modifié la dynamique des relations internationales. Le concept d'intérêt stratégique se définit dorénavant par les enjeux économiques, et le combat des États est devenu beaucoup plus géoéconomique qu'idéologique. L'Afrique constitue au XXIème siècle, un marché unique en raison de sa richesse en matières premières qui consituent également des sources de conflit dans certains États comme la République Démocratique du Congo, le Libéria, la Sierra-Léone, le Nigéria . . . Pour la conquête de ce marché, les puissances extérieures n'hésitent pas à mettre en place des régimes dictatoriaux et répressifs ou à soutenir des régimes corrompus déjà en place. C'est le cas de l'influence de la Chine et de la Russie au Soudan et au Zimbabwe.[14] Cette situation a favorisé la mal gouvernance, la corruption et a contribué à la dégradation des conditions de vie des populations africaines. Comme conséquence, des mouvements de rébellion se sont organisés, soit pour dénoncer les pratiques médiocres des régimes en place, soit pour réclamer une meilleure répartition des richesses ou encore le partage du pouvoir.[15] Ce cercle vicieux de conflits et d'instabilité politique a rendu hypothétique toute perspective de développement sur le continent et le processus de démocratisation qui avait succété de l'espoir est devenu un leurre.

Dans un tel contexte, la dichotomie migrants politiques et migrants économiques n'a qu'une valeur théorique. En réalité, la dégradation des conditions de vie (crises socio-économiques) et l'extrême pauvreté jouent parfois le même rôle répulsif que les conflits et les catastrophes naturelles. Bien qu'elle soit qualifiée de «choisie», la migration économique peut être forcée. La grande majorité des immigrants africains qui transitent par l'axe Maroc-Espagne sont des migrants dits économiques, c'est-à-dire ceux-là qui ne fuient pas la guerre mais un autre mal qui est bien souvent la conséquence de la guerre et parfois même sa cause: l'extrême pauvreté et la misère instaurées par la mal gouvernance même si le rapport pauvreté-migration n'est pas toujours linéaire.

De nos jours, la migration économique est considérée comme un investissement, et les immigrés apparaissent comme des acteurs de dévelopement aussi bien de leur société d'origine que celle du pays d'accueil. Les transferts de fonds opérés par les migrants constituent parfois la principale source de revenu pour leurs familles qui n'hésitent pas à les soutenir financièrement pour la réalisation du projet migratoire. Les migrants africains qui entrent dans la catégorie de migrants politiques sont minoriatires au Maroc par rapport aux migrants économiques. Il s'agit des ivoiriens surtout pendant le conflit politique de 2002 à 2010, des congolais (RDC), des libériens et des nigérians si on tient compte des troubles politiques. Les migrations africaines vers l'Europe via le Maroc sont en réalité des mouvements mixtes. Dans certains cas, il y a une conversion des réfugiés et des demandeurs d'asile en migrants économiques[16]. Cela s'explique surtout par le statut particulier du Haut-Commissariat des Nations Unies pour les Réfugiés (HCR) au Maroc et l'absence d'une protection adéquate de sa part jusqu'en 2013.[17] L'attitude du HCR dans ce pays est parfois ambiguë et suscite des suspicions.[18] L'itinéraire des migrations transsahariennes vers l'Europe est bien connu. Le Niger (Agadès) et le Mali constituent en même temps un carrefour de rencontre et les points de départ où se regroupent les flux venant du Nigéria, du Cameroun, du Ghana, de la Guinée, du Sénégal et d'autres États africains.

Le cas du conflit du Darfour au Soudan

La région du Darfour était le théâtre d'un violent conflit armé entre les autorités gouvernementales et des mouvements rebelles depuis 2003 jusqu'à son indépendance en 2011. Le conflit du Darfour est le prototype des conflits africains de l'après-guerre froide. Des milliers de personnes se sont réfugiés au Tchad suite au déclenchement de ce conflit. La Chine et la Russie ont joué un rôle important dans ce conflit à travers leur soutien au régime génocidaire du Président Omar El Béchir. Au Soudan comme dans d'autres États du continent, les violences de l'après-guerre froide ont pour principale cause des problèmes liés à la gestion de l'État et la répartition des richesses. Un regard analytique sur le paysage politique africain montre que la grande majorité des États africains souffre d'un déficit démocratique. De vieux potentats continuent de s'accrocher au pouvoir par tous les moyens. Pour ne citer que quelques exemples, Lassana Conté et Alpha Condé ont tous les deux modifié la constitution pour rester au pouvoir, Omar Bongo du Gabon qui faisait office de «doyen» des chefs d'États africains a regné en despote jusqu'à sa mort en 2009. Blaise Compaoré figurait également parmi ceux qui n'ont pas hésité à modifier la constitution pour affermir leur pouvoir. Robert Mugabe, après trente-sept ans de règne a été contraint de démissionner en 2017. Paul Biya est au pouvoir depuis 1982 après avoir tripatouillé la constitution . . .

L'autoritarisme, la dictature et la mal-gouvernance qui caractérisent ces régimes, dégradent les conditions de vie, accentuent la pauvreté, l'injustice et l'inégalité et créent une violence qui se transforme généralement en conflit armé.[19] Dans un tel contexte, la frontière entre migration politique et migration économique tend à s'estomper, le déclin économique étant de plus en plus une conséquence directe des conflits.

Les tensions et les troubles du passé du Soudan refont surface en avril 2023 avec une guerre civile qui fait rage entre l'armée soudanaise et les Forces paramilitaires de soutien rapide. Au carrefour des tensions et de la violence se trouve la population soudanaise. Les affrontements intenses entre l'armée et les forces paramilitaires ont causé la mort de plus de 1000 personnes. La guerre civile a obligé une vague de civils à fuir leurs foyer, presque 1,4 million de personnes au total, devenant des déplacés ou des réfugiés.[20]

Le conflit politique en Côte d'Ivoire et au Kenya

Tout comme le conflit du Darfour, les conflits politiques qui éclatent en Côte d'Ivoire et au Kenya nous ont permis de mieux saisir la conflictualité africaine de l'après-guerre froide. Longtemps considérée comme un modèle de développement économique et de stabilité politique en Afrique de l'Ouest, la Côte d'Ivoire a peu à peu sombré dans un conflit armé après le coup d'État qui a eu lieu en décembre 1999 et qui a été suivi par la prise du pouvoir par le général Robert Gueï. La crise politique ivoirienne qui a dégénéré en conflit armé entre 2002 et 2007 étaitun conflit de nature essentiellement politique lié à la conquête du pouvoir suprême. L'enjeu ultime de ce conflit était la chose politique. Le fait que nous ayons mis en exergue les dimensions politiques de ce conflit ivoirien ne traduit aucunement une négligence de ses implications socio-économiques et ethniques qui sont elles aussi considérables. Les clivages ethniques, les antagonismes religieux et le fameux critère *«d'ivoirité»* ont simplement servi de bouc émissaire aux parties belligérantes pour influencer le scrutin présidentiel de 2000. La Côte d'Ivoire a été re-plongée dans une grave crise politique depuis l'annonce en décembre 2009 des résultats contestés de l'élection présidentielle qui reconnaissait la victoire d'Alassane Ouattara contre le président sortant, Laurent Gbagbo. Le déclenchement du conflit ivoirien a largement contribué à la réorientation de la destination des migrations africaines en particulier celles de l'Afrique de l'Ouest. Ce pays qui était une terre d'immigration était lui-même devenu un État d'émigration. Depuis l'éclatement de ce conflit, plusieurs ivoiriens sont arrivés au Maroc. Certains pour s'y réfugier,[21] d'autres pour transiter.

Dans la corne de l'Afrique, le Kenya a sombré dans une grave crise politique après l'annonce en décembre 2007, des résultats contestés du référendum constitutionnel qui prévoit la suppression de la limitation du nombre de mandats présidentiels malgré les récentes manifestations contre le projet de révision constitutionnelle. Cette crise politique, la plus grave de son histoire, a entraîné le déplacement de plus de 300 000 personnes.[22] Ce chiffre montre à lui seul, à quel point le rôle des conflits armés est prépondérant dans les migrations africaines.

La difficile intégration africaine et la redéfinition des politiques migratoires: un retour du nationalisme?

Après l'accession à l'indépendance des États africains, plusieurs voix se sont élevées en faveur d'une intégration régionale. De Casablanca à Addis-Abeba, deux thèses se sont confrontées quant aux moyens de réaliser cette intégration. Il s'agit de la thèse fédéraliste et de la thèse de la confédération. Le mémorable Kwame Nkrumah, père de l'indépendance du Ghana, fut un fervent avocat de la thèse intégrationniste avec le projet des États-Unis d'Afrique. Après la mort de Kwame Nkrumah, c'est Muammar Kadhafi qui avait pris la tête des partisans de cette thèse. Lors du IXème sommet de l'Union Africaine qui s'est tenu à Accra en juillet 2007, le débat portant sur le chemin à suivre pour constituer les États-Unis d'Afrique a suscité des divergences entre les fédéralistes et les modérés qui voulaient une intégration progressive. Malgré la transition de l'OUA vers l'UA, l'intégration africaine reste encore une longue et pénible marche. Le balbutiement de l'intégration régionale a favorisé un esprit nationaliste et a du coup, constitué une barrière à la circulation des personnes à l'intérieur du continent.

Le panafricanisme libyen: le difficile choix entre le Nord et le Sud

Après le conflit ouvert avec l'Occident et tout particulièrement avec la France et la froideur des relations avec ses frères arabes, le guide de la Révolution libyenne s'est tourné vers l'Afrique. Très vite, il a prôné l'intégration africaine et appelé ses frères africains à venir travailler chez lui. Le guide libyen était-il un vrai défenseur du panafricanisme ou bien se cachait-t-il derrière cette philosophie pour rechercher une consolation après la « rupture » avec ses frères arabes et le monde occidental? Il est difficile d'interpréter avec exactitude les agissements de Muhammar Kadhafi surtout après le revirement de sa politique face aux migrations subsahariennes. Le rapatriement des immigrants subsahariens par son pays traduit-il sa déception due à l'apathie des dirigeants africains face à son rêve des Etats-Unis d'Afrique ou au contraire, l'incapacité de son pays à absorber une population étrangère devenue « inquiétante » par ses chiffres?[23]

Sur le plan juridique, la Libye a rejoint le club des États maghrébins qui ont cédé aux pressions européennes en durcissant leur législation contre l'immigration irrégulière d'origine subsaharienne se faisant les « gendarmes de l'Europe ». Ces évènements coïncident avec une période où la Libye a obtenu la « grâce » de l'Occident qui avait alors décidé de normaliser ses relations avec elle après des années d'embargo. Certains agissements du colonel Kadhafi pourraient être expliqués dans cette perspective de réconciliation avec l'Occident. Kadhafi

serait-il alors un panafricaniste ou un « perturbateur irrégulier » comme le surnommait Gérard Chaliand?[24]

Ce revirement de la politique migratoire libyenne, qui s'est accentué après le printemps arabe et la chute du régime de Kadhafi, figure également parmi les facteurs déterminants de la nouvelle dynamique des migrations africaines.

La Côte d'Ivoire, le concept d'ivoirité et la redéfinition de la politique migratoire

Tout comme ce fut le cas en Libye, la Côte d'Ivoire a connu un revirement spectaculaire de sa politique migratoire à partir de l'an 2000. La crise politique qui a secoué celle-ci a pris une dimension ethnique et xénophobe qui s'est traduite par le refoulement des Burkinabés et des Maliens longtemps installés dans ce pays et qui ont activement contribué au progrès économique notamment, dans le secteur agricole de la filière du cacao. Il n'est pas exagéré de dire que la Côte d'Ivoire est le pays qui a su le plus profiter de la main-d'œuvre des étrangers dans toute l'Afrique de l'Ouest. À ces facteurs liés au contexte géopolitique de l'après-guerre froide en Afrique, il convient d'ajouter la mondialisation qui joue à la fois un rôle répulsif et attractif dans la dynamique migratoire africaine. Le concept de la mondialisation a été popularisé à partir de 1990. Telle qu'elle a été définie au cours de cette période, la mondialisation implique « l'effacement » des frontières nationales, la libre circulation non pas seulement des biens et des capitaux mais aussi des personnes. Cependant, les partisans de la mondialisation se sont très peu exprimés sur la libre de circulation des personnes (transferts internationaux de main-d'œuvre, ou de savoir-faire). Depuis, la mondialisation se vit à sens unique. La liberté de circulation est assurée pour les entreprises,

les biens et les capitaux mais les frontières sont restées presque hermétiquement closes pour les individus. De ce fait, les inégalités économiques entre les nations du Sud et celles du Nord n'ont cessé de croître, d'où le choix de l'Europe comme une des nouvelles destinations. Un autre facteur répulsif de l'immigration, lié à la mondialisation, est en rapport avec son esprit capitaliste (concurrence, compétition et surproduction). Or, les économies africaines n'étaient pas préparées pour entrer en compétition avec celles du Nord qui connaissaient déjà un important progrès.[25]

Bien que 30% des réserves minières du monde soient concentrées en Afrique (60% des réserves de cobalt et 40 % des réserves d'or du monde sont concentrées en Afrique), la région est présentée comme la plus pauvre de tous les continents malgré toutes ces potentialités. Jusqu'à nos jours, l'Afrique constitue un paradis fiscal pour les sociétés étrangères malgré les drames écologiques et socio-économiques qu'elles causent parfois sur le continent.[26]

Si l'implantation des entreprises en Afrique s'est faite sans grand obstacle, le déplacement de la main-d'œuvre africaine vers l'Europe a toujours connu elle, des embûches. La mobilité des capitaux et des firmes multinationales n'a pas été synonyme de développement. Les firmes multinationales ont très souvent créé des conflits armés et instauré une instabilité politique pour faire main basse sur les ressources naturelles. Les États qui disposent de telles richesses ont connu ou connaissent encore des crises politiques et socio-économiques.

Le facteur attractif de la mondialisation est surtout lié à l'attrait et à la tentation des pays où cette mondialisation a pu se réaliser. En matière de télécommunication, notre siècle a connu des progrès technologiques sans précédent. Ceci a permis aux populations du Sud de vivre virtuellement les réalités du monde développé. De la télévision à l'internet, ces progrès

constituent indiscutablement un facteur d'attraction qui joue un rôle décisif dans la réorientation des migrations africaines vers l'Europe.

Les droits humains aux prises avec la lutte contre l'immigration irrégulière

Conscients que la sécurisation des frontières à elle seule n'est guère une solution viable à la question migratoire, les États membres de l'UE d'une manière générale, et l'Espagne plus spécifiquement ont développé toute une stratégie de lutte contre l'immigration irrégulière d'origine subsaharienne. Cette stratégie réunit les moyens institutionnels, juridiques et la « coopération ». Dans la mesure où des armes à feu ont été employées à plusieurs reprises dans cette stratégie de lutte contre l'immigration irrégulière, il n'est guère exagéré de s'interroger s'il ne s'agit pas plutôt d'une guerre contre l'immigration irrégulière.

Guidée par une vision sécuritaire et répressive, cette stratégie a une perception criminalistique de la migration à l'image du mythe de l'invasion.[27]

La présente partie expose d'abord l'environnement juridique et institutionnel qui existe au Maroc et en Espagne quant à la politique migratoire avant d'analyser les incidences de cette politique sur les droits humains. Les questions de droits humains seront traitées à la lumière de la législation nationale des deux États et des conventions internationales auxquelles ils sont partis.[28] Le premier chapitre sera consacré au cas du Maroc tandis que le dernier chapitre est réservé au cas de l'Espagne.

Le cas du royaume du Maroc

Malgré son implication dans la lutte contre l'immigration irrégulière d'origine subsaharienne, le Maroc ne disposait pas d'une véritable politique migratoire jusqu'en 2014. Balloté entre le marteau des pressions européennes et l'enclume de ses racines africaines, sa « politique migratoire» est soumise à un perpétuel compromis. Il est appelé à jouer constamment le rôle du contre-balancier: d'une part, coopérer avec l'Europe au niveau de sa répression de l'immigration irrégulière et de l'autre, veiller à ne pas entacher ses relations avec ses frères africains par des actes de cruauté dans la lutte contre l'immigration. Le grand refoulement d'octobre 2005 et la régularisation de milliers de migrants subsahariens irréguliers entre 2012 et 2018 a clairement démontré que le Maroc ne saurait négliger ses relations avec l'Afrique noire malgré les exigences européennes.[29]

1 Le cadre juridique et institutionnel de la lutte contre l'immigration irrégulière

La stratégie marocaine de lutte contre l'immigration subsaharienne est un prolongement de la stratégie sécuritaire de l'UE. Elle s'inscrit dans une logique globale qui concilie les aspects juridiques, institutionnels, sécuritaires, socioéconomiques et de communication.[30] Du point de vue législatif, la Loi 02–03 sur l'entrée et le séjour des étrangers au Royaume du Maroc, l'émigration et l'immigration irrégulières et les conventions internationales que nous venons de mentionner, constituent des instruments de référence. Sur le plan institutionnel, le Maroc a inauguré depuis 2003, deux grandes structures dédiées spécialement à la lutte contre l'immigration irrégulière. Il s'agit de la Direction Nationale de Surveillance des Frontières et de l'Observatoire de la Migration. En dehors de ces deux institutions, il est important de mentionner la coopération avec certaines institutions espagnoles et/ou de l'UE telle que FRONTEX ou encore le Système de Surveillance électronique SIVE (Sistema Integrado de Vigilancia Exterior).

2 La législation interne

Tout comme la plupart des constitutions modernes, le préambule de la constitution marocaine réaffirme l'attachement du Royaume « aux droits de l'Homme tels qu'ils sont universellement reconnus ».[31] Cette disposition implique logiquement la signature et la ratification ou l'adhésion aux traités internationaux relatifs aux droits humains. En ce qui concerne l'immigration, la Loi 02–03 relative à l'entrée et au séjour des étrangers au Maroc et à l'émigration et l'immigration irrégulière peut être vue comme une garantie malgré les lacunes qu'elle comporte.

3 Les conventions internationales

Le Maroc est signataire de plusieurs accords internationaux relatifs aux droits humains. Bien qu'ils ne soient pas tous spécifiques à la migration, la plupart de ces traités contiennent néanmoins des dispositions ayant un rapport avec la migration. À titre d'exemple, la Déclaration universelle des droits de l'Homme stipule dans son article 13 que «toute personne a le droit de quitter tout pays, y compris le sien, et de revenir dans son pays».[32] Dès lors, nous pouvons émettre l'hypothèse selon laquelle, le Maroc possède un cadre juridique propice aux droits humains.

4 La Direction de la Migration et de la Surveillance des Frontières et l'Observatoire des Migrations

Créée en 2003, la Direction de la Migration et de la Surveillance des Frontières (DMSF) a pour principales missions l'analyse des réseaux de trafic des migrants aux échelons national et international et l'appui opérationnel pour la surveillance des frontières. Avec la création de la DMSF, le Maroc dispose désormais d'un « corps d'intervention efficace, dont la capacité de réaction, la célérité et la cohérence, permettra de s'adapter en permanence à l'évolution des stratégies, de plus en plus sophistiquées, développées par les réseaux de trafic des migrants».[33]

Avec un gouverneur à sa tête, cette Direction est habilitée à rationaliser les méthodes de travail en matière de migration, d'affiner les outils d'analyse et d'optimiser le déploiement des unités opérationnelles de surveillance. Elle intervient également dans le contrôle des zones d'infiltration empruntées par les migrants irréguliers le long des frontières.

5 L'Observatoire de la Migration

L'Observatoire de la Migration a pour missions essentielles, la collecte, la centralisation, le traitement et la diffusion des informations et des statistiques relatives aux migrations au niveau national. Il est composé de représentants du ministère de l'Intérieur, du ministère des Affaires Étrangères, du ministère des Finances, du ministère de la Justice, du ministère de l'Emploi, des Forces Armées Royales, de la Gendarmerie Royale, des Forces Auxiliaires, de la Direction des Douanes et de la Direction Générale de la Sûreté Nationale.

Comme le revèle sa composition, l'Observatoire fédère toutes les parties concernées, y compris la société civile notamment les chercheurs, dans la réflexion multidisciplinaire des mouvements migratoires, ce qui fait de lui, une banque de données statistiques à l'échelon national. En dehors de ces institutions, le Maroc est assisté par les institutions hispano-européennes dans sa politique de lutte contre l'immigration irrégulière. Ce point sera développé dans la section réservée au cas de l'Espagne.

La lutte contre «l'immigration irrégulière» et les atteintes aux droits humains au Maroc

Depuis 2005, la lutte contre l'immigration irrégulière a été menée dans des conditions périlleuses pour les droits humains au Maroc.[34] Cette situation s'inscrit surtout dans la dynamique des pressions de l'UE qui ont fini par faire de ce pays, un « garde-frontière » de l'Europe. La loi 02–03 et les normes internationales des droits humains ont bien souvent été violées dans la lutte contre la migration irrégulière. À partir de 2006, des opérations de rafles policières ont été menées dans les banlieues de Rabat, Casablanca et dans les camps des migrants situés en dehors ou aux périphéries des villes. Dans la région de l'Oriental, et plus exactement à Oujda la ville frontalière, des rafles policières ont été régulièrement menées depuis 2006 avant de connaître un arrêt relatif au cours de l'été 2008. À plusieurs reprises, les corps et forces de sécurité ont incendié les tentes d'habitation des migrants après ces rafles.

En Août 2007, le camp des migrants subsahariens situé à l'intérieur de la cour de la Faculté de droit de l'université Mohamed 1er avait été démantelé. En 2017, les forces de l'ordre ont dû détruire les tentes des migrants près de la gare de Fès. En 2022, une trentaine de Subsahariens ont vécu des affrontements avec la police marocaine et espagnole à Sebta.

L'été 2008 a été la période la plus calme pour les immigrants subsahariens retranchés dans la cour de la faculté des sciences juridiques de l'université Mohamed 1er, dans les zones reculées de la forêt Sidi Mafaa et vers la frontière algérienne dans le village «Abdel Kader al Badaoui» communément appelé village-Gala.

1 Les atteintes au droit à la vie

Le droit à la vie constitue le « noyau dur » des droits humains.[35] Il est protégé aussi bien par le droit international des droits humains que le droit international humanitaire. « Il y a des régions en Méditerranée . . ., où la vie humaine n'a aucune valeur ». Ces propos de la porte-parole du Haut Commissariat des Nations Unies pour les réfugiés à Rome riment parfaitement avec la situation des droits humains au Maroc quant à la lutte contre l'immigration irrégulière. À l'automne 2005, plusieurs migrants subsahariens ont été tués par balles[36]à Sebta et Melilla au nom de la lutte contre l'immigration irrégulière. En 2006, à l'hôpital Al Fârâbî d'Oujda, une migrante subsaharienne a perdu son enfant après un accouchement prématuré dû à son refoulement.[37] Certaines atteintes aux droits à la vie passent sous silence ; la Méditerranée cache parfois des secrets relatifs à la violation des droits humains. C'est notamment le cas de certains naufrages d'embarcations de fortune dont les causes et les circonstances restent ambiguës et mystérieuses.

2 Les atteintes à l'«Habeas corpus» (les refoulements sans jugement)

Le droit à un procès ou le droit d'être présenté devant un juge est une règle fondamentale dans toute procédure judiciaire. Au Maroc, l'Habeas corpus se trouve entre le marteau et l'enclume lorsqu'il s'agit des migrants irréguliers d'origine subsaharienne. En effet, si les tribunaux marocains procédaient à un jugement de chaque « candidat » à l'immigration irrégulière avant de procéder à son refoulement, il est permis de s'interroger sur le nombre de magistrats et les ressources financières qu'il lui faudrait mobiliser pour y parvenir. C'est l'une des raisons qui expliquent des refoulements sans procès. Même dans les cas où des procès ont eu lieu, ceux-ci ont été expéditifs et non-équitables. Les irrégularités judicaires et administratives et en particulier les refoulements sans jugements portent préjudice à ce principe fondamental et s'accompagnent le plus souvent de mauvais traitements.

3 Des traitements inhumains et dégradants

Pendant le mois d'octobre 2005, des centaines de migrants subsahariens avaient été abandonnés dans le désert par les forces de sécurité marocaines[38] . Certains parmi eux ont été transportés à Oujda avant d'être renvoyés dans leur pays d'origine. Les immigrants subsahariens sont parfois reconduits à la frontière algéro-marocaine et abandonnés dans un *«no man's land»* malgré leur état de santé parfois fragile. Ces pratiques constituent des traitements inhumains et dégradants au regard du droit marocain et des accords internationaux[39]. Notre objectif ne consiste pas ici à faire un inventaire des violations des droits humains au Maroc mais plutôt de faire ressortir les conséquences de la lutte contre l'immigration irrégulière sur les droits humains à travers ces exemples.

Le cas de l'Espagne

L'Espagne représente la «sentinelle » et la figure de proue de l'UE dans la lutte contre l'immigration irrégulière d'origine africaine. Terre d'émigration de longue date, ce pays est devenu une destination par excellence depuis 1990 à cause de sa position géographique de marche-pied de l'Europe. C'est à partir de l'année 2000 que ce pays s'est activement engagé dans la lutte contre l'immigration irrégulière, et plus précisément celle d'origine subsaharienne.

1 Les volets institutionnels et juridiques de la stratégie espagnole de lutte contre l'immigration irrégulière

La stratégie espagnole de lutte contre l'immigration subsaharienne repose sur deux principaux instruments institutionnels: un dispositif de surveillance (SIVE) et une agence de surveillance des frontières (FRONTEX). Bien qu'elle ne soit pas toujours respectée, l'Espagne dispose également d'une législation interne relative aux droits et aux libertés des étrangers. Cet État a signé plusieurs traités multilatéraux qui, même s'ils ne consacrent pas spécifiquement les droits des migrants comme une catégorie particulière à protéger, énoncent tout de même, des normes relatives aux droits humains qui leur sont applicables.

2 Le Système Intégré de Surveillance Extérieure (S.I.V.E, Sistema Integrado de Vigilancia Exterior)

Créé en 1998, le SIVE est un dispositif qui s'appuie sur une technologie de pointe unique en Europe depuis 2002: radars, caméras thermiques et à infrarouges ... Le SIVE sert à intercepter les embarcations des migrants irréguliers afin de faciliter l'intervention des unités chargées de les empêcher de franchir la côte. Il s'agit d'un véritable outil d'endiguement.

3 L'Agence Européenne pour la Gestion des Frontières (FRONTEX)

L'agence FRONTEX[40] a vu le jour en octobre 2004. Elle a été opérationnelle un an après sa création. FRONTEX coordonne la coopération opérationnelle entre les États membres de l'UE en matière de gestion des frontières extérieures, assiste les États membres pour la formation des garde-frontières nationaux et leur apporte une assistance technique et opérationnelle ainsi que l'appui nécessaire pour organiser des opérations conjointes de retour. En ce qui concerne l'Afrique subsaharienne, les activités de Frontex se mènent autour de deux zones maritimes: les Canaries pour faire face à l'immigration provenant d'Afrique occidentale, et la Méditerranée centrale, autour de Malte et Lampedusa, face aux candidats qui passent par le Maghreb.

La coopération hispano-marocaine dans la lutte contre l'immigration clandestine

La coopération avec le Maroc est l'un des piliers de la stratégie espagnole de lutte contre l'immigration clandestine. Dans le cadre de cette coopération, la Guardia Civil espagnole et la Gendarmerie Royale marocaine procèdent à des patrouilles mixtes maritimes, terrestres et aériennes depuis 2004. Les patrouilles maritimes mixtes entre les deux pays ont démarré en février 2004 entre Laâyoune et Las Palmas. Par ailleurs, quelques officiers marocains de liaison ont été affectés à Madrid, aux Iles Canaries, à Algésiras et auprès du SIVE pour la surveillance du détroit. Cette coopération n'est pas fortuite pour le Maroc dans la mesure où il est le premier bénéficiaire de l'aide espagnole au développement. En outre, l'UE constitue pour le Maroc, une source essentielle d'aide extérieure, soit 50% environ de l'aide reçue en 2003.[41]

1 Le volet juridique

La législation espagnole est restée très instable face à la migration d'origine africaine. La première loi espagnole relative aux étrangers date de 1985.[42] Connue également sous le nom de la loi des étrangers, celle-ci a subi plusieurs modifications.[43] Les modifications incessantes de la législation espagnole sur l'immigration témoignent de son incapacité à gérer une réalité irréfrénable et qui ne cesse d'évoluer. En ce qui concerne le droit d'asile en Espagne, il est régi par la Loi 5/1984 du 26 mars 1984 sur le droit d'asile et la condition du réfugié. Cette loi a également été modifiée par la Loi 9/1994 du 19 mai 1994. Pour ce qui est des instruments internationaux, l'Espagne est signataire de plusieurs conventions internationales relatives aux droits humains[44] applicable à la migration en ce qui concerne certains aspects des droits humains et surtout le droit à la vie. C'est le cas de la Convention européenne de sauvegarde des droits de l'Homme et des libertés fondamentales. Sur le plan législatif, l'Espagne possède un cadre juridique beaucoup plus développé que celui du Maroc. En effet, la Convention européenne des droits de l'Homme et de sauvegarde des libertés fondamentales et la Cour de Bruxelles sont incontournables en la matière. Cependant, comme nous le verrons plus loin, l'existence d'un cadre juridique bien développé n'est pas synonyme de respect des droits humains.

2 La stratégie espagnole de lutte contre l'immigration irrégulière et son incidence sur les droits humains

Les atteintes aux droits humains découlant de la lutte contre l'immigration irrégulière en Espagne et au Maroc sont très similaires. Elles sont le résultat de l'inadéquation de la solution sécuritaire et répressive avec une réalité migratoire dont la complexité ne cesse de surprendre. Le nombre sans cesse croissant des immigrants irréguliers rend quasi impossible le respect des procédures juridiques quant au prononcé de la décision motivant le refoulement et l'opération de refoulement proprement dite énoncées dans la loi 02–03. Cette situation a favorisé des irrégularités dans les procédures de refoulement ou d'expulsion qui ont eu pour conséquences une violation des droits humains. Les droits humains sont ainsi quasi quotidiennement sacrifiés sur l'autel de la lutte contre l'immigration irrégulière. Ces atteintes sont de plusieurs natures: usage excessif de la force, expulsions extrajudiciaires et expulsions de personnes en danger, abus et traitements dégradants, actes de violence sexuelle . . .

3 Les irrégularités d'ordre juridique et administratif

Selon la législation espagnole en vigueur, l'entrée sur le territoire espagnol est refusée aux étrangers qui ne remplissent pas les conditions légales par une décision motivée.[45] Selon les chiffres fournis par le ministère de l'intérieur de l'Espagne, 55.938 immigrés en situation irrégulière ont été rapatriés au cours de l'année 2007.[46] Quant aux procédures d'expulsion ou de refoulement, la loi prévoit le placement de l'intéressé dans un centre d'internement à caractère non pénitentiaire lorsque le refoulement immédiat s'avère impossible. Sur le plan pratique, ces dispositions ne sont pas respectées, car les centres d'internement ressemblent beaucoup plus à des établissements pénitentiaires en raison du nombre considérable des immigrants irréguliers auxquels l'entrée sur le territoire est refusée et qui font objet de refoulement. Ces centres restent avant tout, des prisons déguisées.

4 Le droit à la vie

La mort est quasi omniprésente aux frontières espagnoles du sud. Des centaines de migrants subsahariens meurent chaque année en mer en tentant de gagner l'Espagne. Rien qu'en 2006, plus de 600 corps ont été retrouvés sur les côtes canariennes et cela sans compter les centaines de vies perdues pendant la traversée du désert du Sahara.[47] Les scandales de Sebta et Melilla au cours de l'automne 2005 et de l'été 2022 restent jusqu'à présent le summum des atteintes au droit à la vie dans l'aventure espagnole de lutte contre l'immigration irrégulière. Si les Européens se sont empressés de dénoncer les exactions commises par les États-Unis d'Amérique dans la guerre contre le terrorisme, ils semblent oublier parfois les horreurs des violences qui résultent de leur politique anti-migratiore.

D'autre part, les expulsions extrajudiciaires et les expulsions de personnes en danger encouragées par les accords de réadmission conclus entre l'Espagne et certains pays subsahariens comme la Mauritanie contribuent à la violation du droit à la vie. À titre d'exemple illustratif, le nigérian Osamuyia Aikpitanhi a trouvé la mort entre les mains des agents espagnols (dans l'avion) au cours de son expulsion vers le Nigéria en juin 2007. À ce sujet, il est important de rappeler que la Cour Européenne des Droits de l'Homme avait conclu dans l'Affaire D. contre Royaume-Uni, que l'expulsion de l'Étranger en danger (malade) pourrait constituer une atteinte au droit à la vie.[48] Dans le cadre de l'application des accords de réadmission, les expulsions sont généralement sans appel et ne tiennent nullement compte des personnes en danger, et en particulier les malades.

Conclusion

Les droits humains sont universels et indivisibles et s'appliquent à tout être humain quelle que soit sa situation. La lutte contre l'immigration irrégulière ne doit pas servir de prétexte à la négation des droits humains. Cependant, les moyens institutionnels, financiers et législatifs mis en place par l'Espagne et/ou l'UE et ses pressions politico-économiques sur le Maroc dans leur stratégie de lutte contre cette migration montrent clairement que la solution sécuritaire et répressive est privilégiée au détriment d'une approche humaine de la gestion de l'immigration subsaharienne. En reprenant les propos de Madame Nouzha Chekrouni, ex-ministre déléguée chargée de la communauté marocaine résidant à l'étranger, nous interpellons l'UE et le Maroc à *humaniser* leur gestion de l'immigration irrégulière d'origine africaine en l'acceptant comme un *«phénomène naturel, en tant que vecteur de rapprochement culturel et humain, et facteur de stabilité, de développement et de croissance économique partagée »*[49] au lieu de la considérer comme une menace contre laquelle il faut mener une guerre.

La problématique migratoire ne doit pas être séparée de l'impératif de développement comme cela a été constaté à la Conférence ministérielle eurafricaine de Rabat.

Toute solution sécuritaire et répressive à la migration irrégulière d'origine africaine ne saurait qu'entrainer de graves atteintes aux droits humains. L'importance numérique des immigrants d'origine subsaharienne et la croissance de la complexité de la nature de cette mobilité fait que les lois ne réussiront pas à s'y adapter d'autant plus que les États ne disposent ni des structures ni du personnel nécessaire pour y faire face[50].

Plus de dix ans après la conférence de Rabat, nous constatons que les propositions et

ententes exprimées quant à la promotion du développement et la mise en place d'instruments financiers favorisant le co-développement dans la gestion de flux migratoires semblent être oubliées. Sans prétendre fournir une solution clé en main, nous sommes convaincus que la coopération reposant non pas sur les accords de réadmission mais sur le co-développement doit être mis en avant dans la stratégie de lutte contre l'immigration irrégulière. Tant que les véritables causes de l'immigration subsaharienne vers l'Europe ne seront pas traitées, les migrations africaines vers l'Europe persisteront quelle que soit la rigueur des stratégies de lutte contre celles-ci.[51]

L'immigration subsaharienne vers l'Europe est le résultat de la combinaison de plusieurs facteurs que nous avons développés plus haut: les crises socio-économiques et la dégradation des conditions de vie résultant du fléau des conflits armés, les inégalités et disparités économiques de plus en plus croissantes entre le Nord et le Sud comme conséquence de la mondialisation et l'échec de l'intégration africaine.

De ce fait, toute solution qui néglige ces facteurs est vouée à l'échec. C'est pourquoi nous plaidons pour une réorientation des stratégies marocaines et espagnoles dans la perspective une humanisation de la gestion de la migration africaine vers l'Europe.

Nous sommes également d'avis qu'un programme de formation des corps et des forces de sécurité à la déontologie des droits humains pourrait minimiser un tant soit peu, les violations de ces droits. Enfin, nous considérons que l'accès des associations, des ONG de défense des migrants ou des droits humains et de la société civile aux zones de détention des immigrants et leur présence à toutes les étapes de refoulement peut largement contribuer à la protection des droits des migrants.

Notes

1 https://www.iom.int/fr/donnees-et-recherche, consulté le 10 stemptembre 2023.

2 À ce jour (septembre 2023) le continent africain est toujours marqué par les conflits et les migrations internationales provoquées par ces conflits, le déficit démocratique, les coups d'État, la mal gouvernance, le terrorisme et leurs conséquences. En juillet 2021, le Porte-parole du Haut Commissariat des Nations Unies pour les Réfugiés (Babar Baloch) avait déclaré que «Plus de 1,3 million de Burkinabès sont devenus des déplacés internes en un peu plus de deux ans et 6% de la population du Burkina Faso est désormais déplacée à l'intérieur du pays» et que «depuis janvier 2021, plus de 17.500 personnes (burkinabès) ont fui vers les pays voisins» (https://news.un.org/fr/story/2021/07/1100532). À la date du 31 aout 2023, la région du Sahel a comptabilisé à elle seule, 1,048,453 demandeurs d'asile et de réfugiés et 5,049,087 de migrants de toutes les autres catégories (https://data2.unhcr.org/fr/situations/sahelcrisis).

3 Par contre, la présence régulière des Africains en Europe remonte à une époque très lointaine: Juan Latino, l'un des plus grands poètes de l'Espagne du XVIème siècle est un Africain. Le 1er Duc de Florence, Alexandre de Médicis est né de la Cléopâtre italienne, une femme africaine connue pour sa grande beauté.

4 https://africacenter.org/fr/spotlight/tendances-migratoires-a-surveiller-en-afrique-en-2023/, consulté le 11 septembre 2023.

5 Lire à ce sujet, l'hebdomadaire marocain « Achamal 2000 » (traduction « le Nord 2000»), numéro 283, du 6 au 12 septembre 2005.

6 Avant l'adoption de la politique de régularisation des migrants, le Maroc était principalement une terre de transit pour les migrants africains. Jusqu'en 2002, des migrants de nationalité marocaine «faisaient la route» avec leurs confrères subsahariens. Il a fallu attendre l'entrée en vigueur de la loi 02–03 pour constater l'absence de marocains parmi la population des migrants africains à destination de l'Europe.

7 La politique de voisinage de l'UE a été lancée par Commission de l'Union dans ses communications de 2003 sur «un nouveau cadre pour les relations avec nos voisins de l'Est et du Sud» et sur « instrument de voisinage ». Elle vise à à stabiliser la région sur le plan politique, économique et de la sécurité dans ses relations avec ses 16 plus proches partenaires du Sud et de l'Est.

8 La Conférence intergouvernementale pour l'adoption du Pacte mondial sur les migrations a été organisée à Marrakech du 10 au 11 décembre 2018. Quant à la Conférence Ministérielle euro-africaine sur la Migration et le Développement de Rabat, elle s'est tenue du 10 au 11 juillet 2006. La Conférence de Rabat est intervenue dans un contexte d'intensification des crises humanitaires et de graves violations des droits humains aux portes de l'Europe.

9 Plusieurs États, dont le Maroc et la Tunisie ont fini par céder à la pression européenne en durcissant leur législation contre l'immigration irrégulière.

10 Le gouvernement gambien avait refusé la réadmission sur son sol de «migrants irréguliers» venant de l'Espagne bien que la Gambie ait signé un accord de réadmission avec ce pays. La Gambie a également annoncé en 2021, qu'elle bloquait tous les vols de réadmission de migrants venant de l'UE: https://www.voaafrique.com/a/la-gambie-bloque-tous-les-vols-rapatriant-des-migrants-de-l-ue/6018714.html.

11 Santoir Christian, 1990, Le conflit mauritano-sénégalais : la genèse, le cas des Peul de la Haute vallée du Sénégal, in Cahiers des sciences humaines, pp-553–576.

12 En septembre 2007, le quotidien malien L'Essor estimait à 6 000 le nombre de réfugiés mauritaniens au Mali. Source: Les réfugiés mauritaniens du Mali: La perspective d'un retour au bercail se précise, L'Essor no 16029 du 10-09-2007, https://www.afribone.com/refugies-mauritaniens-au-mali-le-retour-au-bercail-sorganise/

13 Damien Danis MBIKI & Emmanuel Guido MBIKI, L'épopée du diamant du sang en Afrique : un creuseur zairo-congolais à Lunda Norte, L'Harmattan, 2008, p. 7.

14 Ces deux États sont comptés parmi les plus grands partenaires commerciaux du Soudan. La *China National Petroleum Corp.* possède 40% des actions de la *Greater Nile Petroleum Company* dans la production pétrolière soudanaise.

15 C'est le cas du Mouvement/Armée de Libération du Soudan (A/MLS) et le Mouvement pour la Justice et l'Egalité (MJE) qui forment les deux principaux mouvements rebelles au Soudan. Bien qu'ils soient fondés sur des philosophies politiques et religieuses différentes, ces deux mouvements se rejoignent quant à certaines revendications: la fin de la

marginalisation politique et socioéconomique du Darfour, à savoir une plus grande représentation de la population Darfouri au sein des institutions du pouvoir central et une meilleure répartition des richesses.

16 Parmi les migrants morts par noyade dans leur tentative de passer en Europe via la Méditerranée, il existe des réfugiés et des demandeurs d'asile enregistrés auprès du Haut Commissariat pour les Réfugiés (UNHCR).

17 Le HCR est sévèrement critiqué par les demandeurs d'asile mais aussi par certains chercheurs. Il est accusé d'être au service de la politique anti-migratoire de l'UE. En mai 2007, une grève de protestation contre le HCR menée par des réfugiés et demandeurs d'asile a été réprimée par la police à Rabat.

18 Jérôme Valluy, Contribution à une sociologie politique du HCR : le cas des politiques européennes et du HCR au Maroc, Terra-Editions 2007, p. 4.

19 Le régime de Lassana Conté et sa gestion médiocre de la Guinée a été la source des vives contestations et manifestations qui ont eu lieu entre 2006 et 2008. Plusieurs étudiants ont été tués lors de ces manifestations.

20 Pour plus de détails, voir ce rapport : https://www.humanium.org/fr/la-guerre-civile-au-soudan-une-crise-grave-humanitaire-pour-les-enfants/ (consulté le 26 août 2023).

21 Il existe un bureau du HCR à Rabat qui accueille les demandeurs d'asile et les refugiés.

22 International Crisis Group, Rapport Afrique numéro 137 du 21 février 2008.

23 Entre 2003 et 2009, des milliers de migrants irréguliers ont été déportés vers les pays subsahariens par le régime de Kadhafi.

24 Chaliand Gérard, *L'Enjeu africain, Géostratégie des puissances*, Éditions Complexe, 1984, p. 140.

25 La quasi-totalité de ces États ayant acquis leur indépendance très tardivement, certains comme la Namibie, jusqu'en 1990.

26 En Août 2007, la société Trafigura était impliquée dans l'affaire des Déchets toxiques qui ont fait des victimes en Côte d'Ivoire. https://www.afrik.com/dechets-toxiques-trafigura-indemnise-la-cote-d-ivoire

27 Hein de Haas, *The Myth of Invasion: Irregular Migration from West Africa to the Maghreb and the European Union*, International Migration Institute, October 2007.

28 Le Maroc et l'Espagne sont tous les deux parties prenantes des instruments suivants: la Convention Internationale sur la Protection des Droits de Tous les Travailleurs Migrants et des Membres de leur Famille, la Convention de Genève sur les Réfugiés de 1951, la Convention contre la Torture et autres Peines ou Traitements, inhumains ou dégradants, le pacte international des droits civils et politiques, le Pacte International relatif aux droits économiques et socioculturels. . . .

29 Cf. Ennaji and Bignami (2019) et Yachoulti & Jacobs (2020).

30 Accessible à l'adresse; https://neighbourhood-enlargement.ec.europa.eu/system/files/2017-04/c_2016_8836_morocco_aap_2016_part_3_annex_1.pdf

31 Lire le préambule de la Constitution marocaine de 2011.

32 Cependant, la Déclaration ne fixe pas les conditions d'entrée dans le pays étranger. Il revient donc aux Etats de fixer ces conditions de façon souveraine.

33 Voir le lien suivant : https://neighbourhood-enlargement.ec.europa.eu/system/files/2017-04/c_2016_8836_morocco_aap_2016_part_3_annex_1.pdf Ce discours ne concorde pas

tellement avec la réalité. L'immigration irrégulière en provenance d'Afrique subsaharienne continue de surprendre par sa complexité et ses nouvelles stratégies.

34 Médecins Sans Frontières, «Violence et immigration: rapport sur l'immigration d'origine subsaharienne en situation irrégulière au Maroc», Rapport 2005, accessible à : https://www.msf.fr/sites/default/files/2005-09-29-MSFE.pdf

35 La ville d'Oujda peut être appelée la capitale des migrations subsahariennes de transit vers l'Europe. En effet, elle est en même temps la porte d'entrée des migrants via l'Algérie et la porte de sortie lors des refoulements.

36 Mehdi Lahlou, *Mondialisation, migration et droits de l'Homme: un nouveau* paradigme pour la recherche et la citoyenneté, collection de l'Académie de droit international humanitaire et de droit humains à Genève, Bruylant 2007, p. 621.

37 Le droit à la vie est une norme Erga omnes du droit international. Il est garanti par plusieurs instruments dont : l'article 3 de la déclaration universelle des droits de l'Homme, article 4 de la charte africaine des Droits de l'Homme et des peuples. . . .

38 Les refoulements collectifs ou de masse constituent une violation de l'article 26 alinéa 7 et 8 de Loi 02–03. Le 10 octobre 2005, nous avons participé à l'identification de plus de 400 immigrants subsahariens dans un centre d'accueil sous la conduite de l'ambassade du Mali en vue de leur «rapatriement».

39 Article 10 du Pacte international relatif aux droits civils et politiques «toute personne privée de sa liberté est traitée avec humanité et avec le respect de la dignité inhérente à la personne humaine».

40 https://www.frontex.europa.eu/?etrans=fr

41 Jérôme Valluy, op. cit. p. 12.

42 Voir La Loi organique 7/1985 du 1er juillet 1985 sur les droits et libertés desétrangers en Espagne

43 Elle a été remplacée par la loi 4/2000 du 11 janvier 2000. Cette loi a été modifiée par la loi 8/2000 du 22 décembre 2000. Une nouvelle modification de la loi 4/2000 est intervenue en 2003. Il s'agit de la loi organique 14/2003 du 20 novembre 2003.

44 La Convention européenne de sauvegarde des droits de l'homme et des libertés fondamentales, le Pacte international des droits civils économiques et sociaux culturels.

45 Article 26.2 de la Loi sur les droits et libertés des étrangers en Espagne.

46 «Bilan de la lutte contre l'immigration irrégulière 2007» présenté par l'État espagnol.

47 Rapport 2007 de l'association APDHA (Asociación Pro Derechos Humanos de Andalucia, intitulé «Violations des Droits de l'Homme à la Frontière du Sud ».

48 Cour Européenne des Droits de l'Homme, Affaire D. c Royaume –Uni, arrêt N°146/1996/767/964.

49 https://www.iom.int/sites/g/files/tmzbdl486/files/jahia/webdav/site/myjahiasite/shared/shared/mainsite/microsites/IDM/sessions/86th/Statement_Chekrouni.pdf consulté le 2 septembre 2008.

50 Ces deux États ne disposent pas de centres d'internements capablesd'accueillir dignement un grand nombre d'immigrants. Ils ressemblent de ce fait à des prisons, à des centres à caractère pénitentiaire, ou simplement à des prisons où se commettent des exactions: traitements inhumains et dégradants, usage abusif de la force, torture . . . De même, les législations internes aussi instables qu'elles soient, ne sont pas à mesure de s'adapter à une

immigration en perpétuellemutation. En effet, les immigrants changent eux aussi de stratégie pour contrecarrer celle des États.

51 Parmi les immigrants qui ont été reconduits dans leur pays d'origine en octobre 2005, plusieurs ont repris le chemin de l'aventure.

Bibliographie

Chaliand, Gérard (1984). *L'Enjeu africain, Géostratégie des puissances*, Paris : Editions Complexe.

Damien Danis MBIKI & Emmanuel Guido MBIKI, L'épopée du diamant du sang en Afrique : un creuseur zairo-congolais à Lunda Norte, L'Harmattan, 2008.

De Haas, Hein (2007). *The myth of invasion: Irregular migration from West Africa to the Maghreb and the European Union*, Publication of *International Migration Institute*, October 2007.

Ennaji, Moha and Bignami, Filippo (2019). Logistical tools for refugees and undocumented migrants: smartphones and social media in the city of Fès. *Work Organisation, Labour & Globalisation* Volume 13, Number 1, Spring 2019.

Lahlou Mehdi (2007). *Mondialisation, migration et droits de l'Homme: un nouveau paradigme pour la recherche et la citoyenneté*, collection de l'académie de droit international humanitaire et de droit humains à Genève, Bruxelles : Bruylant 2007.

Santoir Christian, 1990, Le conflit mauritano-sénégalais : la genèse, le cas des Peul de la Haute vallée du Sénégal, in Cahiers des sciences humaines, pp-553–576.

Valluy, Jérôme (2007). Contribution à une sociologie politique du HCR : le cas des politiques européennes et du HCR au Maroc. Bescherelle : Terra-Editions.

Yachoulti, Mohammed & Jacobs, Anna (2020). Migration Reform in Morocco: Political and Social Realities behind the 2014 Regularization Programme. In Ennaji, Moha (Dir.) *Managing Cultural Diversity in the Mediterranean Region*. Newcastle: Cambridge Scholars Publishing, p. 193–203.

· 4 ·

LA LUTTE CONTRE LA TRAITE DES FEMMES SUBSAHARIENNES MIGRANTES : UN NOUVEAU DÉFI DE LA MIGRATION EN TUNISIE

Bouthaina Ben Kridis

La Tunisie est traditionnellement connue comme un pays d'émigration, notamment vers l'Europe. Cependant, suite à la situation d'instabilité et de crises humanitaires en Libye et en Syrie ainsi qu'aux troubles politiques en Afrique subsaharienne précisément en Côte d'Ivoire, il y a eu un changement dans le profil de la migration en Tunisie. Depuis lors, la Tunisie compte des réfugiés (principalement des réfugiés syriens), des demandeurs d'asile sans statut, des migrants irréguliers (surtout subsahariens) en plus des migrants réguliers des pays du Maghreb, d'Afrique subsaharienne et des pays européens voisins.

La Tunisie est aussi bien un pays de transit que de destination pour les migrants d'Afrique subsaharienne. La plupart des migrants subsahariens sont concentrés à Tunis, Sfax et Médenine considérés comme les principaux centres de migration. Diverses raisons économiques et sociales motivent la décision des migrants subsahariens de se rendre en Tunisie, notamment la recherche de moyens de subsistance durables et l'enseignement supérieur,

En plus d'être confrontés à des réglementations strictes contre les migrants en situation irrégulière, les migrants subsahariens sont victimes de violences et d'une traite des êtres humains. Ce chapitre se concentrera sur les femmes migrantes subsahariennes victimes de la traite des êtres humains, atteignant même l'esclavage dans certains cas extrêmes. En tout état de cause, il serait utile de souligner que les migrants subsahariens (hommes et femmes), en général, sont victimes de violences en Tunisie. On peut citer ici l'exemple des étudiants subsahariens tués en Tunisie. Par ailleurs, la traite des êtres humains ne se limite pas uniquement aux femmes subsahariennes.

En raison de l'augmentation des victimes de la traite humaine en Tunisie, en particulier celle des femmes et des enfants tunisiens, ainsi que des femmes migrantes subsahariennes victimes d'une exploitation domestique et d'un travail domestique forcé, le gouvernement tunisien a adopté en 2016 la loi organique n° 2016–61 empêchant la lutte contre la traite des êtres humains. Ainsi, la lutte contre le crime de traite représente un nouveau défi de la migration en Tunisie.

En réalité, la violence contre les femmes migrantes subsahariennes en Tunisie, et précisément la traite choque la conscience humaine. Ce chapitre tente de faire la lumière sur la situation terrifiante des femmes migrantes subsahariennes victimes de la traite à des fins de servitude domestique et sur la stratégie utilisée par les différentes composantes de la société tunisienne pour lutter contre le crime lié à la traite des êtres humains.

Ce chapitre propose de répondre aux questions suivantes : Comment appréhender le crime de la traite des femmes subsahariennes migrantes en Tunisie ? Et quelle est la stratégie nationale mise en place pour lutter contre ce crime ?

Pour répondre à ces questions, ce chapitre utilise un cadre analytique couplé à une approche synthétique. Sur la base de quelques exemples de femmes migrantes subsahariennes victimes d'exploitation domestique et de travail domestique forcé, ce chapitre décrit la souffrance que vivent ces femmes en Tunisie en déterminant les effets dangereux de cette criminalité croissante contre elles. En outre, ce chapitre met en évidence les différents efforts législatifs, gouvernementaux et sociaux pour lutter contre la traite des êtres humains, en général, et la traite des femmes migrantes subsahariennes, en particulier.

Comprendre le crime de la traite des femmes subsahariennes migrantes en Tunisie

Avant d'établir le lien qui existe entre la traite des êtres humains et la migration, il est important de parler de la traite des êtres humains en soi en tant que crime mondial. La traite des êtres humains est une activité criminelle qui a cours partout dans le monde. Elle n'est pas seulement transnationale, mais elle est aussi nationale. Il ne s'agit pas seulement de la circulation entre les pays. Elle peut être utilisée dans le même pays. La traite des êtres humains est la troisième plus rentable activité criminelle internationale après le trafic de la drogue et des armes. Les victimes se retrouvent dans des situations d'exploitation après avoir été trompées et/ou menacées. Elles sont confrontées à l'exigence d'un remboursement de dettes fictives, à l'isolement, aux menaces ou au viol par des trafiquants. Les principaux types d'exploitation en Tunisie sont : le travail domestique forcé, le travail forcé (dans l'agriculture, la construction ou les services), la mendicité forcée et la prostitution forcée. En raison du caractère caché de cette activité, il est encore difficile de mesurer l'ampleur de la traite des êtres humains en Tunisie. Cependant, fort de son expérience, l'Organisation internationale pour les migrations (OIM) souligne l'accroissement du nombre de victimes d'origine subsaharienne exploitées dans le travail domestique en Tunisie.[1]

En ce qui concerne la définition juridique de la traite des êtres humains, selon le Protocole des Nations Unies visant à prévenir, réprimer et punir la traite des êtres humains, en particulier des femmes et des enfants, complétant la Convention des Nations Unies contre la criminalité transnationale organisée (le « Protocole de Palerme »), la traite des êtres humains est définie comme : « [. . .] le recrutement, le transport, le transfert, l'hébergement ou l'accueil de personnes, au moyen de la menace ou de l'usage de la force ou d'autres formes de coercition, d'enlèvement, de fraude, de tromperie, d'abus de pouvoir ou d'une situation de vulnérabilité ou de l'offre ou de la réception de paiements ou d'avantages pour obtenir le consentement d'une personne ayant autorité sur une autre personne, à des fins d'exploitation. L'exploitation comprend, au minimum, l'exploitation de la prostitution d'autrui ou d'autres formes d'exploitation sexuelle, le travail ou les services forcés, l'esclavage ou des pratiques analogues à l'esclavage, la servitude ou le prélèvement d'organes ».[2]

Quant à la définition juridique tunisienne de la traite des êtres humains, la loi organique n°2016–61 du 3 août 2016 relative à la prévention et à la répression de la traite des êtres humains en Tunisie prévoit dans son article 2 que le délit de traite des êtres humains est composé de trois éléments : 1/ l'acte : attraction, recrutement, transport, transfert, détournement, rapatriement, hébergement ou accueil d'une personne. 2/ les moyens : recours à la force ou menace de recourir à la force ou aux armes ou toute autre forme de contrainte, enlèvement, escroquerie, tromperie, abus d'autorité ou situation de vulnérabilité ou offre ou acceptation de sommes d'argent, d'avantages, ou dons ou promesses en vue d'obtenir le consentement d'une personne ayant autorité sur une autre aux fins d'exploitation, sous quelque forme que ce soit. 3/ le but : L'exploitation comprend de nombreuses formes telles que l'exploitation sexuelle (prostitution forcée), le travail ou les services forcés, l'esclavage ou les pratiques analogues à l'esclavage, la servitude ou la mendicité, le prélèvement total ou partiel d'organes, de tissus, de cellules, de gamètes et de gènes ou toute autre forme d'exploitation. La loi anti-traite criminalise le trafic sexuel et de travail et prévoit des peines de 10 ans d'emprisonnement et une amende de 50 000 TND pour les infractions impliquant des victimes majeures et de 15 ans d'emprisonnement et une amende de 50 000 à 100 000 TND pour les infractions impliquant des victimes mineures.[3]

En effet, le nombre de migrants subsahariens en Tunisie a augmenté depuis le début des années 2000. On estime que plus de 15 000 migrants subsahariens irréguliers vivent en Tunisie. Bien que la Tunisie soit devenue un pays de transit, notamment suite à la crise humanitaire survenue en Libye, elle est aussi une destination pour les migrants subsahariens. Parmi les raisons qui poussent les migrants subsahariens à immigrer en Tunisie, on peut citer une amélioration de la situation économique, le travail et l'enseignement supérieur, comme déjà évoqué plus haut. D'autres facteurs comme l'exemption de visa d'entrée font de la Tunisie une destination attractive pour les migrants subsahariens.[4]

Après les révolutions de 2011 en Tunisie, en Libye et en Syrie, et la guerre civile qui a éclaté en Libye, les flux de migrants et de demandeurs d'asile ont augmenté en Tunisie (environ 990 900 personnes sont entrées en Tunisie depuis la Libye). Ainsi, le camp de réfugiés de Choucha a été établi en 2011 en Tunisie à côté des frontières libyennes et fermé par l'ONU en 2013. Les personnes vivant dans ce camp ont été relocalisées dans différentes régions du pays. Les récents événements de violence de 2023 contre les immigrés sub-sahariens à Sfax en sont témoin.[5]

Pour comprendre le crime lié à la traite des femmes migrantes subsahariennes, il est important de décrire les manifestations qui sous-tendent l'exercice d'un tel phénomène à travers des cas concrets de femmes qui en sont victimes à des fins de servitude domestique et qui souffrent d'une situation tragique, ainsi que les facteurs participant à l'utilisation de celui-ci.

En effet, avant l'adoption de la loi organique n°2016–61 de 2016 portant création de l'Instance Nationale de Lutte contre la Traite des Personnes (ILCTP), une commission de lutte contre la traite des êtres humains, de nombreux cas de femmes subsahariennes victimes de la traite des êtres humains en Tunisie n'ont pas été dévoilés et sont restés cachés.

Généralement, les femmes migrantes subsahariennes travaillent dans l'économie informelle en tant que domestiques dans les maisons des familles tunisiennes aisées. La plupart d'entre elles sont victimes de la traite des êtres humains puisqu'elles sont exploitées, maltraitées, privées de liberté et travaillent dans de mauvaises conditions proches de l'esclavage. Bien que l'esclavage ait été aboli en Tunisie depuis 1848, le trafic et l'exploitation des migrants subsahariens, en particulier des femmes subsahariennes, existent toujours en Tunisie. Selon l'OIM, depuis 2012, 86% des 440 victimes de traite des êtres humains identifiées sont originaires de la Côte d'Ivoire.

A l'exemple d'autres jeunes femmes ivoiriennes, Jeanne-d'Arc a été aussi victime des réseaux criminels dont l'intention est d'attirer dans leurs filets des femmes migrantes d'Afrique subsaharienne pour ensuite les « louer » à des familles tunisiennes riches. Vers la fin de 2013, Jeanne-d'Arc a eu un contact avec un Nigérian qui l'a aidée à venir en Tunisie afin de préparer ses papiers pour une émigration légale vers l'Europe. Cependant, lorsqu'elle est arrivée en Tunisie, elle a été envoyée au sein d'une famille tunisienne pour la servir. Lorsque cette femme ivoirienne a demandé son salaire, la famille tunisienne a refusé de la payer en disant qu'elle avait déjà donné 2000 TND à l'intermédiaire. Cette jeune femme a donc été exploitée, à son insu, par un réseau de traite des êtres humains. Elle a été vendue sans son approbation et a été victime de différentes formes de racisme. Pendant cinq mois, la migrante ivoirienne n'a été autorisée à dormir qu'une fois que ses patrons se couchaient. Elle était obligée de travailler durement presque tous les jours pour nettoyer les six chambres, les quatre salons et les deux cuisines du triplex de ses patrons. Elle était autorisée à dormir et à sortir de temps en temps. En plus d'être impayée, son passeport lui a été confisqué par la famille tunisienne.[6]

Au bout de cinq mois, elle a enfin été libérée par la famille et elle a pu alors rejoindre des personnes de sa communauté vivant en Tunisie. Au bout de presque une année, Jeanne d'Arc a réussi à trouver un emploi dans un salon de coiffure avec une autre femme ivoirienne qui vivait une situation misérable similaire. Du fait de la situation d'illégalité dans laquelle elle vivait, la jeune femme a été confrontée à des sanctions (environ 320 euros par an) infligées aux sans-papiers, en forme de sanctions financières. Plus longtemps un migrant séjourne en Tunisie et plus les sanctions contre lui sont graves. Le fait d'avoir été victime de la traite des personnes n'a pas permis à Jeanne d'Arc de présenter une demande d'asile auprès du Haut-Commissariat des Nations Unies pour les Réfugiés chargés d'examiner les demandes et de superviser les procédures d'asile. Aussi, se trouvant dans l'impossibilité de payer les pénalités relatives à sa situation irrégulière, ne pouvant se rendre en Europe et ne voulant pas rentrer en Côte d'Ivoire, cette migrante s'est trouvée dans l'obligation de travailler en

Tunisie en louant un salon de coiffure sans toutefois pouvoir régler sa situation administrative.[7]

Jeanne D'Arc a choisi de raconter son histoire dans le cadre du Forum tunisien des droits économiques et sociaux et ce, près de cinq ans après avoir subi son calvaire. Elle a témoigné afin d'inciter les femmes subsahariennes à fuir les familles tunisiennes qui les exploitent et à dénoncer les mauvais traitements qu'elles subissent. En effet, grâce aux lois relatives à la traite des êtres humains, notamment la loi anti-traite de 2016, les femmes migrantes subsahariennes victimes de la traite des êtres humains peuvent intenter une action en justice contre leur traite à des fins de servitude domestique.

Ainsi, nous pouvons observer que les principales victimes déclarées de la traite des êtres humains sont originaires de la Côte d'Ivoire. Cela a été rapporté, en 2016, par l'Association de la Maison du droit et des migrations (Terre d'asile Tunisie) déclarant que 45% des bénéficiaires de sa protection et de son assistance sont originaires de la Côte d'Ivoire.[8] A titre d'exemple, on peut citer trois autres cas de victimes de la traite des êtres humains en Tunisie. Il s'agit de trois femmes ivoiriennes, Amélie, Monique et Mélissa, qui sont entrées en Tunisie grâce à la dispense de visa accordée aux ressortissants ivoiriens, pour une durée de 3 mois.[9] Ces femmes ont quitté leur famille et leur emploi dans leur pays d'origine après s'être vues promettre d'obtenir un bon emploi en Tunisie avec un salaire attractif et compétitif. Cependant, à leur arrivée à l'aéroport de Tunis, elles ont été accueillies par des intermédiaires ivoiriens ou tunisiens, qui les ont conduit directement au domicile de familles tunisiennes. Sans en être informées, ces trois femmes ont été obligées de travailler comme domestiques mais sans salaire ni de contrat de travail car les familles tunisiennes avaient payé d'avance le recruteur ivoirien.[10]

Même lorsque les victimes peuvent s'échapper, leur situation reste délicate. Après cinq mois d'exploitation par une famille tunisienne de Sfax à des travaux ménagers non rémunérés, de 5h à 23h chaque jour, Amélie (28 ans), s'est échappée mais elle a été confrontée aux pénalités de dépassement cumulées. Cette situation la place donc dans un état de vulnérabilité. Par ailleurs, après avoir passé quelques semaines de servitude domestique dans la maison d'une famille tunisienne, Monique (32 ans) a pu travailler comme femme de ménage, depuis 2017. Mélissa (30 ans) raconte qu'elle était obligée de tout nettoyer, les meubles, les vêtements, le sol, les murs, etc., et elle ne pouvait pas bien dormir parce qu'elle était obligée de le faire avec un bébé de 10 mois. Epuisée par trois années de servitude domestique, Mélissa souffrant de problèmes de santé a déposé, en 2017, une demande de retour volontaire auprès de l'OIM lui demandant son aide pour retourner dans son pays.[11]

A la lumière de ces témoignages, on peut soutenir que le réseau des trafiquants comprenant des recruteurs et des intermédiaires est le noyau dur de la traite des femmes migrantes subsahariennes. La Fondation Rosa Luxembourg révèle l'existence de réseaux entre la Tunisie et l'Afrique subsaharienne, « où des jeunes femmes sont introduites clandestinement en Tunisie pour travailler comme domestiques pour des familles aisées, principalement à Tunis et à Sfax ». La Fondation souligne que ces femmes subsahariennes "se retrouvent sans droits et à la merci de leurs employeurs".[12]

Ici, une question importante doit être soulevée : comment un réseau de trafiquants peut-il fonctionner ? Même après un début d'enquêtes sur les cas de victimes de la traite des êtres humains effectué par le Comité national de lutte contre la traite des personnes, nous n'avons encore que peu d'informations et de preuves concernant le réseau des trafiquants (leur nombre, leur lieu, comment ils procèdent pour contacter les femmes subsahariennes . . .). Sur la base de quelques histoires racontées par des femmes subsahariennes victimes de la traite des êtres humains en Tunisie, le recruteur est une personne qui connaît parfaitement les lois tunisiennes, en particulier les lois et les règlements liés à la protection des migrants et leurs lacunes. Certains recruteurs contactent des femmes subsahariennes via l'internet. D'autres sont membres de la famille de ces femmes. Le recruteur opère des allers-retours entre les deux pays. Il promet à ces femmes de grandes opportunités d'emploi avec une couverture totale des dépenses. Après avoir remis les frais de déplacement au recruteur, les femmes subsahariennes se rendent en Tunisie où elles sont reçues par un autre intermédiaire. Celui-ci s'empare du reste de leur argent qu'il transfère ou donne aux familles tunisiennes et leur demande d'obéir et de l'appeler dès qu'elles se trouvent en difficulté. Mais l'intermédiaire se volatilise et il est impossible de le joindre.[13]

Sur la base de nombreux témoignages et entretiens recueillis auprès des femmes subsahariennes victimes de la traite des êtres humains, nous pouvons affirmer l'existence d'un réseau transnational actif et organisé de traite des personnes entre la Côte d'Ivoire et la Tunisie. Médecins du Monde corrobore cette affirmation en soulignant le fait que 95 % des victimes de la traite des êtres humains sont ivoiriennes. En général, les points d'intersection des réseaux de traite sont Tunis, Sfax et Gabès car ce sont des centres majeurs de recrutement et d'emploi des migrants subsahariens.

La stratégie nationale mise en place pour lutter contre la traite des femmes migrantes subsahariennes en Tunisie

La stratégie nationale mise en place pour lutter contre le crime lié à la traite des êtres humains réunit les efforts de différentes composantes de la société tunisienne, notamment le gouvernement tunisien, l'Instance Nationale de Lutte contre la Traite des Personnes, les organisations des Nations Unies en Tunisie et la société civile tunisienne. Depuis l'adoption de la loi contre la traite des êtres humains de 2016 et le début des travaux de la commission anti-traite en 2017, la lutte contre la traite des êtres humains en général et la traite des femmes migrantes subsahariennes en particulier relève principalement du ressort de la commission anti-traite en collaboration avec les ministères concernés, les institutions gouvernementales et les administrations ainsi que les ONG œuvrant dans ce domaine. Cependant, la loi anti-traite ne s'applique qu'aux cas survenus après 2016 et non avant, car celle-ci n'a pas d'effet rétroactif. Ainsi, à partir de 2016, techniquement parlant, la notion de « victime » est nouvellement apparue avec la loi de justice transitionnelle, et elle implique une indemnisation, selon la justice.

Pour simplifier le mode de fonctionnement du Comité national de lutte contre la traite des êtres humains lorsqu'il enquête sur des affaires de ce genre, il est utile de déterminer les différentes étapes de traitement du crime de traite des êtres humains. La première étape a trait aux notifications par le bouche à oreille ou volontairement ou par des partenaires collaborant avec le Comité national contre la traite des êtres humains tels que l'OIM. Précisons ici que le Comité national de lutte contre la traite des êtres humains dispose d'un numéro vert pour recevoir les notifications et exercer un suivi des dossiers. Après avoir entendu les victimes, le Comité national de lutte contre la traite des êtres humains transmet les dossiers à la sous-direction de la prévention sociale de la direction de la police judiciaire au sein du ministère de l'Intérieur qui transmet les dossiers au parquet. La dernière étape est liée à la sortie du dossier traité par le ministère de la Justice.

Les initiatives les plus importantes prises par le gouvernement tunisien pour lutter contre la traite des êtres humains sont liées à l'adoption de la loi anti-traite et à la proclamation du 23 janvier. Depuis 2019, le 23 janvier de chaque année est célébrée la Journée nationale de l'abolition de l'esclavage et de la traite des êtres humains suite à l'initiative du président tunisien. Depuis l'adoption de la loi de 2016 contre la traite des êtres humains, le nombre de notifications volontaires a augmenté. En effet, la loi de 2016 interdit le rapatriement des victimes. Celles-ci ne peuvent être retournées dans leur pays que si elles font la demande d'elles-mêmes pour un retour volontaire. La loi anti-traite fournit une assistance aux victimes de la traite des êtres humains grâce à une exemption des peines de dépassement de séjour. Ainsi, la loi tunisienne prévoit une exonération du paiement des frais de dépassement de séjour pour les victimes de la traite des êtres humains en Tunisie. Précisément que, l'Arrêté Gouvernemental N° 2017-1061 du 26 septembre 2017, fixant les tarifs des droits de Chancellerie, affirme, en son Article 8, une exonération du droit de régularisation de la situation liée aux pénalités atteignant 20 TND pour chaque période à partir de 1 à 7 jours avec un plafond de 3000 TND. Cette exonération concerne les victimes de la traite humaine souhaitant quitter le territoire tunisien dans le cadre d'un retour volontaire fondé sur la demande du Comité national de lutte contre la traite des êtres humains.[14]

Les victimes de la traite humaine - les femmes migrantes subsahariennes en l'occurrence - bénéficient d'une période de repos et de réflexion d'un mois renouvelable une seule fois (c'est-à-dire 2 mois maximum). Durant cette période, les femmes migrantes subsahariennes victimes de la traite humaine ont le choix entre un retour volontaire ou la poursuite en justice des personnes responsables de leur traite. Si elles décident de porter plainte, elles bénéficient d'un séjour temporaire en Tunisie d'une durée allant parfois jusqu'à deux ans. Durant ce séjour temporaire, elles sont protégées du rapatriement puisqu'elles sont inscrites à la sous-direction de la prévention sociale.

En effet, les femmes migrantes subsahariennes victimes de la traite humaine bénéficient d'une assistance sociale fournie par l'OIM, ainsi que d'une assistance médicale. L'accès aux soins médicaux gratuits devrait normalement leur être accordé par décret. Cependant, ce décret n'a pas été jusqu'à présent publié mais il est effectivement appliqué indépendamment par certaines organisations, telles que Médecins du Monde, qui fournissent un soutien médical à ces personnes.

Par ailleurs, les femmes migrantes subsahariennes vulnérables sont orientées par le Comité national de lutte contre la traite des êtres humains vers des formations ou des hébergements temporaires à travers la collaboration avec des centres de sécurité sociale et d'orientation et des associations comme Beity et Amal.[15] Cela confirme le fait que le Comité national de lutte contre la traite des êtres humains travaille en collaboration avec différents partenaires, notamment des ministères, tels que le ministère de l'Emploi, le ministère des Affaires étrangères et le ministère des Affaires sociales, l'OIM et de nombreuses ONG comme l'Association de la Maison du droit et des migrations (Terre d'asile Tunisie), Médecins du Monde, Association Beity et Avocats Sans Frontières (ASF).

Néanmoins, lorsqu'il œuvre en collaboration avec différents partenaires, le Comité national de lutte contre la traite des êtres humains se heurte à de nombreux obstacles et problèmes. Par exemple, on peut citer le problème relatif à une absence d'information sur l'intermédiaire. En outre, certaines victimes subsahariennes (surtout des femmes ivoiriennes) ne veulent pas porter plainte parce que l'intermédiaire est un membre de la famille ou à cause du « serment de Juju » (le terrible rituel de magie noire fait dans une cérémonie par les proxénètes pour contrôler les victimes et les forcer à obéir sans poser de questions).[16]

Par ailleurs, quant aux vides juridiques et législatifs, on peut citer l'absence de lois de pratique et d'organisation garantissant l'application de la loi anti-traite et le libre accès aux soins médicaux. Il convient également de faire la lumière sur les obstacles financiers liés à une absence de financement pour soutenir le Comité national de lutte contre la traite des êtres humains dans l'exercice de ses fonctions, ainsi qu'un manque d'indépendance financière.

Il serait utile de souligner que la migration irrégulière représente un facteur de fragilité, surtout que près de 99% des cas de migrants victimes de la traite des êtres humains sont des migrants irréguliers. Le Comité national de lutte contre la traite humaine est également confronté à un problème majeur qui est la question de la sécurité de la Tunisie, surtout lorsqu'il s'agit d'enquêter sur les cas de traite des personnes qui auraient été exécutés en Libye. Dans la majorité de ces cas, il est difficile de collaborer avec les parties libyennes et de vérifier les sources d'information dans ce pays de même que les preuves de l'existence du phénomène de la traite des êtres humains. Pour ces raisons précisément, le Comité national contre la traite des êtres humains refuse généralement d'enquêter sur les cas de traite humaine qui ont eu lieu en Libye.

Outre le rôle essentiel qu'exerce le Comité national de lutte contre la traite des êtres humains, en collaboration avec différents partenaires, la Stratégie nationale de lutte contre la traite des femmes migrantes subsahariennes repose également sur des campagnes de sensibilisation et l'inclusion des différents acteurs des forces de l'ordre, ainsi que la société civile.[17]

Les campagnes de sensibilisation jouent un rôle de premier plan pour stimuler l'adoption de la loi anti-traite de 2016. Le 12 avril 2016, l'OIM, en collaboration avec le ministère de la Justice, a lancé une campagne nationale de sensibilisation contre la traite des êtres humains appelée « Pas à vendre ». Cette campagne de sensibilisation fait partie des activités développées par le gouvernement tunisien pour lutter contre le crime de traite des êtres humains. Elle s'inscrit dans le cadre du projet SHARE II d'appui au gouvernement tunisien dans la lutte contre la traite des personnes et l'assistance aux victimes. Ce projet a été développé par l'OIM Tunisie en partenariat avec de nombreux acteurs gouvernementaux et non gouvernementaux, et est financé par le Bureau de surveillance et de lutte contre la traite des personnes du Département d'État américain.[18]

La campagne « Pas à vendre » vise à sensibiliser tous les Tunisiens, notamment les jeunes, sur l'existence et l'ampleur du phénomène de la traite des personnes en Tunisie. Elle consiste en 5 mini-films et un spot télévisé qui ont été réalisés par un groupe de 30 jeunes ambassadeurs tunisiens actifs dans la société civile, avec l'appui d'une équipe d'experts audiovisuels. Ces mini-films traitent des formes de traite des êtres humains, en dévoilant des exemples de nombreuses formes d'exploitation (exploitation sexuelle ou dans le travail) de différentes catégories vulnérables en Tunisie dont les jeunes femmes, les enfants et les femmes subsahariennes exploitées dans la servitude domestique et le travail forcé. Cette campagne a été diffusée à la télévision nationale tunisienne. L'un des mini-films présentait la tragédie d'une femme subsaharienne appelée Tensay, victime de la traite en servitude domestique en Tunisie.

Après l'adoption de la loi anti-traite de 2016 et la mise en place du Comité national de lutte contre la traite des personnes en 2017, des séances de sensibilisation ont été organisées, le 24 janvier 2019, pour sensibiliser la population aux dangers de la traite des êtres humains et aux droits des victimes de ce crime.

Comme l'Égypte, la Tunisie a rejoint la Campagne mondiale « Cœur bleu » de sensibilisation contre le crime de la traite des personnes, le 30 juillet 2018 (Journée mondiale contre la traite des êtres humains). Cela a été officiellement déclaré par le ministre de la Justice lors d'une cérémonie organisée par l'OIM et l'Office des Nations Unies contre la drogue et le crime (ONUDC) le 30 juillet 2018. Au cours de cet événement, le Comité national contre la traite des êtres humains, soutenu par l'ONUDC, a défini sa stratégie nationale pour lutter contre ce crime en Tunisie. Dans ce contexte, Raoudha Laabidi, la présidente du Comité national de lutte contre la traite affirme que : « La Tunisie a été le premier pays à abolir l'esclavage dans la région en 1846 et pourtant aujourd'hui, en 2018, les formes modernes d'esclavage subsistent. La loi 2016–61 a été la première étape, et en un an 742 victimes de traite des êtres humains ont été recensées. La Tunisie ne s'arrêtera pas tant qu'elle n'aura pas éradiqué la traite des êtres humains ».[19]

Par ailleurs, dans le cadre de la conférence internationale organisée le 23 janvier 2019, Journée nationale de l'abolition de l'esclavage, Avocats Sans

Frontières (ASF) et le Comité national de lutte contre la traite des êtres humains soulignent la nécessité d'une coordination entre les différents acteurs impliqués dans la lutte contre la traite des personnes. Principalement, le Comité national « est chargé d'établir un mécanisme national d'orientation (NRM) pour organiser la coopération entre les agences gouvernementales et la société civile. Il doit permettre d'identifier les victimes, de les orienter vers les services appropriés, de les assister et de les protéger ». Les acteurs impliqués doivent également être formés pour mettre en œuvre et appliquer efficacement la loi anti-traite de 2016. Dans ce contexte, on peut citer l'exemple de la session de formation organisée par l'ONUDC en collaboration avec l'Institut de formation des magistrats et le Comité national de lutte contre la traite des êtres humains et dont ont bénéficié 160 magistrats tunisiens.[20] Cette session de formation, qui a eu lieu en 2018, était l'occasion d'aider les juges à comprendre et à identifier les cas de victimes de la traite des êtres humains et du trafic de migrants sur la base du Manuel du juge mis à jour et adapté à la loi anti-traite de 2016.[21]

Conclusion

De manière générale, ce chapitre traite du grand défi de la migration en Tunisie qui lutte contre la traite des êtres humains d'une catégorie vulnérable de migrants. C'est la catégorie des femmes migrantes subsahariennes dans ce pays. L'objectif principal est d'insister sur les moyens à mettre en place afin d'aider et de protéger les femmes migrantes subsahariennes.

Pour l'élaboration d'une stratégie nationale de lutte contre la traite des femmes migrantes subsahariennes en Tunisie, une collaboration doit s'établir entre le Comité national de lutte contre la traite des êtres humains, les départements ministériels, les médias, la société civile et les organisations internationales. En outre, une mise en œuvre efficace de la loi anti-traite de 2016 nécessite l'engagement dans des activités de sensibilisation et de prise de conscience pour aider le public et les parties prenantes à comprendre le sens de la traite des êtres humains et ses différents aspects, d'une part, et l'engagement dans des activités de renforcement des capacités pour ces parties prenantes, d'autre part.

A noter que le Maroc a adopté la loi anti-traite en 2016 et a commencé sa lutte contre la traite des personnes depuis lors. Le défi majeur de la lutte contre la traite des êtres humains en Tunisie et au Maroc est cependant lié à la réussite de l'identification des victimes potentielles de la traite des êtres humains. Une telle tâche ne se limite pas aux juges. C'est aussi l'œuvre de tous les acteurs impliqués dans la lutte contre la traite humaine dont « les douaniers, les inspecteurs du travail, les travailleurs sociaux ainsi que les agents de protection de l'enfance ».

Notes

1 « Qu'est-ce que la traite des personnes ? », *OIM Tunisie*, https://tunisia.iom.int/sites/default/files/de%CC%81pliant%20OIM%20-%20traite%20des%20personnes%20Franc%CC%A7ais%20%2810x21%20cm%29.pdf%20Franc%CC%A7ais%20%2810x21%20cm%29.pdf, Last visit : July, 2019.

2 Le Protocole des Nations Unies visant à prévenir, réprimer et punir la traite des personnes, en particulier des femmes et des enfants, additionnel à la Convention des Nations Unies contre la criminalité transnationale organisée (le « Protocole de Palerme »), adopté par la résolution 55/25 de l'Assemblée générale du 15 novembre 2000 et entré en vigueur le 25 décembre 2003, article 3.

3 Loi organique n°2016–61 du 3 août 2016, relative à la prévention et à la répression de la traite des personnes, article 2.

4 *Tunisia, transit and destination country for sub-Saharan migrants*, REACH and Mercy Corps, October 2018, p. 1.

5 Dockery (W.), "How is Tunisia dealing with the migration crisis?", *InfoMigrants*, 2017, URL: https://www.infomigrants.net/en/post/5219/how-is-tunisia-dealing-with-the-migration-crisis, Last visit: July, 2019.

6 Voir Boitiaux (C.), « Esclave en Tunisie : le calvaire d'une migrante ivoirienne séquestrée par une riche famille de Tunis », *INFOMIGRANTS*, 2018, URL : https://www.infomigrants.net/fr/post/12875/esclave-en-tunisie-le-calvaire-d-une-migrante-ivoirienne-sequestree-par-une-riche-famille-de-tunis-1-4, Last visit : July, 2019.

7 Voir Nemlaghi (Y.), « Jeanne d'Arc, une Ivoirienne « vendue » à une famille tunisienne (vidéo) », *Kapitalis*, 2019, URL : http://kapitalis.com/tunisie/2019/02/23/jeanne-darc-une-ivoirienne-vendue-a-une-famille-tunisienne-video/,

Voir aussi Boitiaux (C.), « Esclave en Tunisie : le calvaire d'une migrante ivoirienne séquestrée par une riche famille de Tunis », *INFOMIGRANTS*, 2018, URL : https://www.infomigrants.net/fr/post/12875/esclave-en-tunisie-le-calvaire-d-une-migrante-ivoirienne-sequestree-par-une-riche-famille-de-tunis-1-4

8 Terre d'asile Tunisie est la section tunisienne de France Terre d'asile.

9 Les noms des victimes ont été changés pour garantir leur anonymat et les protéger.

10 Vidano (A.), « Enquête: Entre la Côte d'Ivoire et la Tunisie, arnaques, trafic et esclavage », *Nawaat*, 2018, URL: https://nawaat.org/portail/2018/01/29/enquete-entre-la-cote-divoire-et-la-tunisie-arnaques-trafic-et-esclavage/.

11 *Ibid.*

12 Dockery (W.), "How is Tunisia dealing with the migration crisis?", *InfoMigrants*, 2017, URL:https://www.infomigrants.net/en/post/5219/how-is-tunisia-dealing-with-the-migration-crisis,.

13 Vidano (A.), « Enquête: Entre la Côte d'Ivoire et la Tunisie, arnaques, trafic et esclavage », *Nawaat*, 2018, URL: https://nawaat.org/portail/2018/01/29/enquete-entre-la-cote-divoire-et-la-tunisie-arnaques-trafic-et-esclavage/.

14 Voir la Loi organique n°2016–61 du 3 août 2016, relative à la prévention et à la répression de la traite des personnes.

Voir aussi : Décret gouvernemental N°. 2017-1061 du 26 septembre 2017, fixant les tarifs des droits de chancellerie, article 8.

15 Amal Association pour la famille et l'enfant est une organisation non gouvernementale ayant pour objectif principal de soutenir les femmes vulnérables. Cette association fournit principalement de l'aide aux victimes de violences et aux femmes immigrées et réfugiées ainsi qu'aux jeunes. Cette assistance comprend entre autres, : « refuges, réponse aux besoins vitaux, suivi et surveillance de l'état de santé des femmes et des enfants/Soutien psychologique : écoute, soutien psychologique, suivi du développement psychomoteur des enfants/Fourniture d'une orientation juridique : suivi des cas de reconnaissance patronymique et pension alimentaire ».

Pour plus de détails, voir : « Association Amal pour la famille et l'enfant », Euro-Mediterranean Women's Foundation, URL : https://www.euromedwomen.foundation/pg/en/profile/ermwf.aaplfele, Dernière visite : juillet, 2019.

16 Voir: Turenne (P.), « Le trafic d'êtres humains ne connaît pas la crise », *20 Minutes Grenoble*, 2011, URL: https://www.20minutes.fr/grenoble/693142-20110324-grenoble-le-trafic-etres-humains-connait-crise, Last visit: July, 2019.

17 « Lancement officiel de la Campagne de sensibilisation contre la traite des personnes en Tunisie « Pas à vendre - ليسو للبيع » », *Nations Unies Tunisie*, 2016, URL: https://tunisia.iom.int/fr/pas-vendre Last visit : July, 2019.

18 Voir note 17.

19 "The World Day against Trafficking in Persons, Egypt and Tunisia joined the Blue Heart campaign", *UNODC Middle East and North Africa*, 2018, URL:https://www.unodc.org/middleeastandnorthafrica/en/web-stories/egypt-and-tunisia-joined-the-blue-heart-campaign.html, Last visit: July, 2019.

20 Voir l'article intitulé "Combatting human trafficking: coordination is essential", *ASF*, 2019. URL: https://asf.be/tunisia-making-access-to-justice-a-reality-for-all/

21 Voir l'article "Tunisia: Judges Trained in How to Deal with Human Trafficking and Migrant Smuggling Cases",*UNODC Middle East and North Africa*, 2018. URL:https://www.unodc.org/middleeastandnorthafrica/en/web-stories/tunisia_-issuance-of-unodcs-manual-on-human-trafficking-and-migrant-smuggling.html

Références bibliographiques

Boitiaux, Charlotte (2018). « Esclave en Tunisie : le calvaire d'une migrante ivoirienne séquestrée par une riche famille de Tunis », *INFOMIGRANTS*, URL : https://www.infomigrants.net/fr/post/12875/esclave-en-tunisie-le-calvaire-d-une-migrante-ivoirienne-sequestree-par-une-riche-famille-de-tunis-1-4.

Dockery, Wesley (2019). "How is Tunisia dealing with the migration crisis?", *InfoMigrants*, URL: https://www.infomigrants.net/en/post/5219/how-is-tunisia-dealing-with-the-migration-crisis,

Nemlaghi, Yüsra (2019). « Jeanne d'Arc, une Ivoirienne « vendue » à une famille tunisienne (vidéo) », *Kapitalis*, URL : http://kapitalis.com/tunisie/2019/02/23/jeanne-darc-une-ivoirienne-vendue-a-une-famille-tunisienne-video/

Turenne, Paul (2011). « Le trafic d'êtres humains ne connaît pas la crise », *20 Minutes Gronoble*, URL: https://www.20minutes.fr/grenoble/693142-20110324-grenoble-le-trafic-etres-humains-connait-crise

Vidano, Adriana (2018). « Enquête: Entre la Côte d'Ivoire et la Tunisie, arnaques, trafic et esclavage », *Nawaat*, URL: https://nawaat.org/portail/2018/01/29/enquete-entre-la-cote-divoire-et-la-tunisie-arnaques-trafic-et-esclavage/

Rapports et Commentaires

"Amal Association for the family and the child", *Euro-Mediterranean Women's Foundation*, URL: https://www.euromedwomen.foundation/pg/en/profile/ermwf.aaplfele

"Combatting human trafficking: coordination is essential", *ASF*, 2019, URL: https://asf.be/?s=HUMAN+TRAFFICKING+IN+TUNISIA

Governmental Decree N°. 2017-1061 of 26 September 2017, fixing the tariffs of Chancery fees, Article 8.

"Implementing anti-trafficking legislation: Morocco and Tunisia share similar challenges", *UNODC*, 2018, URL: https://www.unodc.org/unodc/en/human-trafficking/glo-act/implementing-anti-trafficking-legislation_-morocco-and-tunisia-share-similar-challenges.html

« Lancement officiel de la Campagne de sensibilisation contre la traite des personnes en Tunisie « Pas à vendre - ليسوللبيع » », *Nations Unies Tunisie*, 2016, URL: https://tunisia.iom.int/fr/pas-vendre

« Lancement officiel de la Campagne de sensibilisation contre la traite des personnes en Tunisie « Pas à vendre - ليسوللبيع » », *Tunisia* IOM, 2016, URL: https://tunisia.iom.int/fr/pas-vendre

Organic law n°2016–61 dated 3 August 2016, preventing and combating trafficking in persons, Article 2.

« Qu'est-ce que la traite des personnes? »,*OIM Tunisie*, Available at: https://tunisia.iom.int/fr/news/lutte-contre-la-traite-des-enfants-et-le-mecanisme-national-dorientation-des-victimes-mno-en-tunisie

The UN Protocol to Prevent, Suppress and Punish Trafficking in Persons, especially Women and Children, supplementing the United Nations Convention against Transnational Organized Crime (the "Palermo Protocol"), Adopted by General Assembly resolution 55/25 of 15 November 2000 and entered into force on 25 December 2003, Article 3.

"The World Day against Trafficking in Persons, Egypt and Tunisia joined the Blue Heart campaign", *UNODC Middle East and North Africa*, 2018, URL: https://www.unodc.org/middleeastandnorthafrica/en/web-stories/egypt-and-tunisia-joined-the-blue-heart-campaign.html

"Tunisia: Judges Trained in How to Deal with Human Trafficking and Migrant Smuggling Cases", *UNODC Middle East and North Africa*, 2018, URL: https://www.unodc.org/middleeastandnorthafrica/en/web-stories/tunisia_-issuance-of-unodcs-manual-on-human-trafficking-and-migrant-smuggling.html

Tunisia, transit and destination country for sub-Saharan migrants, REACH and Mercy Corps, October 2018, p. 1.

· 5 ·

LE PACTE MONDIAL DE MARRAKECH POUR UNE MIGRATION SÛRE, ORDONNÉE ET RÉGULIÈRE : UNE RÉPONSE CRÉDIBLE AUX DÉFIS MIGRATOIRES ?

Alberto Tonini

En décembre 2018, les États membres de l'ONU se sont réunis à Marrakech pour adopter le Pacte sur la migration, qui représente le tout premier cadre mondial visant à favoriser une plus grande coopération internationale afin de mieux faire face à la situation complexe à laquelle sont confrontés les 258 millions de migrants dans le monde, soit 3,4 % de sa population. L'année 2018 restera dans les mémoires comme une année importante pour la protection des réfugiés et des migrants – du moins sur le papier. L'adoption de deux nouveaux instruments sur la circulation des personnes – non seulement le « Pacte mondial pour des migrations sûres, ordonnées et régulières », mais aussi le « Pacte mondial sur les réfugiés »[1] – annonce de nouveaux engagements moraux et politiques de la part des gouvernements du monde. Ils promettent de respecter les droits humains des personnes en mouvement, de leur fournir les conditions nécessaires pour qu'elles vivent dans la sécurité et la dignité, et de leur donner les moyens d'enrichir les sociétés dans lesquelles elles vivent. De tels engagements réaffirment l'essence de la Déclaration universelle des droits de l'homme, adoptée il y a 73 ans.[2]

La chose la plus remarquable concernant le Compact de la Migration est le fait qu'il existe. En 2016, lorsque le processus du Pacte a commencé, de nombreux observateurs doutaient que les négociations entre les 193 membres des Nations Unies aboutissent à autre chose qu'un document fade.[3] Bien que les États-Unis se soient retirés du processus de négociation, les autres États membres de l'ONU se sont mis d'accord sur un texte substantiel et assez complet. Il a été adopté à Marrakech le 10 décembre 2018, et le 19 décembre, l'Assemblée générale des Nations Unies a approuvé le Pacte migratoire avec 152 voix pour, 12 abstentions (Algérie, Australie, Autriche, Bulgarie, Chili, Italie, Lettonie, Libye, Liechtenstein, Roumanie, Singapour et Suisse) et 5 voix contre : République tchèque, Hongrie, Pologne, Israël et États-Unis.[4]

Ce résultat important est le dernier aboutissement du débat international qui s'est développé depuis les années 1990. Les deux décennies précédant l'adoption du Pacte sur la migration ont vu l'émergence de multiples dialogues informels dirigés par l'État axés sur la migration, pour renforcer la compréhension mutuelle, la confiance et la coopération sur la migration. Des dialogues régionaux sur la migration ont émergé dans chaque région. Dans les Amériques, il y a eu la Conférence régionale sur la migration en Amérique centrale, au Mexique et en Amérique du Nord, et la Conférence sud-américaine sur la migration ; en Afrique, il y a eu les Dialogues sur la migration pour l'Afrique de l'Ouest, l'Afrique australe et l'Afrique centrale, l'Autorité intergouvernementale pour le développement (IGAD), les dialogues interrégionaux des processus de Rabat et de Khartoum, etc. ; en Europe de l'Est et en Asie centrale, il y a eu les processus de Budapest et d'Almaty ; en Asie, il y a eu le Processus de Bali sur le trafic d'êtres humains, la traite des personnes et la criminalité transnationale connexe et le Processus de Colombo sur la migration de la main-d'œuvre ; tandis qu'au Moyen-Orient, il y a eu le Dialogue d'Abu Dhabi entre les États asiatiques d'origine de la main-d'œuvre et les États de destination du Conseil de coopération du Golfe, entre autres. L'Initiative de Berne 2001–2004 et la Commission mondiale sur les migrations internationales 2003–2005 ont ouvert la voie au niveau mondial, à un Dialogue de haut niveau de l'Assemblée générale des Nations Unies en 2006 sur les migrations internationales et le développement. Ce dialogue a, à son tour, conduit à la création du Forum mondial sur la migration et le développement, avec des sommets annuels organisés alternativement par les gouvernements des pays développés et en développement. Ces dialogues informels dédiés, menés par les États - associés à l'urgence générée par les crises de 2015–2016 – peuvent à juste titre être crédités d'avoir créé au niveau mondial, les conditions nécessaires au progrès, ce qui a conduit à l'Agenda pour le développement durable, à la Déclaration de New York et au Pacte sur la migration.[5]

En 2015, les gouvernements ont adopté le Programme de développement durable à l'horizon 2030, conçu pour façonner l'action au cours des 15 prochaines années à venir afin de protéger les droits humains de tous et d'équilibrer le développement économique, social et environnemental. Pour la première fois, le Programme de développement mondial comprenait des engagements explicites en matière de migration.

Au paragraphe 29 de la déclaration finale, les États reconnaissent la contribution positive des migrants à « la croissance inclusive et au développement durable ». Ils reconnaissent que "la migration internationale est une réalité multidimensionnelle d'une importance majeure pour le développement des pays d'origine, de transit et de destination qui nécessite des réponses cohérentes et globales". Entre autres réponses, ils s'engagent à "coopérer au niveau international pour assurer une migration sûre, ordonnée et régulière impliquant le plein respect des droits de l'homme et le traitement humain des migrants, quel que soit leur statut migratoire". Plusieurs objectifs de l'Agenda traitent des aspects de la migration, tels que l'objectif 8.7 sur la prise de mesures pour éradiquer le travail forcé et mettre fin à l'esclavage moderne et à la traite des êtres humains, et l'objectif 8.8 sur la protection des droits du travail et la promotion d'environnements de travail sûrs et sécurisés pour tous les travailleurs, y compris les travailleurs migrants, et les femmes en particulier.

Mais la cible 10.7 de l'objectif 10 est la pierre angulaire de la composante migration de l'Agenda 2030 : dans la cible 10.7, les États s'engagent à « faciliter une migration et une mobilité ordonnées, sûres, régulières et responsables, notamment par la mise en œuvre de plans d'action planifiés et bien gérés des politiques migratoires ». Cette cible est à la fois l'appel à l'action le plus complet et, à bien des égards, le plus opaque en matière de migration.[6]

Qu'est-ce qu'une "migration sûre, ordonnée et régulière" et comment les États la garantissent-ils ? Qu'entend-on par "politiques migratoires planifiées et bien gérées" ? Bien que certains aspects de la migration soient traités dans le cadre du droit international en vigueur, comme les Protocoles de Palerme sur la traite des personnes et le trafic de migrants et la Convention internationale de 1990 sur la protection des droits de tous les travailleurs migrants, il n'existait aucun cadre international global traitant de la migration dans sa totalité .[7] Au moment même où les États négociaient le nouveau programme de développement mondial en 2015, les crises des réfugiés et des migrations en Syrie et dans le monde faisaient quotidiennement la une des journaux. Alors que la situation en Méditerranée recevait la part du lion de l'attention du monde développé, les hauts responsables des Nations Unies ont pris soin de souligner que la communauté internationale ne devait pas oublier d'autres crises aux conséquences tout aussi désastreuses en Afrique, en Asie du Sud-Est et ailleurs.

Tout cela a suscité une énorme attention internationale et provoqué un nouveau sentiment de responsabilité partagée entre les États. Cela a également conduit à reconnaître que nombre de ceux qui risquaient leur vie lors de voyages périlleux n'étaient pas des « réfugiés » au sens de la Convention de 1951 sur les réfugiés et de son Protocole de 1967 : ils étaient des migrants. De nombreux gouvernements ont pris des mesures d'une importance cruciale : l'Italie, par exemple, a entrepris son opération de recherche et de sauvetage « Mare Nostrum » en Méditerranée, avec la double mission de sauver des vies en mer (qui deviendra plus tard son objectif principal) et de veiller à ce que les individus qui gagnaient de l'argent du trafic illégal de migrants soient traduits en justice. L'opération, qui a débuté le 18 octobre 2013, s'est officiellement conclue le 21 octobre 2014 et a permis de sauver plusieurs milliers de vies.[8] Cependant, des efforts comme ceux-ci n'étaient pas viables pour un seul pays au fil du temps en raison de leurs coûts énormes, à la fois en termes de financement et de ressources humaines. Les États côtiers recevant un grand nombre de personnes arrivant par la mer – comme l'Italie, Malte et la Grèce – ont été touchés de manière disproportionnée, tout comme les États voisins de la Syrie. Au début de 2016, la Turquie, le Liban et la Jordanie avaient accueilli ensemble au moins 4,5 millions de réfugiés syriens.

De toute évidence, la situation appelait à l'action. Ainsi, en octobre 2015, juste après l'adoption de l'Agenda 2030 pour le développement durable en septembre, le Représentant spécial du Secrétaire général pour les migrations internationales, Peter Sutherland, a lancé l'idée de convoquer une grande conférence internationale pour galvaniser la communauté internationale afin de recevoir plus de financement de la part des donateurs, accueillir plus de réfugiés pour leur réinstallation et s'attaquer au problème des migrants en situation de vulnérabilité qui n'étaient pas éligibles au statut de réfugié. Les efforts de Sutherland ont finalement abouti à la convocation à la réunion de haut niveau de l'Assemblée générale des Nations Unies le 19 septembre 2016 sur les mouvements massifs de réfugiés et de migrants. Il s'agissait de la première réunion des chefs d'État à l'Assemblée générale pour aborder les questions des migrants et des réfugiés. Elle a abouti à la négociation et à l'adoption de la Déclaration de New York pour les réfugiés et les migrants de 2016 : elle a été présentée comme un tournant dans l'élaboration du régime juridique des migrations internationales. En fait, elle a mis la question migratoire en tête de liste de l'agenda international, scellant le succès incontesté du multilatéralisme onusien. Un élément a contribué à renforcer ce résultat : la présentation de la Déclaration de New York comme la réponse unie de la communauté internationale à l'une des plus graves crises migratoires internationales ; il a été conçu comme une tentative significative de consolidation de la gouvernance de la migration de masse et a jeté les bases de l'élaboration de deux pactes mondiaux : l'un sur les réfugiés et l'autre sur la migration sûre, ordonnée et régulière.

Les observations suivantes se concentrent sur ce qui a été envisagé en 2015–2016 et sur la mesure dans laquelle le Pacte mondial pour des migrations sûres, ordonnées et régulières (Pacte sur la migration) a le potentiel de concrétiser cette vision.[9]

Alors qu'une série de crises humanitaires mondiales ont placé les questions migratoires au premier plan des débats, une fois sur la table, la nature transversale de la migration est apparue de manière frappante. Il n'est donc pas surprenant que les engagements de la Déclaration de New York en matière de migration aient été formulés de manière beaucoup plus large que les seuls mouvements massifs de personnes, voire les situations de crise. Contrairement aux situations de réfugiés, qui impliquent par définition un échec de la protection nationale nécessitant une protection et une assistance internationales, la migration est multiforme – ni bonne ni mauvaise en soi, avec des effets à la fois positifs et négatifs, selon les circonstances. Tous les États ont convenu que la migration devait être sûre, ordonnée et régulière, et qu'une migration dangereuse, désordonnée et irrégulière devait être réduite, voire totalement éliminée. Tous les États ont convenu du fait que personne ne devrait être contraint de quitter son pays d'origine et que, lorsqu'il y a migration, elle doit s'effectuer par des moyens sûrs et légaux. Mais la question clé qui reste psoée est comment ? Quelles politiques sont nécessaires – tant au niveau national qu'en termes de coopération internationale – pour avoir une migration planifiée et bien gérée ?

Au fur et à mesure que les consultations pour le Pacte sur la migration se développaient, plusieurs considérations clés ont émergé. Premièrement, il est incontestable que les États ont le droit souverain de déterminer quels non-ressortissants peuvent entrer et séjourner sur leur territoire, et dans quelles conditions. Si la plupart des États souhaitent (et doivent) néanmoins coopérer autour des défis migratoires qui se présentent à eux, ils n'acceptent pas nécessairement les limitations à ce principe fondamental de la souveraineté nationale, autres que celles contenues dans les instruments internationaux auxquels ils ont déjà souscrit, comme dans le régime international de protection des réfugiés et le droit international des droits de l'Homme.[10]

Deuxièmement, la grande majorité des migrations internationales d'aujourd'hui sont sûres et régulières. Elles concernent des personnes disposant de documents appropriés et qui se déplacent pour occuper des emplois, faire du tourisme, saisir des opportunités d'éducation ou encore, rejoindre des membres de leur famille.[11] Et cette migration régulière offre de grands avantages non seulement aux migrants eux-mêmes et à leurs familles, mais aussi à leurs pays d'accueil et d'origine, que ce soit sous la forme d'apport de compétences et de main-d'œuvre indispensables à leurs nouvelles communautés, ou sous la forme de transferts de fonds, de connaissances et d'autres capitaux sociaux à leurs familles restées au pays.[12]

Troisièmement, même les questions relatives à la migration irrégulière et aux migrants en situation de vulnérabilité – dont certaines pourraient sembler à première vue être des situations « assimilables à des réfugiés » – sont inextricablement liées à des questions tout aussi pertinentes dans le contexte de la migration régulière, telles que la nécessité des pays à augmenter leur main-d'œuvre avec les compétences que les migrants pourraient apporter et à améliorer le fonctionnement des processus migratoires, du recrutement à la gestion des frontières.[13]

En bref, les circonstances de la migration et les modèles dans différents pays et régions varient tellement que les États ont reconnu qu'il serait extrêmement difficile de développer un cadre international normatif contraignant pour les migrants et la migration comme celui qui existe dans le cas des réfugiés. Mais ils savaient aussi que la panoplie d'efforts déjà existants devait être réconciliée dans une certaine mesure et que la coopération internationale devait être renforcée.

Bien que le Compact de la Migration n'inclue probablement pas tous les éléments de la vision originale, il est toutefois allé bien au-delà à bien d'autres égards. Premièrement, le fait même de parvenir à un accord international sur un si large éventail de questions migratoires – le premier du genre – est extrêmement significatif. Cela reflète à lui seul une volonté sincère et louable de la part des États de mieux coopérer – reflétant le consensus selon lequel si les conditions d'immigration sur un territoire sont toujours des décisions souveraines, la migration internationale, de par sa nature même en tant que phénomène transfrontalier, nécessite une coopération. Les États reconnaissent le fait qu'ils doivent travailler ensemble pour s'attaquer à la fois aux moteurs de la migration et à ses effets – non seulement pour les migrants, mais aussi pour les pays par lesquels ils transitent et vers lesquels ils se dirigent. Ces questions resteront probablement à l'ordre du jour, notamment avec les impacts du changement climatique qui exacerbent la dégradation de l'environnement et les catastrophes naturelles, ce qui entraînera probablement une augmentation des mouvements de population dans les décennies à venir.

Deuxièmement, il convient de noter qu'en dépit d'un débat vigoureux sur de nombreux éléments relatifs au pacte sur la migration, il y a eu un consensus beaucoup plus important qu'il n'y en a eu sur nombre d'autres questions. Comme dans toutes les négociations internationales, il est probable qu'aucun État ou groupe d'États n'ait été entièrement satisfait de chacune des parties du texte final. Cependant, le texte reflète un large accord selon lequel les États doivent coopérer les uns avec les autres sur la gestion des migrations; que les droits de l'Homme de tous les migrants et partout doivent être respectés, quel que soit leur statut migratoire; que les migrants ont droit à des services de base quel que soit leur statut migratoire et sans discrimination; que les migrants sont des contributeurs essentiels au développement ; et que les politiques migratoires doivent être fondées sur des données et des preuves exactes. En outre, il existe des engagements forts pour sauver des vies, traiter et réduire les vulnérabilités dans le contexte de la migration et faciliter le recrutement équitable et éthique des travailleurs migrants. En d'autres termes, le Compact de la Migration peut être considéré comme un ensemble de lignes directrices consensuelles pour la coopération internationale en matière de migration. Il s'agit, au mieux, de la loi la plus souple, jouissant du même statut que l'Agenda 2030 pour le développement et ses objectifs de développement durable. Comme pour les objectifs de développement durable (ODD), si les ambitions visent à concrétiser le pacte sur la migration, elles tendent également à souligner les avantages potentiels de la migration.

Une troisième question a reçu une attention toute particulière à savoir la distinction entre réfugiés et migrants. La notion de migration mixte fait généralement référence à des flux composés de différentes catégories de migrants ayant des motivations différentes et des besoins de protection différents. Les discussions n'ont pas tant porté sur les différences entre la catégorie juridique de « réfugié » et ce que l'on entend par le terme « migrant », mais plutôt sur la meilleure façon de traiter la migration mixte et les migrants en situation de vulnérabilité qui peuvent ne pas être des réfugiés, sans créer de nouvelles catégories ou obligations légales. D'une part, les flux mixtes remettent en cause la distinction conceptuelle entre migration forcée et volontaire et appellent à une révision d'un tel cadre fondé sur des motifs différents. D'autre part, les flux maritimes mixtes posent de nouveaux défis quant à leur gestion pratique.[14]

Au cours des négociations, une compréhension commune croissante est apparue selon laquelle combler ces lacunes de protection dans les situations de migration mixte est davantage une question opérationnelle que juridique. Le Pacte migratoire encourage les États à remédier aux vulnérabilités qui surviennent au cours du processus migratoire, mais qui ne sont pas nécessairement liées à la situation dans le pays d'origine. Le Pacte sur la migration reconnaît que des vulnérabilités peuvent survenir en raison des conditions de vie dans les pays d'origine (au-delà de celles reconnues par le droit international des réfugiés), en raison des conditions en cours de route, y compris les abus perpétrés par des passeurs ou des trafiquants, ainsi que des vulnérabilités qui surviennent dans les pays de destination, y compris sous la forme de conditions de travail ou de vie dures.[15]

Conclusion

Le succès du Pacte mondial reposera sur l'ampleur de l'adhésion politique et morale qu'il recevra de la part des États et sur le soutien plus large qu'il suscitera. En tant que tel, le pacte devrait contenir des détails pour une action concrète rapide, jeter les bases d'une coopération intensifiée à tous les niveaux et fournir des moyens permettant d'évaluer les progrès réalisés. Le texte du Pacte mondial comprend jusqu'à présent des éléments de mise en œuvre, de suivi et de révision au cours des prochaines années, promettant un niveau de responsabilité.[16]

Mais le Pacte ne peut pas être et ne doit pas être le point final. Il fournit un menu d'options, à partir duquel les États peuvent choisir les éléments qui leur semblent les plus appropriés à leur situation particulière. Reste à savoir comment les États relèveront concrètement les nombreux défis qui les ont amenés à élaborer ledit Pacte pour la migration. Le Secrétaire général des Nations Unies a décidé de mettre sur pied un réseau des Nations Unies sur la migration, afin de rassembler plus efficacement toutes les parties de l'Organisation des Nations Unies afin de soutenir les efforts des États membres en matière de migration. L'Organisation internationale pour les migrations (OIM) servira elle, de coordinateur du réseau, travaillant avec d'autres entités des Nations Unies qui ont des capacités élevées, une expertise et une expérience complémentaires. La coordination de ce réseau visera à garantir que la communauté internationale soit en mesure d'adapter l'expertise, les mandats et les capacités en réponse aux besoins des États membres dans la mise en œuvre du Pacte mondial.

La question de savoir si le Pacte migratoire représente un changement réel et crédible dans l'architecture mondiale de la coopération internationale en matière de migration dépendra du montant que les États sont prêts à investir dans sa mise en œuvre. Le Compact lui-même indique clairement que les États sont les principaux acteurs de la mise en œuvre et les exhorte à élaborer des plans nationaux solides autour de celui-ci. Le système des Nations Unies s'est positionné pour répondre plus efficacement à leurs besoins en termes d'assistance dans la mise en œuvre. Cependant, les plans de mise en œuvre, en particulier concernant la conception et le financement du « mécanisme de renforcement des capacités » mentionné dans la section sur la mise en œuvre, sont vagues.

Selon les propos tenus par Louise Arbour, Représentante spéciale de l'ONU pour les migrations internationales, "ce processus peut être assimilé à l'engagement de la communauté internationale sur les questions environnementales, qui a commencé avec le Sommet de Rio en 1992 et a culminé avec l'Accord de Paris sur le changement climatique en 2016" . . . D'après la description qu'Arbour fait, ce Pacte mondial sera tourné vers l'avenir, avec une promesse de révision et de suivi sur plusieurs années. Il doit aspirer à être un document vivant, tourné vers l'avenir, flexible et adaptable.

Notes

1 Adopté par un vote enregistré de 181 voix pour, 2 contre (Hongrie, États-Unis), avec 3 abstentions (Érythrée, Libéria, Libye). Voir UN News, 17 décembre 2018, https://www.un.org/press/en/node/266518.

2 J. McAdam, "Global Compact for Safe, Orderly and Regular Migration", dans *International Legal Materials*, vol. 58, n. 1, 2019, p. 171.

3 Le 19 septembre 2016, l'Assemblée générale des Nations Unies a adopté une série d'engagements pour renforcer la protection des réfugiés et des migrants, connue sous le nom de Déclaration de New York pour les réfugiés et les migrants. Dans la Déclaration, les 193 États membres des Nations Unies ont réaffirmé l'importance du régime de protection internationale et se sont engagés à renforcer et à améliorer les mécanismes de protection des personnes en déplacement. Ils ont également convenu de travailler à l'adoption d'un pacte mondial sur les réfugiés et d'un pacte mondial pour une migration sûre, ordonnée et régulière. K. Newland, "The Global Compact for Safe, Orderly and Regular Migration: An Unlikely Achievement", dans *International Journal of Refugee Law*, Vol 30, n° 4, 2018, p. 657.

4 Voir UN News, 19 décembre 2018, https://www.un.org/press/en/node/266665.

5 M. Solomon, S. Sheldon, "The Global Compact for Migration: From the Sustainable Development Goals to a Comprehensive Agreement on Safe, Orderly and Regular Migration", dans *International Journal of Refugee Law*, Volume 30, n° 4, 2018, p. 586.

6 Ivi, p. 584.

7 Voir document Nations Unies: https://www.unodc.org/unodc/en/drug-trafficking/middle-east-and-north-africa.html

8 A. Marrone, M. Nones and A. Ungaro, "Italian Defence Policy, Armed Forces and Operations in the Mediterranean", in Marrone and Nones (eds), *Italy and Security in the Mediterranean*, IAI Research Papers, Rome 2016, pp. 115–118.

9 D. Vitiello, "Il contributo dell'UE alla governance dei flussi internazionali di rifugiati e migranti", dans *Diritto, Immigrazione e Cittadinanza*, n° 3/2018, p. 3.

10 Voir ce document de la Commission des Droits de l'Homme: https://www.ohchr.org/EN/ProfessionalInterest/Pages/CMW.aspx

11 F. Pastore, "Not So Global, Not So Compact. Reflections on the Shitstorm Surrounding the Global Compact for Migration", *IAI Commentaries*, Jan. 2019, p. 4.

12 Newland, *op. cit.*, p. 660.

13 Solomon and Sheldon, *op. cit.*, p. 585.

14 Cette notion est devenue de plus en plus importante dans le domaine politique à partir de 2000, lorsque le HCR a inauguré les Consultations mondiales sur la protection internationale. Il en a résulté un certain nombre de documents d'orientation, dont le plus pertinent est Refugee Protection and Mixed Migration: A 10-Point Plan of Action, publié en janvier 2007.

15 E. Roman, "Mediterranean Flows into Europe. Refugees or Migrants?", dans Iemed Mediterranean Yearbook, Barcelona 2015, p. 314.

16 "The UN's Global Compact for Migration: An Interview with Louise Arbour" by Romnick Villanueva, July 2018, available at https://www.wfmcanada.org/2018/07/uns-global-compact-migration-interview-louise-arbour/Newland, *op. cit.*, p. 660.

Bibliographie

Adler, E., F. Bicchi, B. Crawford, R. Del Sarto (eds.), (2006). *The Convergence of Civilizations. Constructing a Mediterranean Region*, University of Toronto Press.

Iemed (2012), *Culture and Society*, European Institute of the Mediterranean, Barcelona.

Marrone A., Nones M., Ungaro A. (2016). "Italian Defence Policy, Armed Forces and Operations in the Mediterranean", in Marrone and Nones (eds), *Italy and Security in the Mediterranean*, IAI Research Papers.

McAdam J. (2019). "Global Compact for Safe, Orderly and Regular Migration", in *International Legal Materials*, vol. 58, n.1.

Michael, M. and F. Petito, (2009). *Civilization Dialogue and World Order*, New York.

Newland K. (2018). "The Global Compact for Safe, Orderly and Regular Migration: An Unlikely Achievement", in *International Journal of Refugee Law*, vol. 30, n. 4.

Pastore F., (2019). "Not So Global, Not So Compact. Reflections on the Shitstorm Surrounding the Global Compact for Migration", IAI Commentaries, January 2019.

Peregrine, H. and N. Purcell (2000). *The Corrupting Sea: A Study of Mediterranean History*, Malden (Mass.), Blackwell.

Rim, A. (2009). "Unity and Diversity in Euro-Mediterranean Identities", in *International Journal of Euro-Mediterranean Studies*, vol. 2, n. 2.

Roman E. (2015). "Mediterranean Flows into Europe. Refugees or Migrants?", in *Mediterranean Yearbook*, Iemed - European Institute of the Mediterranean, Barcelona

Solomon M., Sheldon S. (2018). "The Global Compact for Migration: From the Sustainable Development Goals to a Comprehensive Agreement on Safe, Orderly and Regular Migration", in *International Journal of Refugee Law*, vol. 30, n. 4.

Vitiello D., (2018). "Il contributo dell'UE alla governance dei flussi internazionali di rifugiati e migranti", in *Diritto, Immigrazione e Cittadinanza*, n. 3.

Zolo, D. (2005). "Towards a dialogue between the Mediterranean cultures", in *Jura Gentium. Journal of Philosophy of International Law and Global Politics*, vol. 1, n. 1.

· 6 ·

L'ÉMIGRATION VUE SOUS LE DOUBLE ANGLE DU DÉVELOPPEMENT LOCAL ET/OU DE LA CATASTROPHE HUMANITAIRE

Madina Bourana Touré

Dans la culture africaine en général, et la culture peule en particulier, la migration ou « Fergo » est source de succès, de prospérité et de développement durable. Cela trouve une explication dans la présence de cette culture dans une trentaine de pays africains allant de la Mauritanie (à la frontière du Maroc et de l'Algérie), jusqu'au cap, mais aussi dans la diaspora.

L'Europe enregistre de plus en plus de migrants venant du Sud, lesquels espèrent y trouver une vie meilleure. Les migrants apportent avec eux leur culture qui s'ouvre et s'enrichit au contact de l'autre. Les échanges interculturels produisent des bénéfices multilatéraux, sociaux, économiques et humains (métissages et autres).

L'émigration clandestine, avec son lot de victimes, vient assombrir ce beau tableau d'échanges culturels gagnant-gagnant. Une politique économique Nord-Sud adaptée aux réalités du terrain pourrait donner plus de résultats qu'une politique répressive en Méditerranée.

Depuis que le monde est monde, il bouge et les populations se déplacent avec lui. En règle générale, les gens se meuvent à la recherche de conditions de vie meilleures.

Il est évident que « meilleur » doit être relativisé selon que l'on se situe sous l'angle du visiteur ou de celui de l'hôte. A titre d'exemples, les pénétrations orientales et occidentales dans les territoires de l'Afrique subsaharienne, dans un but commercial ou des « missions de civilisation », avec leurs lots de trafics et de traites des esclaves, amélioraient probablement les conditions de vie des immigrants, mais constituaient en même temps des sentiments de peur, de désolation et de misère pour les autochtones qui en étaient victimes.

Quand les résistances à de telles pratiques échouent et que les populations se résignent à partir, à quitter leurs terres, c'est dans l'espoir de trouver une vie meilleure ailleurs.

Un résistant à la colonisation française, de la vallée du fleuve Sénégal nommé El Hadj Oumar Tall avait un slogan qui encourageait les populations à émigrer pour devenir célèbre, pour être meilleur : « Pereendarjon !». Sa politique d'émigration ou « Fergo » a fait beaucoup d'émules au XIXème siècle, si bien que l'on retrouve des colonies de ressortissants du FoutaToro (pays à cheval sur les deux rives de la moyenne vallée du fleuve du Sénégal) dans toute l'Afrique de l'ouest, faisant ainsi de son auteur le précurseur de l'intégration africaine[1].

Cet ailleurs où l'on espère réaliser un développement durable, ou qui aiderait à promouvoir de meilleures conditions de vie de ceux qui n'ont pas pu partir.

Comment la migration pourrait-elle être un facteur de développement ? A contrario, comment dans l'état actuel des choses, la migration est-elle devenue une source de malheurs?

La migration comme source de développement

Prenons le cas de la Mauritanie, pays au sud du Maghreb, qui se trouve être un tampon entre l'Afrique du Nord blanche et l'Afrique Subsaharienne noire. Cette position stratégique fait du pays une plaque tournante de la migration aussi bien Nord-Sud que Sud-Nord. Ce qui fait croire à juste titre que la Mauritanie est un pays d'accueil, de transit et d'émission de migrants.

Au sud des pays méditerranéens, la migration est perçue de manière positive économiquement, socialement et historiquement. Les causes de ces migrations peuvent être de différents ordres tandis que leurs objectifs restent la volonté d'améliorer les conditions de vie des populations, de se développer tout en développant leur terroir.

Les mouvements de populations sont d'abord internes, allant des campagnes vers les villes, et ils sont appelés exode rural. Quand les déplacements se font des villes vers d'autres villes pour leurs spécificités économiques, ils sont interurbains. Les migrations sont aussi transfrontalières quand elles se limitent aux échanges avec les pays voisins. La migration est aussi régionale et internationale quand elle s'étend à d'autres pays plus ou moins éloignés les uns des autres.

Les migrantions du Sud vers le Nord de même que les migrations Sud vers le Sud aboutissent très souvent à l'installation des individus dans les pays d'accueil, à leur intégration sur le marché du travail ou à un projet d'entreprenariat, à leur développement personnel avant de donner lieu au développement local ainsi qu'à celui de leurs lieux d'origine.

Selon les lieux d'accueil, les ressortissants de certains pays se retrouvent en nombre important où ils se regroupent en associations. Ces associations qui peuvent être villageoises, régionales ou sous régionales, réalisent d'importants projets pour le bénéfice de leurs pays d'origine. Le rôle de la diaspora dans le développement de leurs pays d'origine est sans conteste estimable. Les migrants suppléent à l'Etat dans ses activités socioéconomiques en apportant leur concours dans tous les domaines. ils construisent des écoles, des centres de santé, des mosquées, prennent en charge les familles restées au pays, contribuent au trésor national grâce aux devises qu'ils envoient.

Certains membres de cette diaspora, selon leurs domaines de compétences, vont jusqu'à offrir leur expertise au pays d'origine. Des caravanes médicales, dans des domaines pointus, sont souvent organisées afin de soigner ou opérer les malades ne disposant pas de moyens pour se déplacer.

D'autres créent des emplois sur place afin de maintenir les jeunes dans leur pays tout en leur permettant d'acquérir une autonomie.

Le rôle que joue la diaspora dans le développement économique et financier de la Mauritanie a fait l'objet de plusieurs études afin de déterminer qu'elles sont leurs pays d'accueil, leur nombre, leurs identités, leurs compétences, etc. Ces études montrent le nombre toujours croissant de Mauritaniens de la diaspora. Cette diaspora se définit, selon Aissata Wane[2], « comme un groupe de migrants dispersé qui maintient des relations avec son pays d'origine. C'est à travers ce lien envers les pays d'origine que les migrants se construisent et se forment en réseaux connectant ainsi le pays d'accueil à celui d'origine ».

Région	Effectif
Maghreb	40 000
Golfe et Arabie Saoudite	45 000
Afrique Subsaharienne	147 000
Europe	27 000
USA	7 000
Chine	400
Total	**266 400**

Répartition des émigrés en fonction de la zone de résidence (estimation 2019) : ministère des Affaires étrangères et de la Coopération[3]

Ces chiffres ne sont certes plus actuels, mais ils permettent d'avoir une idée sur la répartition des migrants à travers les différents continents et de montrer que la migration vers l'Europe et l'Occident n'est pas une destination forcément privilégiée, du moins, en ce qui concerne la Mauritanie.

D'autres chiffres laissent voir que les candidats à la migration se rencontrent plus parmi les personnes moins instruites qui vont se contenter souvent des petits boulots dédaignés par les populations des pays d'accueil :

Niveau d'éducation	**Main d'œuvre**	**Immigrés dont le pays de naissance est la Mauritanie**			**Taux d'émigration (%)**
		6 pays OCDE	Dont la France	Dont les USA	
Bas	91657	5250	5042	185	0,6
Moyen	46272	435	422	0	0,9
Elevé	19149	2212	1159	937	10,4
Total	982000	7897	6623	1122	0,8

Main-d'œuvre et émigrés selon le niveau d'éducation en 2000[4]

Toutefois, les migrants ayant un certain niveau éducatif ne manquent pas comme le montre la liste ci-dessous des étudiants mauritaniens boursiers, repartis selon leurs disciplines :

Répartition des étudiants mauritaniens boursiers à l'étranger par domaines d'études	
Sciences	50%
Santé et protection sociale	28%
Sciences sociales, commerce et droit	9%
Lettres et arts	7%
Ingénierie, industrie de transformation et construction	6%

Sources des années 2014–2015[5]

Il est important d'observer que ces chiffres ne sont qu'estimatifs dans la mesure où un nombre beaucoup plus élevé d'étudiants sont admis sans bourses dans les universités occidentales. A l'issue de leur formation, la plupart des étudiants sont recrutés par les institutions de leurs pays d'accueil dans ce que l'on peut appeler le drainage des cerveaux.

L'émigration clandestine facteur de malheurs

Il faut dire que les mouvements de populations se faisaient de façon naturelle avec la volonté plus ou moins tacite des pays d'accueil. Dans certains cas, le visa était octroyé pour faciliter le voyage et les conditions d'installation des migrants.

Dans le cas de la Mauritanie, l'émigration en Europe en général et en France en particulier, était pratiquement la chasse gardée de la communauté Soninké. Ce qui leur a valu le sobriquet de « DagaFaranci » qui signifie « partant pour la France ». Chaque famille avait des membres installés en France. Chaque jeune homme avait la quasi-certitude que son départ sera assuré au moment opportun. Les jeunes femmes y allaient souvent rejoindre leurs époux de telle sorte que de grandes communautés s'y sont ainsi constituées.

Avec l'arrivée des politiques anti-migratoires et la restriction drastique de l'octroi des visas, les migrations se sont quand même poursuivies, en versant dans la clandestinité.

La migration clandestine a commencé vers la fin des années 80, avec les besoins de main-d'œuvre ressentis en Espagne notamment. Cela fut perçu comme une aubaine par les jeunes confrontés aux difficultés économiques et au chômage. Tous les moyens étaient bons pour se rendre en Espagne.

Les pays de la communauté économique des Etats de l'Afrique de l'Ouest (CEDEAO) avaient une convention qui facilitait les déplacements dans tous les pays membres. La Mauritanie en faisait partie jusqu'en 1986. Les accords qui ont été signés avec ces pays permettaient à leurs populations de se rendre en Mauritanie avec une simple carte d'identité.

En Mauritanie, les migrants subsahariens font des travaux domestiques et manuels afin de réaliser des économies. De là, ils traversent la frontière pour se rendre dans les pays du Maghreb où ils s'adonnent aux mêmes petits boulots en vue de réunir le pécule indispensable pour la traversée. Cette somme, souvent très importante, permettra d'entrer en contact avec des passeurs. Des réseaux de passeurs parmi lesquels figurent des trafiquants d'esclaves (pratiquant la traite négrière des temps modernes en Lybie notamment), ou des marchands de la mort.

Des centaines de personnes sont entassées sur des embarcations de fortune, des radeaux, jetés dans la Méditerranée et livrées à elles-mêmes en pleine mer, à la merci de la mort.

Les plus chanceux sont recueillis, soit par les garde-côtes maghrébins et ramenés dans leurs centres de détention, soit par ceux de l'Europe et parqués dans des endroits en attendant d'être dirigés vers un lieu d'accueil ou d'asile et de là, obtenir une régularisation de leur situation.

La Méditerranée a avalé des milliers de corps de jeunes hommes, de jeunes femmes et d'enfants dont l'objectif était de rejoindre les côtes européenne et pouvoir profiter de cet « Eldorado » que les premiers migrants leur font miroiter, grâce notamment à la magie des réseaux sociaux.

Au lieu de l'Eldorado, c'est le malheur et la désolation que recueillent les milliers de familles qui fondaient leurs espoirs sur la réussite sociale de ces migrants. A titre d'exemple, en 2019 un même village mauritanien a perdu quarante-trois (43) de ses jeunes dans la mer méditerranée. Et ce malheur frappe partout. Malgré ces drames, les candidats à la migration augmentent et la Méditerranée, tel un ogre affamé, continue d'avaler ces forces vives qui auraient dû construire leurs pays.

Conclusion : Barça ou Barzakh

Peut-on, au IIIe millénaire, au moment où le monde est devenu un village planétaire, enfermer les gens et les empêcher de se déplacer ?

Les pays occidentaux sont-ils assez autonomes au point de ne plus avoir besoin des pays du Sud et de leurs ressources ?

Les Etats africains, ne peuvent-ils pas se concerter, adopter de bonnes politiques économiques, des politiques de partenariat Sud/Sud, afin de créer des emplois et retenir chez elles leurs jeunesses ?

Le mirage de l'Europe, symbolisé par « Barça », doit-il conduire les jeunes à préférer « Barzakh » ou la mort s'ils n'arrivent pas à l'atteindre ?

Autant de questions qui intriguent et dont les réponses pourraient trouver un début de réponse aux « nouveaux défis de la migration dans la région Euro-Méditerranéenne ».

Notes

1 Madina Touré, Le Bosséa dans le Jihad Omarien.
2 Wane Aissata, 2017, Répertoire.
3 Idem, p. 11.
4 AissataWane, idem. p. 13.
5 Idem, p. 15.

Bibliographie

Ba, I.(2007). Mauritaniens résidents à l'étranger, 11 pages.

Bureau International de travail (BIT) (2010). Faire des migrations un facteur de développement. Une étude sur l'Afrique du Nord et l'Afrique de l'Ouest, Rapport officiel, Genève.

Diome, Fatou (2003). Le ventre de l'Atlantique, Roman, Paris, Editions Anne Carrière.

Mohamed Saleh, S. N. (2008). Eléments de migration en Mauritanie ; Notes d'analyses et de synthèses, Consortium pour la Recherche Appliquée sur les Migrations Internationales (CARIM), N 36.

M. Ould Brahim Ould Jidou (2009). Migration et développement en Mauritanie, documents thématiques, Organisation Internationale pour les Migrations (OIM), 32 p.

Toure, Madina (1995). Le Bosséa dans le Jihad Omarien ; mémoire de maîtrise, département d'histoire, Université de Nouakchott, (Migrations des populations de la vallée du fleuve Sénégal pour l'Est).

Wane, Aissata (2017). Répertoire d'acteurs dans le domaine de la mobilisation de la diaspora, Organisation Internationale pour les migrations (OIM).

Sites Web

https://ons.mr/images/bulletins/Bulletin%20de%20conjoncture%20N%C2%B039.pdf

https://www.iom.int/fr/countries/mauritanie

https://www.courrierinternational.com/article/diplomatie-accord-migratoire-ue-mauritanie-des-contours-flous-et-une-efficacite-a-demontrer

· 7 ·

LES MAGHRÉBINS EN EUROPE : ENTRE IDENTITÉ ET MODERNITÉ

Moha Ennaji

Introduction

La diversité culturelle dans les pays d'accueil est le résultat de flux migratoires en Europe. Cette diversité est une source de richesse et de progrès qui ne devrait pas être perçue comme une menace à condition qu'elle soit bien gérée par les gouvernements et les communautés. Ce chapitre met en évidence les avantages et le rôle du multiculturalisme dans l'intégration des immigrés dans les pays d'accueil. En effet, il existe une relation étroite entre la migration et la diversité culturelle. Le respect de cette dernière assure la protection des minorités et contribue à l'intégration des immigrés. L'accent devrait être mis sur l'importance de l'éducation et des médias dans la formation des jeunes dans les pays du Sud et l'insertion des immigrés dans les pays d'accueil comme solution au problème identitaire.

Ce chapitre s'adresse à la question des rapports entre les migrants et leurs pays d'origine et d'accueil, dimension importante des questions d'identité qui ont été posées récemment. Nous essayons de dépasser la recherche déjà faite sur les transferts de fonds et de biens qui mettent l'accent sur les questions matérielles. Notre analyse vise cette fois-ci, les aspects culturels et identitaires.

A partir de la seconde moitié du vingtième siècle, les sociétés sont devenues de plus en plus complexes et multiculturelles. Par conséquent, les droits des minorités commencent graduellement à acquérir une nouvelle dimension dans les pays démocratiques, et les revendications en faveur du respect de la diversité culturelle sont devenues plus fortes.

Il est intéressant de lier la diversité culturelle au phénomène du transnationalisme qui se réfère à la pluralité socioculturelle et identitaire. Le transnationalisme réfère à la continuation des liens culturels et politiques avec le pays d'origine. La migration internationale est l'un des résultats de la mondialisation. Quand nous parlons de la mondialisation, nous ne devons pas avoir en tête seulement le facteur économique. En plus de l'existence des échanges économiques et financiers, il y a également des échanges culturels, le passage des personnes et des flux d'idées.

L'analyse des flux migratoires permet de savoir qu'ils ont des conséquences immédiates très importantes. La première est d'ordre spatial, car l'espace est l'objet de base essentiel des migrants étant donné que le projet migratoire a un lien direct avec l'abandon du territoire du pays d'origine pour celui du pays d'accueil. La deuxième conséquence est l'élaboration par l'immigrant d'une stratégie l'aidant à vivre dans un autre contexte social, dans une société différente à laquelle il est appelé à s'adapter tout en contribuant à sa transformation ou à sa redéfinition. Cette mutation de l'espace peut être examinée à partir des « espaces intermédiaires entre l'individu et l'Etat » (Aubarell et Aragal, 2004), dans la mesure où les différentes cultures et identités se rencontrent dans un espace qui avait été conçu comme une société homogène. Ceci pose le problème de la gestion de la diversité culturelle dans le but de réconcilier le multiculturalisme et la cohésion sociale.

Ajoutons à tout cela que les immigrants ne coupent jamais le cordon ombilical avec leur pays d'origine. Bien au contraire, ils conservent des relations étroites avec leurs familles et leur culture dans la société d'origine et maintiennent des rapports étroits avec les membres de leur communauté installée dans le pays d'accueil. Ils nouent également des liens transnationaux avec d'autres immigrés venant d'autres pays.

Dans l'espace méditerranéen, ces liens transnationaux entre les immigrants d'origines différentes sont considérables et on peut donc parler de territoires transnationaux qui établissent des réseaux de groupes sociaux issus de l'immigration par le maintien d'une fidélité à leurs traditions et coutumes, et des groupes issus du pays d'accueil mais tous structurés dans le cadre de l'Etat-Nation.

Ces territoires transnationaux sont pour autant représentés par de nombreuses grandes villes dans le pourtour méditerranéen, créant ainsi une mondialisation locale. Ces villes jouent un grand rôle dans le processus de la mondialisation en contribuant relativement à l'affaiblissement de l'Etat et en consolidant la participation politique et sociale de l'individu dans la vie publique locale. La ville mondialisée permet aux immigrants de participer également à la vie active et politique (Ennaji et al., 2022).

L'étude des processus migratoires dans la région méditerranéenne montre que la grande majorité des immigrés en Europe sont d'origine turque ou maghrébine. Ceci ne doit pas nous amener à négliger l'environnement pluriel et complexe dans lequel se déplacent ces immigrés dans le pourtour méditerranéen : Maghreb vers l'Europe, Turquie vers l'Europe, Maghreb vers les pays du Golfe.

En outre, les flux migratoires en Méditerranée ont aussi les caractéristiques des migrations internationales à savoir la migration des jeunes et des femmes pour des raisons essentiellement économiques, l'aggravation de la migration clandestine, le trafic illégal des personnes, la migration de la main-d'œuvre plus ou moins qualifiée et l'exode des compétences.

En 1995, le processus de Barcelone avait souligné le rôle joué par l'immigrant dans le co-développement et la coopération entre les pays de la méditerranée. Le Forum Civil Euromed avait même proposé de faire de l'immigrant un agent de cette coopération. Force est de constater que le lien entre coopération et immigration se tisse à partir de conditions politiques qui consistent à encourager la coopération économique dans le but de provoquer des changements sociaux dans les pays du sud de la Méditerranée. L'aide économique est dans ce cas conditionnée par le facteur politique et par l'engagement des pays du sud dans les réformes démocratiques. La coopération se déploie également par ce que Aubarell et Aragal (2004) appellent « la coopération décentralisée » qui vise à impliquer les différents secteurs dans la société civile méditerranéenne afin de soutenir la coopération au niveau des populations. Il s'agit ainsi de mettre l'accent sur le rôle des associations et des ONGs de sorte à réaliser un développement socioéconomique concret (Ennaji, 2014).

Les secteurs qui méritent plus d'attention dans cet effort d'intégration régionale sont la coopération au développement et la circulation des personnes dans l'espace euro-méditerranéenne. Dans cet esprit, le Dialogue 5+5 réuni pour la première fois à Rome le 10 décembre 1990 fut l'une des premières rencontres sur le dialogue en Méditerranée occidentale. Ce forum a eu pour finalité le renforcement du dialogue politique, socio-économique et culturel entres tous les pays de la Méditerranée.

En 2002, le Dialogue 5+5 a proposé des mesures concrètes pour la bonne gestion des flux migratoires au sein de l'espace euro-méditerranéen, telles que des mesures pour réduire l'immigration illégale, mise en place d'un dispositif d'information et de base de données à l'échelle régionale et renforcement du co-développement.

Cependant, la dimension identitaire et religieuse a été négligée. La religion est une arme à double tranchant : elle permet, d'une part, aux migrants de protéger leur identité culturelle et elle peut, d'autre part, empêcher leur intégration dans le pays d'accueil, comme nous allons le voir ci-dessous. La question suivante se pose : le système éducatif des pays européens est-il capable d'aboutir à l'intégration sociale des jeunes maghrébins issus de l'immigration, ou s'agit-il d'un outil d'exclusion socio-économique et culturelle à leur encontre? Cette question, qui est intentionnellement posée, ambitionne d'aiguiller le débat. Toutefois, il est trompeur de croire que la réponse est aisée et simple.

Ce chapitre est divisé en quatre sections: 1) la religiosité chez les Maghrébins de la diaspora, 2) l'islam en Europe méditerranéenne, 3) la situation des jeunes maghrébins dans l'espace scolaire européen et 4) la place de la langue amazighe en France. Le chapitre traitera des faiblesses des visions et des politiques d'intégration éducative à partir des données sur l'échec scolaire compte tenu de l'(in)capacité de l'école à répondre aux demandes des jeunes « migrants » et de leurs familles en terme d'égalité des chances, de mobilité sociale et de reconnaissance culturelle (Bourdieu, 1982).

Il existe des différences entre les diverses principales vagues migratoires maghrébines en Europe. Il est bien certain que les expériences sont variées selon les contextes des pays récepteurs. Plusieurs sous-thématiques doivent être envisagées afin de produire des éléments de réponse à la question soulevée ci-dessus. Il s'agit notamment de : (1) vérifier l'efficacité de certaines approches éducatives prenant en compte les diversités culturelles et (2) ébaucher une perspective politique et sociale en matière d'éducation, qui prenne en compte la contradiction entre la potentialité intégrative de l'école et ses déficits structurels face aux aspirations de mobilité et de reconnaissance sociale des jeunes issus de l'immigration.

En fonction des données à notre disposition, la discussion sera focalisée sur le cas de la Belgique francophone et de la France et de leurs populations issues de l'immigration maghrébine. Cette comparaison, qui se base sur des données socioculturelles,permet d'apprécier l'interactivité entre les communautés immigrées et les structures scolaires des pays d'accueil.

Aperçu sur la religiosité des Maghrébins en Europe

Comment les Maghrébins européens de confession islamique vivent-il leur religion ? Comment se construit leur identité religieuse ? Quels sont les processus de construction de l'identité d'un individu maghrébin musulman vivant dans la société européenne ?

A partir de cette problématique, j'ai étudié la situation des musulmans maghrébins en Europe, notamment en France, la mobilité de la religion islamique et la manière dont ils arrivent à bâtir leur identité en Europe, et le rôle de l'autorité religieuse dans la construction identitaire.

Cela m'est apparu clairement en étudiant la situation des musulmans maghrébins d'Europe sur la base du fait qu'une nouvelle situation politique et culturelle mondiale a émergé, en particulier après les attentats du 11 septembre 2001 aux États-Unis d'Amérique.

Parmi les problèmes sur lesquels je me suis arrêté figure la question des statistiques sur la population musulmane en France, où il est difficile de connaître leur véritable nombre.

Si les données statistiques évaluent le nombre de musulmans en France à environ six millions, soit 8 % de la population totale de la France, concernant l'islam, bien qu'il soit la deuxième référence à signification religieuse en France, le nombre exact et réel des musulmans en France reste inconnu.

Les chercheurs en attribuent la raison à l'interdiction par la loi sur les libertés de 1978 de mentionner l'appartenance sectaire dans les formulaires de recensement de la population, conformément aux valeurs laïques sur lesquelles repose la Ve République (Belmir, 2021).

Sur la base de l'étude que nous avons menée (Ennaji, 2014), la détermination du nombre précis de citoyens français qui adhèrent à la foi islamique est un processus difficile, car il n'existe pas de critères permettant un recensement exact.

Notons également que vérifier le nombre exact des citoyens de confession islamique, selon les nationalités d'origine en France, n'est pas non plus possible, compte tenu de la difficulté de contrôler l'immigration clandestine.

Malgré la difficulté qui entoure le nombre de citoyens qui se convertissent à l'islam en France, nous pensons que le processus de recensement des musulmans français d'origine maghrébine, turque, pakistanaise et subsaharienne reste au niveau technique, chose possible.

D'autre part, nous considérons que la réalité religieuse, même si elle est fortement ancrée dans la diversité des sociétés européennes, reste d'une manière ou d'une autre liée aux évolutions de la société européenne.

Cette étude montre que l'identification requiert la nécessité de combiner et d'intégrer quatre éléments : l'identification religieuse, psychologique, communautaire et culturelle.

L'islam en Europe méditerranéenne

Les immigrés marocains en particulier sont unis en général par le sentiment d'appartenance à une nation et la conviction ardente à être et à se prétendre Marocain. Les Marocains, même en possession du passeport du pays d'accueil, sont attachés à leur identité arabo-amazighe et musulmane. Nous avons recueilli ces sentiments durant des entretiens formels et informels avec des immigrés marocains installés en Europe. Bien souvent, ils ne sont pas enclins à afficher leur nouvelle citoyenneté, car elle ne correspond à rien d'identitaire en eux (Ennaji, 2014).

Même quand le sentiment national d'origine s'efface devant celui de la nouvelle citoyenneté, comme c'est le cas de la nouvelle génération, les Marocains résidant à l'étranger demeurent fidèles à leur religion musulmane. En effet, l'appartenance à l'islam est prépondérante sur tout autre sentiment national ou identitaire. Ce fait est significatif depuis la montée de l'intégrisme musulman dès 1990. Les individus ne sont pas devenus Français, Belges, Espagnols ou Hollandais mais ils sont restés musulmans avant d'être Marocains, Algériens, Tunisiens ou Turcs.

Dans les communautés migratoires musulmanes, l'islam est conçu comme un élément unificateur mais également un marqueur de l'identité voire de la nationalité. Beaucoup d'immigrés maghrébins s'identifient en tant que musulmans d'abord avant d'être Marocains, Algériens ou Tunisiens. Les immigrés se regroupent généralement « sous la bannière de l'islam », comme le souligne Elkhayat (2004), car l'islam est l'élément fédérateur de tous les immigrés qui ont une identité culturelle qui se structure autour de cette religion.

Pour ces migrants, le passeport du pays d'accueil n'est qu'un document de voyage auquel ils accordent une importance secondaire. Ils perçoivent les papiers comme des laissez-passer qui facilitent leur circulation c'est-à-dire des documents qui aident à traverser les frontières et qui leur donnent des droits comme la sécurité sociale et les prestations familiales. Mais en réalité, la plupart de ces migrants restent culturellement et psychologiquement, des musulmans.

Il ne faut pas oublier que la perte de l'identité est dangereuse pour les personnes qui ont une forte appartenance culturelle et nationale. L'individu ne peut pas renoncer à son identité tout en sachant qu'il n'aura ni la possibilité ni l'intention d'adopter les valeurs du pays d'accueil et de se fondre dans sa religion, sa morale et sa langue. Une telle assimilation est fatale car elle entraîne la perte du moi et la fin de son appartenance à un groupe identitaire fort.

Les Marocains résidant à l'étranger considèrent leur pays d'origine comme le pays le plus beau du monde oubliant même les raisons qui les ont poussés à le quitter. Ils vivent dans le contexte de l'immigration à la marocaine (meubles marocains, décoration marocaine, thé à la menthe, télévision marocaine par satellite, tajine et couscous, organisation de fêtes et de cérémonies religieuses, etc.). Ces sentiments d'appartenance à la culture d'origine et cette nostalgie permanente du pays sont généralement plus apparents chez les femmes que chez les hommes à tel point que certaines femmes au foyer refusent d'apprendre la langue de la société d'accueil. Elles voient leur rôle se limiter à la préservation de la marocanité, de l'islam et de l'identité culturelle. Le fait qu'elles soient très attachées à l'identité marocaine et qu'elles conservent les mêmes rôles à l'étranger que dans leur pays d'origine les empêche de s'intégrer dans la société européenne (Ennaji et Sadiqi, 2008).

Dans le contexte international actuel, où l'islam fait l'objet injustement de nombreuses polémiques, les démocraties européennes s'engagent à définir le traitement des immigrés et leurs relations avec les citoyens européens et d'évaluer le chemin qui reste à parcourir pour la reconnaissance et le respect de leurs origines et de leurs valeurs culturelles et identitaires.

L'intégration des immigrés ne peut se faire sans tenir compte de leur culture d'origine et sans la protection de leurs droits linguistiques et culturels. En effet, c'est en valorisant la culture et les coutumes d'origine des migrants que leur insertion dans le pays d'accueil pourra se faire aisément. Une fois que l'immigré n'est plus considéré comme un problème ou une entité abstraite, mais reconnu dans sa personnalité, son histoire et sa culture à ce moment-là l'insertion dans le pays d'accueil devient possible.

En Europe, la religion musulmane est perçue comme un obstacle à l'intégration des immigrés musulmans. Cette idée erronée provient de l'ignorance de l'islam, des médias occidentaux qui propagent une propagande anti-islamique et de la domination des principes de la laïcité, de l'économie, de la rationalité qui voient la religion comme un facteur négatif, voire source d'extrémisme (Ennaji, 2016).

Dans cette situation, l'immigré se voit obligé de garder son appartenance religieuse. Il a intérêt à ce que sa religion soit respectée et il est prêt à changer son comportement pour accommoder sa pratique de l'islam à l'environnement européen. Ainsi, il y a plusieurs pratiques et formes de l'islam en Europe qui est représenté par divers immigrés musulmans provenant de pays différents. La majorité des immigrés pratiquent un islam dans l'espace car ils ne sont pas intéressés par les idéologies propagées dans les mosquées et centres islamiques en Europe. Ceci démontre, contrairement aux idées reçues, que l'islam peut être circonscrit à l'espace privé et qu'il est capable de s'adapter à la laïcité où la religion et la vie séculaire sont séparées. En plus de cette forme privée de la religion, il existe un islam idéologique qui est organisé sous forme de structures telles que les associations, les mosquées et les centres islamiques.

Même dans le cas des centres à domination idéologique, l'autorisation des autorités locales est primordiale, ce qui pousse ces centres à introduire des changements considérables en vue d'adapter l'islam aux principes de la laïcité de la société européenne.

Les centres islamiques s'occupent également de l'enseignement de la langue arabe. Plusieurs mosquées en fait enseignent l'arabe classique aux enfants de la diaspora et à tous les immigrés musulmans intéressés, y compris les Sénégalais, les Nigériens, les Pakistanais, etc.

Dans le cas des jeunes de la deuxième génération, on constate un développement interethnique. Toutefois, pour maintenir la culture et la religion du pays d'origine, ils sont poussés par leurs parents à prendre des cours d'arabe. Le lien avec la culture des parents devient ténu puisque les jeunes nouent des relations multiculturelles qui ne se réfèrent à aucun pays spécifique mais seulement à la religion musulmane et à la langue arabe.

Dans d'autres cas, les jeunes issus de l'immigration utilisent la langue du pays d'accueil (français, italien, espagnol, etc.) dans les centres islamiques et les mosquées. Ceci contribue à développer une identité plurielle et interethnique. L'étude de ces aspects linguistiques est alors cruciale pour rendre compte du degré d'insertion des musulmans dans la société d'accueil (voir Tromebetta, 2004).

Les mosquées et les centres islamiques jouent aussi un rôle de sensibilisation et de formation des jeunes. Leur travail consiste à détourner les jeunes de la délinquance juvénile et des comportements déviants (alcoolisme, prostitution, drogue, etc.) par des mesures et initiatives concrètes. Leurs efforts sont appréciés par la population musulmane et par les autorités locales. En contrepartie, les mosquées et les centres islamiques deviennent plus visibles dans la sphère publique et se posent en interlocuteur de la communauté. La motivation pour ce travail d'éducation civique est surtout religieuse : « récupération des frères et sœurs qui risquent de se perdre ». Il a pour objectif d'améliorer l'image de marque de la communauté islamique en Europe. Dans la religion musulmane, il n'y a pas de distinction entre le politique, le social et le religieux ; les chefs des centres et les imams se considèrent comme des missionnaires (daa'iya) de la religion musulmane dans l'immigration.

Jeunes Maghrébins dans l'espace scolaire européen

Notre réflexion sur ces sujets sera développée à travers deux cas d'étude : (1) l'examen comparé de la situation scolaire de populations maghrébines migrantes en Belgique francophone et (2) l'examen de la situation de la population issue de l'immigration originaire du Maghreb en France.

Jeunes Maghrébins en Belgique francophone

La Belgique est un pays de 10 millions d'habitants divisé en deux principales régions linguistiques. Les francophones représentent entre 4 et 5 millions de personnes et se situent à Bruxelles et en Wallonie, au sud du pays. Ces deux entités géographiques accueillent le principal contingent de la population maghrébine immigrée qu'il s'agisse de la vague du sud de l'Europe installée dans le pays dès la première partie du XXème siècle ou du flux de travailleurs arrivés dans les années 60–70, essentiellement en provenance du Maroc (Zibouh, 2017).

Ces variables sont, dans le contexte migratoire belge, fortement corrélées avec les caractéristiques socio-économiques des familles immigrées ou issues de l'immigration. Ceci donne de la population d'origine maghrébine installée en Belgique, l'image d'un ensemble de groupes communautaires encore assez homogènes et fortement stratifiés entre eux. Ainsi, l'enquête de Feld et Manço (2000) sur les trajectoires scolaires de 1000 jeunes de 16 à 26 ans a permis d'établir qu'ils sont divisés selon trois profils possibles :

– Etant donné le nombre de personnes qui ont obtenu un diplôme d'études secondaires supérieures, les ressortissants Belges « de souche » et issus des pays limitrophes de la Belgique tracent un profil « haut » : la moitié de ce groupe est en effet diplômée de ce niveau et 10% à 20 % de l'effectif y est encore scolarisé.

- Le groupe originaire du sud de l'Europe a un profil « moyen » avec 35% à 40 % des sujets diplômés et 20% à 30 % des jeunes encore scolarisés.
- Le troisième profil est « bas », il a trait aux jeunes originaires du Maghreb et de la Turquie : environ 20 % seulement dans ce groupe obtiennent un diplôme de fin d'études secondaires, et à peine autant sont encore scolarisés.

Quelques années plus tard, en l'absence de statistiques officielles, l'enquête de Born et al. (2003) sur la victimisation dans l'enseignement secondaire en Belgique francophone confirme ce modèle tout en l'affinant. L'enquête a concerné un vaste échantillon représentatif de 5000 élèves fréquentant les établissements secondaires, toutes sections confondues. Il est possible, dans ce contexte, de distinguer les jeunes dont les parents ont une origine maghrébine et, singulièrement, d'origine marocaine (40 %). On remarquera que cette catégorisation est indépendante de la nationalité des personnes qui peuvent avoir acquis la citoyenneté belge[1].

Le taux des élèves qui accuse un retard scolaire est de 47 % dans la catégorie basse d'origine étrangère et de 34 % dans la catégorie élevée. Dans la première catégorie, les élèves fréquentant l'enseignement professionnel qui n'ouvre pas directement vers les études supérieures représentent plus de 30 % alors que dans l'échantillon de la première catégorie, cette proportion est de 23 %. En revanche, la catégorie maghrébine socio-économiquement plus favorisée dirige vers les études professionnelles seulement 18 % de ses enfants. Notons que l'origine extra-européenne et la catégorie socio-économique corrèlent ensemble avec le taux d'échec scolaire et l'orientation vers la section professionnelle (Crutzen et Manço, 2003).

Toutefois, la propension à suivre des études professionnelles existe, selon d'autres sources (Manço 2002), au sein, de la population originaire du Maroc ; ce taux est estimé à plus de 25 %. Toujours selon Manço, 60 % des élèves maghrébins de plus de 18 ans n'ont pas acquis un diplôme d'études secondaires ou supérieures ; la proportion est de 40 % chez les Marocains et de 30 % « seulement » parmi la population d'origine étrangère en général. On estime que 15 % des jeunes maghrébins de Belgique âgés entre 20 à 24 ans sont inscrits dans un programme d'études supérieures contre 33 % dans la population belge « de souche ». En dépit d'une amélioration depuis le début des années 1990, cette situation de discrimination reste observable bien en amont du système scolaire : dès la fin de l'enseignement primaire, en effet, 50 % des enfants d'origine marocaine connaissent un retard scolaire. Ces données montrent clairement que les discriminations scolaires touchent en Belgique une population à la fois, socio-économiquement défavorisée et d'origine maghrébine.

Environ 25% de jeunes immigrés présentent ainsi des retards d'apprentissage qui les mettraient en difficulté une fois sur le marché de l'emploi : difficultés à résoudre des problèmes, difficultés de raisonnement logique et faiblesse des connaissances formelles en mathématiques, et ce malgré le fait qu'une certaine histoire coloniale « rapproche » culturellement et linguistiquement les Maghrébins de l'Europe francophone. Par conséquent, le processus d'intégration des familles maghrébines semble plus rapide que celui des familles turques, même s'il semble parfois laborieux et douloureux.

Les groupes originaires du Maghreb ont, sans doute, en commun de partager une certaine exclusion socio-économique et culturelle au sein des sociétés européennes. Cette marginalisation est due pour une part, à la spécificité de leur période d'installation, marquée qu'elle est par une transformation sociale et économique profonde depuis la crise survenue dans les années 1970. Les populations maghrébines n'ont pas pu bénéficier pleinement d'opportunités économiques et sociales existantes en Europe, car avec la disparition progressive des secteurs de l'emploi faiblement qualifiés, le tissu de solidarité s'est également disloqué, laissant pour compte une classe de travailleurs devenus, surtout depuis la pandémie de la Covid-19, excédentaires bien que durablement installés en Europe avec leur famille.

Les Maghrébins sont pourtant divisés en deux groupes : les berbérophones et les arabisés, qui ne maîtrisent pas nécessairement l'arabe classique. Les rapports des jeunes marocains à leur langue d'origine est ainsi très différent : par exemple, à la différence des immigrés turcs, en général, les jeunes maghrébins de la seconde génération ont beaucoup de difficultés à comprendre la presse (écrite et audio-visuelle) de leur pays d'origine : le turc s'écrit avec l'alphabet latin et, contrairement à l'arabe, ne connaît pas de dichotomie entre un parler populaire et la langue savante ou écrite.

Chez les jeunes Maghrébins, le sentiment d'exclusion prédomine en dépit des efforts consentis en termes d'assimilation (scolarité, recherche d'emploi, maîtrise linguistique). Une des stratégies d'insertion que les jeunes Marocains mettent en œuvre, beaucoup plus que les Turcs, est l'investissement du champ scolaire. La scolarisation et les possibilités de mobilité sociale nouvelles qu'elle peut offrir sont assurément parmi les tentatives d'insertion qu'adoptent les Marocains ou les Algériens issus de l'immigration. Ce phénomène d'intégration

« verticale », important et méconnu de l'opinion publique, est encore plus spectaculaire si l'on compare la proportion de jeunes (garçons et filles) diplômés de l'enseignement secondaire à la proportion des parents (pères) ayant atteint le même degré d'instruction.

Selon notre enquête qui a été menée entre 2013 et 2014, il existe plusieurs entraves à l'éducation des enfants des immigrés maghrébins ou issus de l'immigration, notamment les préjugés construits et diffusés sur eux et le manque de soutien à la maison. Ce défi est aussi le résultat du statut social des parents dont la plupart n'ont pas un bon niveau d'éducation (cf. Ennaji 2014).

L'école face aux attentes des familles maghrébines

D'après des recherches effectuées dans le domaine (Feld et Manço 2000, Manço 2002, Mohamed 2003 et Ennaji 2014), le projet de scolarité des enfants fait souvent partie des stratégies d'ascension sociale des familles telles que l'assimilation à la culture dominante, contribue à l'intégration dans le milieu scolaire. Et plus la vision scolaire de la famille et de la société sont homogènes, plus les enfants réussissent à l'école, et plus l'école valorise les jeunes, mieux est leur intégration dans le système éducatif.

Des efforts importants ont été consentis au niveau de l'enseignement des langues maternelles aux enfants des immigrés maghrébins. Les élèves qui ne maîtrisent pas suffisamment leur propre langue ont des difficultés à se familiariser avec les finesses d'autres langues. Les familles d'immigrés étant rarement en mesure d'assurer la structuration des apprentissages, c'est aux enseignants issus de l'immigration formés en Europe qu'il revient d'assurer l'enseignement de leur langue maternelle. Ces enseignements peuvent être comptabilisés officiellement dans le programme d'enseignement et contribuer à la gestion générale des diversités.

La qualité du système scolaire est une condition fondamentale pour une construction identitaire positive et pour une performance éducative de haut niveau. L'école peut alors prendre le relais et faire reconnaître les apports culturels et linguistiques de l'immigration en tant que potentiel comme les autres, dans un contexte européen et mondial multilingue et multiculturel.

Un grand nombre de Marocains en Europe apprennent l'arabe et la langue berbère ou amazighe dans le but de préserver leur langue maternelle et leur culture d'origine. Pour la majorité des parents, il est essentiel d'apprendre la langue maternelle à leurs enfants afin de pouvoir communiquer avec leurs familles une fois de retour au Maroc pour les vacances d'été.

La langue amazighe en France

L'immigration maghrébine vers l'Europe a d'abord été d'origine amazighe, aussi bien à partir de l'Algérie que du Maroc : les premières vagues d'émigration sont parties de la Kabylie (à partir des années 1920) et du Souss après la Deuxième Guerre mondiale en 1945. Ces vagues ont été rejointes par d'autres groupes amazighophones après l'indépendance : les Aurès pour l'Algérie, le Rif et la province Orientale pour le Maroc (Le Saout, ce volume).

Selon les estimations, le nombre de Maghrébins amazighophones en France se situe entre 1,5 et 2 millions de personnes, dont les deux tiers sont Algériens. La plupart d'entre eux ont obtenu la nationalité française, et cette population ira en augmentant avec le temps par l'effet automatique de la croissance démographique et de l'intégration (Chaker 1989). La délégation générale aux langues de France (ministère de la Culture) estime, sur son site internet, qu'il y existe en France environ 700 000 personnes parlant l'amazighe (550 000 le kabyle et 150 000 le tamazight du Maroc) et 1,1 millions de personnes parlant l'arabe maghrébin.[2]

Les Français d'origine maghrébine se répartissent schématiquement en deux sensibilités qui transcendent les origines nationalitaires : 1) les populations dont la langue maternelle ou celle des parents est l'arabe maghrébin, qui s'identifient en tant qu'Arabes, et qui sont communément désignés sous le terme générique de « beurs ». 2) Les populations dont la langue maternelle ou celle des parents est l'amazighe (plusieurs variantes), qui se dénomment Berbères ou Amazighs, et sont souvent désignés sous le vocable réducteur de kabyles.

Ces chiffres confirment ainsi que l'amazigh est bien une langue de France. Cependant, il assez difficile d'avancer des chiffres précis quant au nombre d'amazighophones dans ce pays. Tout essai de quantification de l'amazighophonie en France ou ailleurs en Europe ne peut donc être qu'approximatif.

Une présence culturelle et académique

La forte présence d'une population amazighophone a fait que la France est, depuis longtemps, un espace important de la vie culturelle amazighe, tout particulièrement kabyle : depuis les années 1930, Paris est un des hauts lieux de la chanson kabyle.

Par ailleurs, la situation d'exclusion de la langue et de la culture amazighes qui a longtemps prévalu au Maghreb a eu pour conséquence, surtout en Algérie, le déplacement massif de l'activité amazighisante vers la France. Depuis

1962, la majeure partie de la production de ou sur la langue amazighe a été réalisée en France. Cette "déconcentration" a eu un impact non seulement sur les activités culturelles et politiques amazighes, mais aussi sur la formation scientifique et même une très large part de la production culturelle (Le Saout, ce volume).

Les travaux de recherche su sein de l'université française n'ont pas été en reste. Malgré la disparition des chaires de berbère en 1956 à l'Institut des Hautes Etudes Marocaines (Rabat) et en 1962 à l'Université d'Alger, un nombre considérable – plus d'une centaine – de thèses de doctorat concernant la langue et la culture amazighes ont été soutenues en France (Chaker, *ibid*). Actuellement, malgré une expansion sensible des études amazighes dans d'autres pays, notamment en Hollande, en Allemagne, en Espagne et en Belgique, la France demeure le centre des études amazighes en Europe, tant dans la formation universitaire que dans la production scientifique. Voir les travaux de l'Institut National des Langues et Civilisations Orientales (INALCO) et de l'Université Marseille-Aix-en Provence (Mammeri, 1991 ; Chaker, *ibid*).

L'amazigh au baccalauréat

Dans les établissements français, l'amazigh a toujours figuré sur la liste des langues donnant lieu à une épreuve orale facultative. En 1978 et 1979, seulement 40 candidats ont choisi de se présenter à cette épreuve. En 1987, leur nombre était de 544 et, à partir de 1992, il dépassait le cap du millier. En 1990, l'amazigh était la langue la plus demandée pour cet oral facultatif, après les langues régionales de France (Le Saout, ce volume).

Depuis la session du baccalauréat en 1995, les épreuves facultatives de l'amazigh sont passées à l'écrit. Trois dialectes sont proposés aux jeunes candidats: le kabyle, le tachelhit et le rifain. La première session de 1995 a été marquée par une inscription de 1534 candidats qui ont passé l'épreuve, dans toutes les académies de France. Depuis 1995, le nombre de candidats en amazighe a évolué. Il est passé progressivement de 1500 à 2250 individus pour toute la France, chiffre enregistré au cours de la session 2004 du baccalauréat (Le Saout, ce volume).

Ces chiffres sont singulièrement attirants au niveau symbolique car ils manifestent un fort attachement des jeunes Maghrébins de France à leur langue maternelle. Il s'agit même d'une attitude militante puisque les difficultés inhérentes à l'écrit, auxquelles la plupart d'entre eux ne sont pas préparés dans le cadre scolaire, ne les ont pas dissuadés.

Par conséquent, pour les jeunes ayant suivi l'enseignement de la langue amazighe ou l'arabe dialectal (ce qu'on appelle l'ELCO), les images de soi positives sont plus fréquentes que les images de soi négatives. Ceux qui suivent des cours de langue maternelle donnent avec beaucoup de facilité des descriptions positives de leur groupe d'appartenance et présentent un sentiment très fort d'estime de soi. Chez les autres, on relève souvent des oscillations entre deux pôles identitaires présentés comme négatifs avec une autodépréciation de soi, car ils valorisent peu la religion et la culture d'origine. (Voir Mohamed, 2003 ; Crutzen et Manço, 2003).

Conclusion

La majorité des musulmans en Europe exprime une religiosité modérée ouverte sur d'autres cultures et principes comme la laïcité. Les Etats européens devraient donc prendre des mesures politiques pour établir des contrats avec les organisations islamiques modérées qui sont majoritaires en les encourageant à favoriser la naissance d'un islam européen. Ce dernier pourrait être un outil incontournable dans l'intégration des immigrés musulmans et un instrument de lutte contre les groupuscules extrémistes et le fanatisme.

Un islam modéré de ce type pourrait aussi contribuer au développement des courants progressistes dans les pays musulmans qui prescrivent une réconciliation entre l'islam et la modernité, la religion et la laïcité.

Dans ce chapitre, nous défendons une approche globale et intégrée de la question migratoire, une approche qui privilégie le respect de la diversité culturelle et la dimension humaine et socio-économique et opère une corrélation étroite entre la lutte contre la migration clandestine et la préservation des droits et acquis de la communauté immigrée légalement établie à l'étranger. Au cœur de la question de la migration se trouve une dimension affective, psychologique, culturelle, ainsi que de développement socio-économique.

Pour conclure, il est important de prêter attention aux conditions socioculturelles, linguistiques et éducatives des jeunes issus de l'immigration maghrébine en Europe, et de garantir une transmission culturelle dans les familles qui soit basée sur la langue maternelle. L'école est un autre espace de socialisation, d'intégration et de construction identitaire qui est favorable chez les jeunes. Si la langue maternelle est enseignée très tôt, elle préviendrait les crises identitaires causées par une attitude existentielle négative au plan symbolique. L'écart entre le vécu socioculturel des jeunes Maghrébins en Europe et l'espace scolaire et social serait réduit. Les contradictions et paradoxes liés à l'assimilation au groupe majoritaire seraient amoindris par une bonne image de soi.

Notes

1 On estime par exemple qu'environ 45 % des jeunes originaire de l'Afrique subsaharienne auraient acquis la nationalité belge. Le taux des naturalisés serait dans cette catégorie de 85 % en France (Gatugu et al., 2001). En ce qui concerne la population issue de l'immigration turque, 60 % aurait la nationalité belge ; ce taux serait de 50 % parmi les Turcs de France (Manço, 2002).

2 Voir ce lien : https://www.culture.gouv.fr/Thematiques/langue-francaise-et-langues-de-france

Bibliographie

Aubarall, G. et Aragal, X. (2004). Citoyenneté et Reconnaissance de la Diversité en Europe Méditerranéenne. *Migration et Citoyenneté.* Publication de l'Association Marocaine d'Etudes et de Recherches sur les Migrations. Rabat : Faculté de Droit. Pages : 74–101.

Belmir, F. (2002). *Les Maghrébins musulmans en France* (en arabe). Thèse de doctorat, Université Hassan II, Faculté des Lettres de Ben Msik, Casablanca.

Berriane, M. (Ed.). *Marocains de l'Extérieur 2017.* Rabat : Publications de la Fondation Hassan II Pour les Marocains Résidant à l'étranger.

Born, M. et al. (2003). Diversités socioculturelles et violences à l'école : cas de l'enseignement secondaire en Communauté française de Belgique, in M. Vatz Laaroussi et A. Manço (éds.), *Jeunesses, citoyennetés, violences. Réfugiés albanais en Belgique et au Québec*, Paris : L'Harmattan.

Bourdieu, P. (1982). *Ce Que Parler Veut Dire.* Fayard. Paris.

Chaker, M.S. (1989). *Berbères Aujourd'hui.* L'Harmattan. Paris.

Crutzen, D. et A. Manço, (éds.) (2003). *Compétences linguistiques et sociocognitives des enfants de migrants turcs et marocains en Belgique*, Paris, L'Harmattan.

Ennaji, M. (2016). *New Horizons of Muslim Diaspora in Europe and North America.* New York : Palgrave-Macmillan/

Ennaji, M. (2014). *Moroccan Muslim Migrants in Europe.* New York: Palgrave-Macmillan.

Ennaji, M. F. Bignami, M. Moubtassime, M. Slighoua and F. Boulaid (2022). Fez as a Locus of Migration Processes on the Move. *Journal of North African Studies*, 27:5, 953–976.

Ennaji, M. and Sadiqi, F. (2008). *Migration and Gender in Morocco.* Trenton: Africa World Press.

Feld, S. et A. Manço, (2000). *L'intégration des jeunes d'origine étrangère dans une société en mutation. L'insertion scolaire, socioculturelle et professionnelle en Belgique francophone*, Paris, L'Harmattan.

Gatugu, J. et al, (2001). *Valorisation et transfert des compétences : l'intégration des migrants au service du co-développement. La population africaine de Wallonie*, Paris, L'Harmattan.

LeSaout, D. (ce volume). Affirmation identitaire amazighe et engagement associatif en France.

Mammeri, M. (1991). *Culture Savante, Culture Vécue*. Editons Tala. Alger.

Manço, A., (2002). *Compétences interculturelles des jeunes issus de l'immigration. Perspectives théoriques et pratiques*, Paris, L'Harmattan.

Manço, A., (2014). *Processus identitaires et intégration sociale. Approche psychosociale des jeunes issus de l'immigration*, Paris : L'Harmattan.

Mohamed, A. (2003). *Langues et identité. Les jeunes maghrébins de l'immigration*, Fontenay sous-bois ; SIDES, Psychologie des dynamiques interculturelles.

Vatz Laaroussi, M. et A. Manço (éds), (2003). *Jeunesses, citoyennetés, violences. Réfugiés albanais en Belgique et au Québec*, Paris, L'Harmattan.

Zibouh, F. (2017). Les Belgo-Marocains et les Marocains de Belgique : Entre contribution, discrimination et reconnaissance d'un demi-siècle de présence. In Berriane, M. (Ed.). *Marocains de l'Extérieur 2017*. Rabat : Publications de la Fondation Hassan II pour les Marocains résidant à l'étranger, pp. 313–348.

· 8 ·

IMMIGRATION ET RELIGION : FAUT-IL AVOIR PEUR DE L'ISLAM ?

Abderrahman Tenkoul

Rien d'essentiel ne sera fait si l'on ne se laisse pas convoquer par l'autre

Jacques Derrida

De la colonisation à l'immigration : l'échange inégal

Aussi loin qu'on remonte dans les temps immémoriaux, l'homme a toujours été porté par un fort désir d'extranéité. Le besoin de sortir de ses terres, pour aller à la rencontre de l'autre et de l'inconnu, est en effet un sentiment permanent chez l'homme qu'on constate à toutes les époques de l'histoire des sociétés. Cette quête, qui ne s'est jamais faite sans difficultés, a toujours été cependant très bénéfique à l'homme. Que de voies a-t-elle aidé à ouvrir et à découvrir, et que de richesses a-t-elle permis de générer grâce notamment à l'expansion de toutes sortes de commerces et d'échanges matériels et immatériels. Dans le même temps, elle ne pouvait ne pas être la source d'affrontements meurtriers, aggravés par l'exaspération de l'identité et l'inclination à considérer l'autre comme un barbare qu'il faut dominer, asservir et dont il faut s'approprier des biens les plus chers.

L'histoire de l'humanité est malheureusement émaillée d'exemples douloureux où le contact avec l'autre a, quand il n'a pas été un choc violent dès le premier coup, évolué vers une colonisation massive maintenant le plus faible dans une situation de dépendance destructrice et dévastatrice. Ce type de rapport dominant/dominé, qui a atteint son point culminant au XXème siècle, a donné lieu à de graves phénomènes dont on peut citer :

- une amplification de conflits de tous genres : culturels, linguistiques et civilisationnels ;
- un repli sur des valeurs refuge pour mieux résister face au plus fort et assurer la pérennisation des spécificités de la nation ;
- une prévalence de la violence sur les moyens de dialogue et de co-développement.

Il est évident que ce sont surtout les pays dominés qui ont le plus souffert de ces faits. En ce sens, que la colonisation les a privés de leurs ressources, et de la possibilité de choisir leur mode de développement selon leurs atouts spécifiques et leurs moyens. Une fois l'indépendance acquise, ils se sont trouvés assujettis à une autre forme de colonisation, indirecte mais sournoise et aussi gloutonne que la précédente, qui les a astreints à un échange inégal portant atteinte à leur souveraineté.

On ne peut donc pas ne pas considérer l'immigration comme un pur produit de cet échange, étant donné que c'est toujours le plus fort qui se sert de la force de travail du plus faible au plus bas prix. Cependant, le but de ce chapitre n'est pas tant de formuler un jugement arrêté ou d'énoncer un procès d'intention contre qui que ce soit, mais d'essayer de comprendre les raisons du malentendu qui fait écran à une intelligibilité pertinente du phénomène de l'immigration.

L'idée principale qui sert de fil conducteur à notre réflexion, est qu'il n'existe pas une seule manière d'appréhender le monde et de comprendre ses enjeux mais plusieurs.

Les questions qui fâchent

L'histoire de l'immigration maghrébine est très édifiante à cet égard. S'il n'est pas dans notre intention de revenir ici sur certains de ses chapitres les plus marquants, on ne peut ne pas se poser ces questions : pourquoi les immigrés sont-ils si stigmatisés aujourd'hui ? N'ont-ils pas été, pour la plupart du moins, sollicités par les pays d'accueil eux-mêmes ? Pourquoi veut-on charger l'immigration de toutes les tares alors qu'elle est, au vu des différentes phases qui ont caractérisé son évolution, le résultat d'un processus dont les tenants et les aboutissants sont parfaitement maîtrisés par les pays d'accueil ? Par ailleurs, quel crédit accorder aujourd'hui à la politique d'intégration adoptée dans beaucoup de pays d'accueil alors qu'au nom même de cette politique on refuse à l'immigré le droit de vivre pleinement sa citoyenneté en cohérence, tant avec les droits de la République, qu'avec ses convictions les plus profondes ? Que veut-on au juste de l'immigré ? Qu'il soit une simple force de travail ? Un numéro d'immatriculation consigné dans les registres de la sécurité sociale ? Un bouc émissaire servant à justifier ou à expliquer l'échec de telle ou telle politique économique et sociale ? N'entend-t-on pas souvent dire et répéter, en effet, que si le chômage monte c'est à cause de l'immigration, et si la croissance est en crise c'est également l'immigration qui en est en partie responsable ?

Les questions sont donc légion qui montrent à quel point les immigrés sont maltraités et instrumentalisés par tous ceux (de droite ou de gauche) qui se disputent le contrôle du pouvoir. De cette réalité, les immigrés des différentes générations n'en sont que trop conscients et, sans s'y résigner, ils continuent de poursuivre à leur manière le dur chemin de l'apprentissage d'une vie participant d'une double appartenance, défiant toutes les formes de discrimination et d'exclusion.

Le double rejet

Il est donc clair que la stigmatisation de l'immigration ne relève pas d'une simple réaction de l'homme de la rue, et qu'on ne peut en aucun cas y soustraire la responsabilité des Etats. En enfermant les immigrés dans des banlieues qui rappellent certains ghettos d'époques obscures révolues, en faisant la sourde oreille à leurs revendications en matière d'éducation, de culture et de gestion de la pratique de leur religion dans des conditions décentes, n'ont-ils pas laissé la porte ouverte aux groupuscules idéologiques de tout bord d'occuper le terrain ?

Et par conséquent n'ont-ils pas ouvert largement la voie aux médias de faire d'une telle dérive un nouveau fonds de commerce, en donnant libre cours à la fabrication et à la diffusion d'images avilissantes sur l'immigré accompagnées de dénominations toutes aussi dépréciatives les unes que les autres : « bougnole », « crouille », « raton », « bicot », « Norafs », « sale race », etc. Le thème est tellement porteur qu'il n'est jamais traité comme s'il s'agissait d'un objet usé et saturé. Bien au contraire: il est, à la moindre occasion, mis en avant – scènes avec beaucoup d'amalgames, d'éclats aveuglants et sur un ton condescendant et passionnel.

Les Etats auxquels appartiennent les immigrés ne sont pas non plus totalement exonérés de tout reproche. A force d'avoir réduit presque exclusivement l'immigré à une source de rapatriement de devises, ils ont aggravé la situation d'exil et d'abandon qui fait déjà le lot de son quotidien. Car plus il se sent rejeté et méprisé de part et d'autre, plus grandit en lui l'idée qu'il est un être amoindri, non reconnu en tant que citoyen à part entière. Il n'est heureux ni en terre d'immigration où il a pris racine, ni au milieu des siens pour lesquels pourtant il se sacrifie chaque jour davantage. Sa déception est d'autant plus forte que tout son effort tend vers l'adoption d'une posture lui permettant d'être en bons termes avec les deux univers auxquels il est lié qu'il le veuille ou non.

Ce double rejet, dont on ne peut ni comprendre ni justifier les motivations, n'est-il pas ce qui complique aujourd'hui l'établissement de véritables relations interculturelles entre les sociétés du Nord et du Sud ? N'oublions pas de rappeler ici que, tout au long de l'histoire de l'humanité, les immigrés et les voyageurs ont toujours joué le rôle de passeurs entre les différentes sociétés, tissant entre elles des médiations de différentes natures.

Est-ce encore le cas maintenant ? Il n'y a rien en fait qui devrait inciter au pessimisme et à penser le contraire. A condition toutefois de combattre sans merci ce que Todorov appelle la « *xénophobie générale* »[1]. Face à ce sentiment dont on sait qu'il est générateur d'ignorance, de dénigrement et de haine, n'est-il pas en effet impératif de semer les graines d'un espoir qui soit le levier d'un nouvel ordre mondial fondé sur « *de nouveaux modes d'altérité* »[2] ? N'est-ce pas par le développement d'une véritable culture d'intégration, respectueuse des singularités et des différences, qu'il est possible de faire échec à cette attitude consistant à ostraciser l'autre à cause de son système de valeurs ou de ses convictions ?

Le retour de la religion

On ne saurait ignorer aujourd'hui que ce dont souffrent le plus les immigrés, c'est justement le fait de se voir pointés du doigt, non seulement à cause de leur appartenance géographique, mais aussi et surtout à cause de leur religion ou de leur spiritualité. Or, une telle suspicion n'est-elle pas, pour le moins qu'on puisse dire, incompréhensible au regard de l'esprit d'ouverture et de modernité qui caractérisent notre temps ? Comment expliquer que des pays démocratiques, et qui plus est se réclamant des valeurs héritées des Lumières,veulent faire de la sécularisation un vecteur désacralisant qui devrait être accepté par l'ensemble des communautés qui y vivent ? Un tel geste ne risque-t-il pas d'être considéré par l'immigré comme une manière de dévaloriser sa religion, qui est une composante essentielle de son identité ?

En réalité, plus que la dévalorisation de la religion de l'autre (en l'occurrence ici l'islam), ce qui est recherché c'est sa diabolisation en brandissant à tout bout de champ, la menace d'une guerre des civilisations. Ainsi que le dit à juste titre Tarek Ramadan, tous les moyens sont bons pour fustiger islam et musulmans : « *De l'affaire Rushdie à celle du « foulard islamique », des attentats terroristes aux caricatures danoises ou aux propos du Pape, la liste s'allonge et chaque pays a de plus son mode d'instrumentalisation* »[3]. Force est d'admettre toutefois que le terrorisme, lié de façon directe ou indirecte à l'islamisme, ainsi que l'émergence de plus en plus visible du fait musulman dans le paysage urbanistique des grandes cités européennes, ont largement contribué à la naissance au sein des populations autochtones d' un sentiment de méfiance ou de crainte vis-à-vis des communautés musulmanes. Mais est-ce là une raison suffisante pour laisser se développer ces sentiments ? Le vrai défi n'est-il pas plutôt de se libérer de leur emprise et de faire régner dans notre monde en mutation les valeurs de partage ? N'est-il pas celui, comme le soutient avec une lucidité rare Todorov, de récuser la raison d'être de toute forme de barbarie, et de « *tenter de vivre dans ce monde pluriel où l'affirmation de soi ne passe pas par la destruction ou la soumission de l'autre* »[4] ? Ce qui exige tout à la fois un élan de confiance, un refus des mécanismes d'occultation et de dénaturation de la réalité. Et pardessus tout, une détermination à faire preuve d'une pensée critique et de ne céder à aucun mensonge ni à aucune contre vérité.

Ainsi, il serait injuste et faux de penser que la résurgence de l'islam dans les sociétés européennes est quelque chose de troublant, un signe de régression ou un indicateur d'un quelconque danger. Car on ne doit en aucun cas passer sous silence le fait que nous assistons actuellement à un retour remarqué et remarquable de la religion dans l'ensemble des sociétés modernes.

Or, ce phénomène qui est apparu également dans des pays qui ont cru (pendant un certain temps en tout cas) avoir chassé définitivement la religion de leur espace, ne s'explique pas exclusivement par la montée du fondamentalisme comme on ne peut pas non plus l'imputer aux conséquences de l'immigration. L'émergence frappante de la religion, tant en Europe que dans beaucoup de pays dans le monde, tient en fait à des raisons complexes dont on ne peut relever ici que quelques aspects sans doute des plus saillants :

- le besoin ressenti par les sociétés modernes, suites aux différentes crises auxquelles elles se sont trouvées confrontées, de s'accrocher à des repères immuables qui sont ceux justement de la spiritualité et de la croyance ;
- la prise de conscience que la laïcité n'a pas pour finalité l'élimination de la religion, mais plutôt la régulation dans l'espace public du rapport entre ce qui relève du champ religieux et ce qui est du ressort de l'autorité de l'Etat ;
- les effets pervers de la mondialisation, en particulier l'uniformisation tout azimut des modes d'expression et de représentation qui ont fini par provoquer un recroquevillement sur les traditions identitaires, une cristalisation sur des principes nationalistes et religieux ;
- l'enlisement du conflit israélo-palestinien dont l'une des conséquences majeures a été de susciter une crise de confiance chez les Arabes en les valeurs occidentales, et inversement une forte réhabilitation du référentiel islamique considéré comme seule solution possible vers une paix durable ;

On peut croire par ailleurs, comme le souligne Gianni Vattimo, que le retour à la religion trouve une explication plausible dans « *l'écroulement des interdits philosophiques à l'encontre de la religion* »[5]. Fait qui coïncide, ainsi qu'il l'explique, avec « *la dissolution des grands systèmes qui ont accompagné le développement de la science, de la technique et de l'organisation sociale moderne et donc également avec la disparition de tout fondamentalisme* »[6].

On serait ainsi tenté de soutenir que c'est surtout l'affaiblissement des idéologies qui a favorisé de nouveau l'affirmation en puissance de la religion. Mais n'est-ce pas admettre alors l'idée (discutable) que la religion est passée par une longue période d'hibernation ou d'occultation ? Que son existence effective dépend de la relation qu'elle a avec d'autres codes et systèmes ? Des questions que font ressortir l'extrême difficulté à cerner aujourd'hui l'historicité dans laquelle s'inscrit et se meut la religion.

L'islam n'est pas l'islamisme

Jacques Derrida pousse la réflexion encore plus loin en considérant que toute explication du retour de la religion serait de l'ordre de « *l'indécidable* ». Ainsi, s'interroge-t-il de façon pertinente :

Pourquoi ce phénomène nommé, le « retour des religions », est-il si difficile à penser ? Pourquoi surprend-t-il ? Pourquoi étonne-t-il en particulier ceux qui croyaient ingénument qu'une alternative opposant d'un côté la Religion de l'autre, la Raison, les Lumières, la Science, la Critique (.), comme si l'une ne pouvait qu'en finir avec l'autre ? [7]

Ce qui veut dire en clair, qu'indépendamment des rapports qu'elle entretient avec son contexte, la religion jouit d'une dynamique qui lui est intrinsèque. Par conséquent, c'est en elle-même et dans son essence propre qu'il convient de penser son évolution, et non par rapport à ce qui s'exerce en son nom. C'est dans ce sens que Derrida nous invite à ne pas faire d'amalgame lorsqu'il dit : « *l'islam n'est pas l'islamisme, ne jamais l'oublier* »[8].

En mettant ici l'accent sur la nécessaire prudence avec laquelle il faudra tenter de comprendre le retour de la religion sur la scène publique, notre but n'est pas de nier le problème que pose la gestion de la pratique de l'islam en Europe. Ce serait trop facile et abusivement réducteur. Mais il serait tout aussi aberrant et indélicat de laisser penser qu'à la base des problèmes liés à l'immigration en Europe se trouvent principalement l'islam et l'usage qui en est fait. Ce serait accréditer le point de vue erroné selon lequel l'islam s'est récemment implanté en Europe et qu'il est en train de dérégler ses sociétés de l'intérieur !

Or, est-il besoin de rappeler que l'islam, comme le montre magistralement Jacques Goody, tient depuis le XVIIIème siècle une place importante en Europe, en particulier en Espagne, dans le monde méditerranéen et dans les pays de l'Est[9]. Il ne s'agit donc pas, au cas où on l'aurait oublié, d'un fait nouveau qui vient de se greffer sur le corps de l'Europe. Témoignent de cette présence séculaire une longue tradition d'érudition orientaliste ainsi que le métissage qui s'est opéré (dans beaucoup de régions tout au moins) entre musulmans, juifs et chrétiens. Et à ceux qui persistent à ne voir en l'islam qu'une religion fanatique, rétrograde et xénophobe, il n'est pas inutile de rappeler, ainsi que le souligne encore une fois Jacques Goody, qu'il a contribué à moduler le paysage européen « *dans des domaines aussi divers que la technologie, l'architecture, les humanités, les mathématiques, la chimie, l'agriculture, la philosophie . . .* »[10]. Tout ce pan de l'histoire de l'Europe et de l'humanité, si beau et si extraordinaire, ne mérite nullement d'être balayé d'un revers de main.

Le refus de la peur des barbares

La question s'impose alors de savoir : pourquoi l'immigré musulman a-t-il mauvaise presse en Europe, et qu'est-ce qui fait que l'islam reste malgré tout perçu comme une religion qui fait craindre le pire ? Une explication possible à ce phénomène serait : la volonté de ternir l'attrait qu'exerce aujourd'hui l'islam sur la jeunesse de n notre temps à travers le monde. S'ajoute à cela une campagne médiatique qui s'acharnent à faire de l'islam une religion barbare, belliqueuse, dogmatique et totalement tournée vers le culte du passé dans ce qu'il a de plus sombre et de plus cruel.

Les écrits de Samuel Huntington, par exemple, sont à ce propos très significatifs[11]. Au lieu d'œuvrer pour une reconnaissance mutuelle entre les peuples, l'auteur en question agite plutôt le spectre de l'affrontement généralisé entre l'islam d'un côté (érigé comme force du mal), le christianisme et le judaïsme de l'autre (considérés comme forces du bien).

Or, la réalité de l'islam est tout autre et c'est précisément dans le fait de l'ignorer que réside la source du malentendu. Aussi, est-il sans doute nécessaire de rappeler brièvement quelques vérités :

- l'islam n'est pas la religion d'un seul pays : il couvre une aire géographique qui va bien au-delà des frontières du monde arabe et où coexistent différents peuples et cultures qui ne partagent pas forcément les mêmes visions du monde ni les mêmes conceptions d'exercice du sacré ou du religieux ;
- l'islam est davantage vécu, aussi bien à l'intérieur de ses bases qu'à l'extérieur, dans sa dimension culturelle et symbolique qu'en tant que pratique strictement religieuse[12];
- bien qu'il constitue dans nombre de pays une « *source d'inspiration et de légitimation des grands choix sociaux* »[13], l'islam, à l'instar des autres religions monothéistes, représente d'abord une voie « *pour aller vers ce qui reste inconnu* », *un effort spirituel* « *pour comprendre le sens de la vie ou les mécanismes de l'univers* »[14].

Alors de quel islam a-t-on peur plus exactement ? Sûrement pas de cet islam dont nous venons de parler. Et puis après tout, la peur, comme l'explique Todorov, ne risque-t-elle pas de devenir un danger pour ceux qui l'éprouvent et l'entretiennent[15] ? C'est pourquoi il invite à une analyse critique et déconstructive qui, dépassant le choc des civilisations, milite pour la promotion de la démocratie, du dialogue, de l'ouverture, et l'invention de nouveaux espaces de vie en commun sans narcissisme aveugle ni désir de domination.

On en déduit que ce n'est pas l'islam en lui-même qui est en cause, mais la peur qu'on brandit en son nom. Il s'agit donc de dénoncer les manipulations qui en sont faites et qui placent l'immigré dans le collimateur de toutes les attaques. Vincent Geisser estime dans le même sens que si l'immigration est actuellement mal acceptée, c'est parce qu'elle subit les assauts d'une « *islamophobie* »[16] rampante, cristallisant sans relâche rancœur, peur et rejet à l'endroit des immigrés d'origine arabe et musulmane (Ennaji, 2014).

N'est-ce pas alors servir la barbarie et tomber dans le piège de ses manipulateurs de tous bords que de faire endosser à l'immigration les maux de la société européenne ? Contre toute attente, les pays qui ont le plus avancé sur le chemin du multiculturalisme et de la démocratie citoyenne, ne sont-ils pas en fait ceux qui ont favorisé l'intégration des immigrés sur des bases d'égalité des chances et des droits ? Le vrai problème de notre monde aujourd'hui n'est-il pas celui de l'uniformisation et du repli identitaire auxquels nous acculent les marchands du désespoir ? L'immigration, pleinement assumée et élevée au rang de valeur ajoutée, n'est-elle pas alors une chance inouïe pour y échapper et forger pour l'homme de demain de nouveaux destins ?

Notes

1 Voir Tzvetan Todorov, *La Peur des barbares. Au-delà du choc des civilisations*, Paris, Robert Laffont, 2008, p. 21.
2 Voir Julia Kristeva, *Etrangers à nous-mêmes*, Paris, Gallimard (Folio), 1988, p. 10.
3 Voir Tarek Ramadan, Face à nos peurs le choix de la confiance, Paris, Editions Tawhid, 2008, p. 50.
4 Tzvetan Todorov, cité, p. 290.
5 Voir Gianni Vattimo, « La trace de la trace », in Jacques Derrida et Gianni Vattimo, *La Religion*, Paris, Seuil, 1996, p. ??
6 Ibid.
7 Voir Jacques Derrida, « Foi et savoir », p. 13.
8 Ibid., p. 14.
9 Voir Jacques Goody, L'Islam en Europe. Histoire, échanges, conflits, Paris, La Découverte, 2006.
10 Ibid., p. 14
11 Voir Samuel Huntington, Le Choc des civilisations, Paris, Odile Jacob, 2001.
12 Voir Chantal Saint-Blancat, L'Islam de la diaspora, Paris, Bayard Editions, 1997, p. 9.
13 Ibid., p. 9
14 Voir Suzanne Bukiet, Paroles de liberté en terres d'islam, Paris, Editions de l'Atelier, 2002, p. 10.
15 C'est la thèse que défend Tzvetan Todorov tout au long de son ouvrage cité plus haut.
16 Voir Vincent Geisser, La Nouvelle islamophobie, Paris, La Découverte, 2003.

Bibliographie

Bukiet, Suzanne (2002). *Paroles de liberté en terres d'islam*, Paris, Editions de l'Atelier.

Jacques Derrida (2002). « Foi et savoir », in J. Derrida & M. Wieviorka, *Foi etsavoir suivi de Le Siècle et le pardon*, Paris, Seuil.

Ennaji, Moha (2014). *Muslim Moroccan Migrants in Europe*. New York : Palgrave.

Goody, Jacques (2006). *L'Islam en Europe. Histoire, échanges, conflits*, Paris, La Découverte.

Huntington, Samuel (2001). *Le choc des civilisations*, Paris, Odile Jacob.

Kristeva, Julia. *Etrangers à nous-mêmes*, Paris, Gallimard (Folio), 1988

Ramadan, Tarek (2008). *Face à nos peurs le choix de la confiance*, Paris, Editions Tawhid.

Saint-Blancat, Chantal (1997). *L'Islam de la diaspora*, Paris, Bayard Editions.

Todorov, Tzvetan (2008). *La Peur des barbares. Au-delà du choc des civilisations*, Paris, Robert Laffont.

Vattimo, Gianni (1996). « La trace de la trace », in Jacques Derrida et Gianni Vattimo, *La Religion*, Paris, Seuil.

· 9 ·

L'AMAZIGHITÉ ET L'IMMIGRATION EN FRANCE : TRANSFORMATION DES LIENS SOCIAUX ET PRODUCTIONS D'IDENTITÉS

Didier Le Saout

Lorsqu'on aborde la question des migrations, la nationalité d'origine est un élément qui s'impose le plus souvent pour caractériser les populations concernées. La prise en compte d'un Etat ou d'un groupe d'Etats permet de traiter par exemple de l'immigration « nord-africaine », « marocaine » ou « algérienne ». Néanmoins, une telle désignation n'en comporte pas moins le risque de négliger les aspects identitaires contenus dans ces migrations. Les pratiques culturelles et linguistiques diversifiées des émigrants tendent à être reléguées à l'arrière-plan des études consacrées aux migrations. Cet écueil est d'autant plus présent que la complexité des aspects identitaires et culturels a généralement été méconnue de la plupart des travaux universitaires sur la question.

Ce chapitre entend précisément se focaliser sur les migrations en France de populations originaires du Maroc et d'Algérie et tout particulièrement de régions où la langue amazighe est pratiquée par une part importante des habitants. Cet intérêt est d'autant plus sensible que les populations amazighophones de ces pays ont été les premières impliquées dans les mouvements migratoires. Il est également redoublé lorsque l'on sait que par la suite les migrations n'ont fait que s'amplifier. Réduite à quelques milliers de travailleurs il y a plus de cent ans, la communauté des migrants amazighophones du Maroc et d'Algérie est aujourd'hui incluse dans une population marocaine et algérienne de près d'un 2 millions d'immigrés en France. Une telle progression spectaculaire du nombre d'émigrants s'accorde avec la généralisation du phénomène migratoire à la plupart des régions des deux pays. Dès lors, que l'on soit originaire du Maroc ou d'Algérie, le sentiment d'appartenir à une même communauté de migrants ne peut qu'être soumis à des transformations. Se pose la question de savoir comment peut-on se sentir Amazigh lorsqu'on est inclus dans un mouvement migratoire soumis à un tel développement ? Exprime-t-on un sentiment d'appartenance à une communauté nationalement définie ou bien à sa région d'origine ?

Origines des migrations amazighes

La Kabylie est la région d'Algérie qui a fourni les premiers contingents d'émigrés venus d'Afrique du Nord en France. L'écrasement de l'insurrection en 1871 marque le début d'une émigration qui deviendra par la suite massive (Chaker, 1998). La population vivant dans les zones berbérophones très denses ne parvient plus à subvenir de l'agriculture des montagnes. En détruisant les bases de l'économie traditionnelle, la colonisation française rompt l'équilibre économique et démographique. Ce premier mouvement migratoire suscite très tôt l'intérêt de l'administration coloniale française. En 1912, toutes les Préfectures de France sont sollicitées dans le cadre d'une grande enquête. Sont comptabilisés entre 4 et 5 000 Algériens résidant principalement à Marseille, à Paris, dans le bassin houiller du Pas-de-Calais, parmi lesquels 400 travaillent dans les mines de la compagnie de Courrières. Dans un second temps, le Gouverneur général nomme une « Commission chargée d'étudier les conditions de travail des indigènes algériens dans la métropole »[1] pour disposer de plus d'informations. Parmi ces « indigènes algériens », y sont dénombrées une très grande majorité de Kabyles et une minorité d'Arabes. En janvier 1914, 600 « indigènes algériens » sont recensés dans la région parisienne, 2 000 dans la région de Marseille. Si le bassin houiller emploie une part importante d'ouvriers étrangers belges, italiens, polonais, force est de constater que le nombre de mineurs kabyles augmente. Pour les seules mines de Courrières, ils sont au nombre de 435 en novembre 1912 et de 903 en janvier 1914. La plupart entrecoupe des longues périodes de travail en France par des séjours d'un ou deux mois en Algérie. Au-delà de ces déplacements, la commission considère que la venue en France des Kabyles ne constitue pas un exode définitif mais une émigration temporaire (Commission chargée d'étudier les conditions du travail des indigènes algériens dans la métropole, 1914).

Robert Montagne distingue deux formes de migration algérienne en France qui commencent en 1916 et dans lesquelles sont principalement impliqués des populations amazighes.[2] La première provient de Grande Kabylie, « où l'émigration est ancienne, fortement organisée, de caractère essentiellement temporaire (d'une durée moyenne d'un an et demi ou deux ans), entraînant des hommes seuls (célibataires ou le plus souvent mariés).

L'émigration des femmes y est exceptionnelle, mais les mariages ou unions mixtes, conclus par des émigrés qui s'attardent en France , sont nombreux. Beaucoup de ces unions entraînent des abandons de familles restées au pays ». L'écrasante majorité des émigrants épargnent une grande partie de leurs salaires afin de consolider la situation de la famille demeurée au pays. La seconde est originaire des « Petites Kabylies » qu'il définit comme des « zones berbères plus ou moins arabisées par la langue et islamisées par l'adoption de la loi coranique »[3]. Tout comme celle provenant des « Grands Kabyles », cette émigration est fortement organisée. Si elle implique beaucoup de pères de famille qui assurent l'existence de leur famille demeurée au pays au foyer, « on discerne une tendance croissante aux départs des familles pauvres accompagnant l'émigrant » (Montagne 1957, p. 4).

Au Maroc, ce seront d'abord quelques paysans qui émigreront dans les années 1910. La part des migrants originaires du Maroc vivant en France reste néanmoins plus réduite que celles de migrants originaires d'Algérie. L'arrivée des Marocains en France est soumise à une réglementation plus contraignante que celles des Algériens (Justinard, orig. 1953, 2007). R. Montagne donne une estimation précise de l'immigration marocaine en France dans les années 1950 : « Indiquons pour mémoire l'existence en France de 13 000 ouvriers marocains, dont 11 000 sont des Berbères, vivant en groupe comme les Kabyles d'Algérie, et dont 2 000 sont des déracinés arabophones, analogues à ceux qui en Algérie proviennent des régions d'émigration sporadique » (Montagne, 1957, p. 6). Mais cette immigration reste limitée. De 1946 à 1952, l'Office national d'immigration n'a introduit seulement que 5 997 Marocains comme mineurs de fond sur un total de 272 539 travailleurs étrangers appelés à titre permanent. Dans le même temps, l'ONI a fait venir 162 035 Italiens et 30 456 Allemands (Ageron, 1985, p. 61). Trait caractéristique des nouvelles migrations, les personnes qui partent pour la France après la seconde guerre mondiale proviennent de nombreuses régions du Maroc (Atouf, 2009, p. 114).

Ces formes d'émigration qui impliquent principalement les populations d'Algérie et du Maroc concerneront durant les années suivantes des régions amazighophones. «On peut estimer en 1939 à 80 000 le nombre des travailleurs d'Algérie, pour la plupart kabyles, dans les mines, les ports et les usines de France, cependant que 20 000 Marocains, généralement bien groupés et recrutés par contrat, se trouvent eux aussi dispersés entre Marseille, le centre de la France, les houillères et les champs de betteraves du Nord » (Montagne, 1952). Mais une diversification des régions pourvoyeuses de main-d'œuvre prend forme. Dans son « rapport provisoire sur l'émigration algérienne », R. Montagne distingue une troisième émigration arabisée, sans traditions anciennes, qui débute vers 1935. Les éléments de cette émigration « appartiennent au vieux fond berbère des Chaouïa, souvent recouvert d'éléments arabes ». Dans la région d'Alger, certains appartiennent à des fragments de tribus arabes. Dans la région de Boussaâda, d'autres émigrants appartiennent à des tribus arabes qui comptent encore des pasteurs. Venue tardivement en France, la plupart de ces émigrants ne peut occuper les emplois détenus par les deux premiers groupes. Ils doivent se contenter le plus souvent du métier plus incertain d'ouvrier des grands chantiers et des travaux publics, et 40 à 50 % de cet effectif connaît le chômage. Ces émigrants sont moins bien organisés. La proportion des célibataires est plus élevée : « elle est importante chez les groupes arabes, où l'organisation assez lâche de la famille et l'inexistence d'une base solide rendent difficile le départ prolongé du chef de famille ». Cette émigration garde un caractère saisonnier (Montagne, 1957, p. 5).

Cependant, si quelques milliers de Chleuhs gagnent la France, encore faut-il comprendre que les grands mouvements migratoires sont d'abord internes. Entre 1936 et 1952, Casablanca absorbe les trois cinquièmes de ces émigrants (Adam, 1973). Si les arabophones sont majoritaires, la part des berbérophones n'est pas négligeable. Une étude conduite sur une grande échelle en conjonction avec le recensement de 1952 estimait la part de ces derniers entre 20 et 22 % (Adam, 1973, p. 325). Cette émigration intérieure qui est avant tout paysanne prend plusieurs formes. Elle est familiale en ce que les femmes et enfants accompagnent le départ des hommes pour travailler en ville. C'est également une émigration caractérisée par le maintien de liens économiques et émotionnels forts qui unissent le migrant à son milieu d'origine. Le retour de l'homme dans son village d'origine n'est que temporaire et très limité dans le temps. Le système social et économique du Souss profite alors des liens constants entre les émigrants enrichis et l'arrière-pays dans cette région (Benhlal, 1980).

La seconde génération de migrants entretient des relations plus distendues avec le village d'origine. André Adam va même jusqu'à considérer que chez la plupart des migrants il y a rupture définitive : « J'ai plus d'une fois rencontré des jeunes à Casablanca qui ne savaient pas où leur père était né ». Des solidarités propres aux régions d'origine se forment. Les commerçants et travailleurs chleuhs restent solidaires au-delà de l'appartenance tribale. Le commerçant fait crédit au travailleur qui peut ainsi acheter ce dont il a besoin tous les soirs. Il remboursera ses dettes le samedi soir après avoir reçu son salaire hebdomadaire.

Toutefois, dans le cadre de l'émigration familiale qui tend à devenir la règle dans les migrations intérieures, le maintien des spécificités diffère selon que l'on est adulte ou enfant ou bien encore suivant que l'on naisse ou non dans la ville. Les populations arabophones originaires le plus souvent de régions proches de la ville disposent de plus de moyens pour maintenir des liens forts avec leur village d'origine situé aux alentours par les retours fréquents qu'ils y font. L'éducation des enfants berbérophones reste une question sensible pour Adam. Se pose tout particulièrement la question de savoir si les enfants qui apprennent l'arabe classique et le français à l'école primaire et secondaire et qui parlent l'arabe vernaculaire entre eux, continueront de parler le berbère. Progressivement, l'organisation des quartiers à partir de l'origine régionale des populations tend à s'estomper dans les villes. Dans son ouvrage, *Naissance du Prolétariat Marocain*, R. Montagne tire à cet égard les conclusions d'une grande enquête collective qu'il avait élaborée et conduite de 1948 à 1950 avec l'appui des autorités du Protectorat sur les migrations intérieures et la formation des bidonvilles au Maroc. Il montre que la part des hommes qui migrent avec leur femme est croissante. S'il apparaît clairement que la première génération d'émigrants permanents conserve des particularités qui tiennent à la région d'origine, cela est moins évident pour la deuxième ou troisième génération. A titre d'exemple, le célibataire de la première génération ira chercher une femme dans son village d'origine alors que son fils aura tendance à ne pas le faire (Montagne, 1952).

Transformations du lien au pays d'origine

Les transformations induites par les migrations intérieures vont progressivement se retrouver contenues dans les migrations internationales. La force assimilatrice de la civilisation moderne urbaine et industrielle va s'avérer encore plus intense dans des sociétés plus développées économiquement. Les migrants sont soumis à une intégration culturelle nationale et internationale qui sollicite de leur part de nouvelles identifications. La fin de la seconde guerre mondiale marque de ce point de vue une étape. En Algérie, la mécanisation de l'agriculture coloniale, qui se développe durant la décennie 1946–1955, accroît le chômage dans les campagnes et accélère les phénomènes migratoires (Ageron, 1985, p. 63).

Dans ce contexte, Robert Montagne analyse le lien qui subsiste entre les travailleurs exilés et les familles demeurées au pays. Les gains permettent aux seconds de subvenir à leurs besoins les plus élémentaires. Mobilisant implicitement les analyses de la société

berbère marocaine, il recommande aux autorités françaises de favoriser la constitution de ces « petits essaims d'émigrés temporaires qui s'attachent à une entreprise ou à une profession, dans le cadre étroit d'une tribu, d'une fraction ou d'un village », ce qui ne peut être que bénéfique pour les employeurs qui trouveront avantage à cette « stabilité alternante » (Montagne, 1952, p. 252). Le maintien du lien à la région d'origine est apprécié du point de vue de l'intérêt économique car les entreprises ont avantage à laisser l'ouvrier « refaire ses forces quelque temps au milieu de ses gens » (Montagne, 1952, p. 253), voire encourager la formation des jeunes « par le moyen d'écoles fondées dans les tribus ». De la même façon, dans son « rapport provisoire sur l'émigration algérienne », Montagne porte une attention particulière à l'implantation très précise de petits groupes de villageois en des points précis du territoire français. Là où l'émigration ancienne repose sur une forte organisation familiale et villageoise, il constate des associations de villages et de hameaux voisins formées de 200 à 300 travailleurs migrants pour une population de 1 500 à 2 000 habitants demeurés au pays. A cet égard, Montagne reprend le même questionnement que celui qu'il avait posé dans son étude au Maroc : « C'est donc en gardant présent à l'esprit l'importance de la vie en groupe dans la société arabo-berbère de l'Afrique du Nord qu'il faut aborder ce problème fondamental, et adopter une attitude de principe qui va commander nos démarches. Devons-nous, en France, favoriser le maintien des "groupes" fixés dans des "bases" métropolitaines, ou au contraire pousser à l'éparpillement des travailleurs, à la dissolution des forces collectives, appliquer en somme aux émigrants en France, sur le plan de la vie économique, nos principes d'assimilation ? ». Selon lui, la vie « en groupe » présente plus d'avantages que d'inconvénients en ce que le développement de l'entraide, qui fait vivre « l'atmosphère villageoise reconstituée » permet à l'émigré de diminuer les charges matérielles de son séjour en France et lui fait rappeler « à tout instant l'existence de sa famille et de ses parents, pour le bien desquels il est venu travailler » (Montagne, 1957, p. 25).

Au lendemain de la Seconde Guerre mondiale, les migrations connaissent de profondes mutations. Pour l'année 1972, Ahmed Boukous évaluait l'émigration marocaine vers l'Europe à plus de 350 000 travailleurs, parmi lesquels

170 000 travailleurs en France, 30 000 en Allemagne fédérale, 15 000 aux Pays-Bas et 20 000 en Belgique (Boukous, 1977). En 1974 dans un contexte international caractérisé par la crise pétrolière, la France porte un frein à l'immigration en suspendant le recrutement de main-d'œuvre. La mise en place d'un dispositif de contrôle de l'immigration étrangère a pour effet de faire du regroupement familial une forme privilégiée de migration. L'immigration se féminise progressivement par la venue de jeunes couples (Harzoune, 2003). Par ailleurs, l'émigration marocaine qui connaissait un fort développement depuis la deuxième moitié des années soixante, concerne de plus en plus une population arabophone à partir du milieu des années 1970. Les émigrants ne sont plus seulement des ruraux, mais de plus en plus souvent des citadins. La part de l'émigration originaire du Souss et du Rif oriental se réduit régulièrement (Filhon, 2009). Dans le même temps, le niveau scolaire et social des émigrants s'élève (Tribalat, 1995). Cette évolution concerne y compris les ruraux jusque-là peu alphabétisés. Avant 1975, 40 % des hommes venus du Maroc n'avaient pas fréquenté l'école et rares étaient ceux qui avaient été scolarisés jusqu'à vingt ans (Tribalat, 1997, p. 177). En 1995, Michèle Tribalat évaluait la part des berbérophones – en grande majorité des Kabyles – à 28 % de l'immigration algérienne en France.

Trait qui caractérise les changements de fonds à l'œuvre, l'immigration est devenue aujourd'hui un processus majeur qui par l'ampleur des mouvements de population qu'elle implique, notamment dans les grandes villes constitue une nouvelle économie politique transnationale. Elle est en cela l'un des processus constitutifs de la mondialisation (Sassen, 1998). Si l'on se remémore le chiffre des quelques milliers d'émigrants venus d'Algérie et du Maroc au début du vingtième siècle, force est de constater que la progression de l'émigration en France est fulgurante. En 2007, le recensement de la population comptabilise en effet 702 324 immigrés algériens et 645 246 immigrés marocains[4] qui représentent les deux plus forts contingents d'immigrés par pays.[5] En 2014, la diaspora marocaine vivant en France était estimée à 1 146 000, alors qu'il y avait environ deux millions d'Algériens de souche. La moitié de ces Maghrébins étaient des étrangers et l'autre moitié étaient Français ou avaient la double nationalité. (Voir Ennaji 2014, 15)

Les formes de l'action collective

Les transformations à l'œuvre dans les migrations d'Algérie et du Maroc ne sont pas sans conséquences sur la production d'identité par les migrants eux-mêmes.

Au-delà de ces chiffres, se pose la question de comment interpréter l'amazighité dans ces mouvements de population. Léopold Justinard sera l'un des premiers auteurs à proposer une analyse de la genèse des mouvements migratoires qui concernent une population amazighophone. Dans un article publié en 1926, il montre que les Marocains originaires du Souss et de l'Anti-Atlas ont émigré dans le nord du Maroc et dans l'Oranie dans l'Ouest algérien (Justinard, orig. 1928, 2007). Ils sont notamment épiciers, marchands de charbon. Après la guerre, ils gagnent la région parisienne où ils travaillent comme manœuvres, ouvriers qualifiés, principalement dans les fonderies, les usines automobiles. Le choix du lieu de leur installation ne relève pas du hasard. S'ils s'établissent à Puteaux, Gennevilliers, Suresnes ou ailleurs, cela est dû à l'implantation de leur tribu ou fraction de tribu dans la même région. Il évalue à une dizaine de milliers le nombre d'immigrés marocains en France, pour la plupart des Chleuhs. Il localise « l'essaim » le plus important « au nord de Paris, dans la boucle de Gennevilliers, au bord de la Seine : Colombes, Asnières, Courbevoie, Puteaux, Suresnes, Nanterre, avec une tête de pont à Argenteuil, au nord de la boucle. Puis, vers l'Est, par Saint-Denis et Saint-Ouen, on arrive à l'îlot Pierrefitte-Stains-Villetaneuse-Montmagny » (Justinard, orig. 1928, 2007, p. 217). Dans une étude ultérieure, L. Justinard caractérise les pratiques particulières induites à ce regroupement par tribus : « C'est l'esprit de l'essaim. Ils envoient l'argent du voyage à qui veut en courir le risque, accueillent, hébergent les nouveaux venus, les aident à trouver du travail, font des collectes pour ceux que la maladie force à repartir (Justinard, orig. 1953, 2007, p. 321).

Quelques années plus tard, en 1930, Louis Massignon entreprend le même type d'études concernant en Algérie la population amazighophone originaire de Kabylie. Les cartes qui représentent la région parisienne et la Kabylie contenues dans son article appuient sa démonstration suivant laquelle les migrants originaires d'un même village tendent à se rassembler dans les mêmes villes de la région parisienne, voire les mêmes quartiers. Composée principalement de Kabyles, il évalue le nombre des immigrés « nord-africains » installées en France à 25 000.

Cependant, la forte progression de l'émigration venue d'un grand nombre de régions d'Algérie et du Maroc a, au fil des années, atténué la prépondérance de la population amazighophone dans la part totale des migrants de ces pays. Dans l'ensemble, les écarts berbérophones et arabophones sont à présent minimes (Filhon, 2009). L'analyse des niveaux d'études révèle des taux de non scolarisation encore élevés parmi les migrants natifs du Maroc quel que soit les langues parlées. L'effet du milieu de vie, rural ou urbain est déterminant pour les femmes. Par ailleurs, les politiques d'arabisation menées notamment dans le domaine de l'éducation font que le migrant originaire de régions où la langue amazighe (tamazight) est parlée a, lorsqu'il arrive en France, déjà été confronté à un univers linguistique multiple. Il en ressort que l'opposition entre un groupe amazighophone et un groupe arabophone peut paraître discutable d'autant plus que des évaluations statistiques n'ont été réalisées que très rarement dans des enquêtes. A cet égard, le critère de la « langue parlée » pour déterminer l'appartenance à chacun de ces groupes paraît trop faiblement construit (Direche-Slimani, 1997). Enfin, les enfants arrivés en France à un jeune âge ou bien nés en France tendent à avoir une connaissance très limitée de la langue ou des langues parlées par leurs parents. Qui plus est, la pratique de la langue d'origine est d'autant plus faible que les parents marocains ou algériens sont illettrés. A ce propos, Michèle Tribalat fait remarquer que la plupart d'entre eux communique exclusivement en français avec leurs frères et sœurs lorsqu'ils vivent au foyer de leurs parents (Tribalat, 1997, p. 196). La langue d'origine a eu beaucoup de mal à se maintenir chez les jeunes d'origine algérienne et marocaine. Les petits- enfants d'immigrés venus d'Algérie sont peu nombreux à pouvoir s'exprimer en arabe ou en tamazight, même de façon rudimentaire.

Toutes ces mutations ne sont pas sans effet sur l'agir collectif des migrants ou de leurs descendants. Si on a pu noter au début des migrations la propension des émigrants à se regrouper dans les cafés puis au sein des comités de village, encore faut-il comprendre que la construction dans la société française d'une communauté fondée sur une région d'origine – en l'occurrence amazighophone – qui s'avérait prépondérante dans les flux migratoires ne va plus de soi du fait de la propension à émigrer de la population algérienne et marocaine dans la plupart des régions de chacun des pays. Il n'en reste pas moins que des regroupements sur la base de l'origine des migrants continuent à opérer. Certains manifestent en effet le besoin de se réunir, ou plus largement d'agir collectivement. L'adhésion à une association fondée sur une référence au pays d'origine devient le marqueur d'une appartenance.

Le premier mouvement notable de création d'associations qui expriment une volonté d'entretenir un lien au pays d'origine émerge dans les années 1980 dans un contexte doublement favorable. D'un côté, des associations qui se créent en France prennent appui en 1980 sur un mouvement d'affirmation culturelle qui prendra le nom de « Printemps berbère » en Algérie. Ce mouvement qui avait pris la forme de manifestations qui seront durement réprimées par les autorités jouera un rôle identificatoire pour une partie de la jeunesse tant en Algérie que dans les migrations algériennes et marocaines. Il aura un rôle décisif dans la création d'associations. D'un autre côté, l'interdiction pour des étrangers de créer en France une association est levée en 1981[6]. C'est donc la conjonction de ces deux événements qui permet l'essor des associations. A partir de cette date, l'apparition des associations créées sous le régime de la loi 1901 par des étrangers marque une nouvelle étape dans les formes de regroupement qui peuvent s'opérer entre Maghrébins (notamment avec le mouvement des « Beurs » des années 1980), entre Algériens ou Marocains ou encore entre Amazighs[7]. Mohamed Harzoune (2003, p. 32) analyse ce processus comme une sorte de délivrance : « Il aura donc fallu attendre près de quatre-vingts ans pour que la communauté kabyle de France se dote des premières associations dont les projets, pour la première fois et explicitement, portent sur la présence et le devenir kabyle en France ! ».

Il n'en demeure pas moins que des caractéristiques spécifiques subsistent suivant le but affiché par ces associations et suivant leur public. Les associations ouvertes à l'espace du Maghreb pris comme un ensemble se partagent un public composite fait de personnes originaires d'Algérie et du Maroc alors que les associations créées sur un lien direct à l'Algérie ou au Maroc regroupent des migrants originaires d'un seul de ces pays. On constate également une segmentation des militants et des publics suivant les régions d'origine. Les associations amazighes auxquelles adhèrent des Algériens ne rassemblent que rarement à la fois des militants kabyles et chaouis ou encore des militants amazighs du Maroc et d'Algérie. Néanmoins, dans certaines villes de province, il n'est pas impossible de voir quelques militants originaires du Maroc rejoindre des associations qui regroupent principalement des Kabyles. Certains Marocains pourront en effet opter, faute de choix, pour l'adhésion à une association qui rassemble des militants kabyles.

Les représentations d'une origine amazighe

C'est précisément la production de liens définis à partir de l'appartenance à la culture amazighe qui nous intéressera. On distinguera à cet effet quatre cadres de représentations dans lesquels le migrant construit son origine par sa participation à une association.

Le premier, qui est local, s'organise dans des espaces de socialisation historiquement construits. Comme on l'a vu, depuis les premières années des migrations d'Afrique du nord, les regroupements entre Kabyles se sont opérés dans les cafés et hôtels. Puis, au fur et à mesure que les migrants originaires d'un même village devenaient nombreux, des comités de villages se sont constitués en France, véritables pendants de ceux qui organisent la vie sociale en Kabylie. Ces comités de village qui tendent à perpétuer dans les migrations les structures traditionnelles que représentent les assemblées de village (ou *taj-maat*) – qui existent encore de nos jours sous la forme moderne associative – maintiennent un cadre qui organise l'entraide entre la population locale et les migrants qui vivent en France. Ces comités organisent notamment l'aide matérielle comme réponse aux besoins exprimés au pays et le rapatriement du corps des personnes décédées en France. Certains de ces comités organisent des fêtes qui permettent aux hommes et aux femmes originaires du même village de partager un moment de convivialité[8]. Par ailleurs, des associations non constituées en tant que comité de village peuvent également mobiliser un tel cadre local.

Le second cadre est construit sur la mise en avant de la représentation nationale du pays d'origine. Les migrants ne s'identifient plus à partir de la région, notamment le Souss ou la Kabylie, mais à partir d'une représentation nationale faite d'un brassage d'origines régionales. Ce cadre est très faible au sein des associations amazighes. Par contre, il est bon de remarquer qu'il est fort au sein des associations marocaines et algériennes non liées à la question de l'amazighité alors même qu'il est porté par des militants le plus souvent originaires de régions amazighophones du Maroc et d'Algérie.

Le troisième cadre allie la représentation nationale du pays d'origine avec une représentation qu'ils se font de la France. Ce mixage s'est d'abord opéré par la culture ouvrière. Dès les premières migrations, les Kabyles ont manifesté une meilleure assimilation de la culture ouvrière française dominante notamment par la lecture de la presse ouvrière qu'on trouve présente notamment dans les cafés. Les émigrés marocains ont par contre été beaucoup plus réfractaires aux luttes ouvrières et à l'action syndicale. Si la majorité comprenait le français, encore faut-il voir que la plupart le parlait mal (Carlier, 1984). Aujourd'hui, ce mixage peut prendre la forme d'une identité hybride définie comme « franco-berbère ».

Le quatrième cadre est produit par une nouvelle forme de regroupement de nature virtuelle. Les liens sociaux qui unissent les Amazighs en France et au- delà dans le monde se sont complexifiés avec la diffusion d'internet à la fin des années 1990. La création de sites ou de blogs va contribuer précisément à produire de nouvelles associations d'idées et d'images virtuelles. Ces façons inédites de se regrouper sur la toile s'opèrent le plus souvent par la mise en ligne de quelques textes courts d'information qui portent sur l'actualité ou l'annonce d'événements culturels à venir. Certains sites créés en France visent ainsi à capter avant tout un public d'origine amazighe vivant en France. Ils sont rédigés, pour la grande majorité d'entre eux, en français. On peut distinguer des sites généralistes d'information sur l'amazighité et des sites d'organisation dans lesquels des associations mettent en ligne des données qui leur sont propres. Mais tous ces sites partagent le même engagement pour la défense et la promotion de la culture berbère. Les premiers donnent un espace à l'actualité, voire à la vie associative en défense de l'amazighité prise dans son ensemble. Les seconds se font le plus souvent les porte-parole d'une association en tant que telle dont ils sont un instrument de publicisation de ses actions (Ennaji, 2014 :145). Les sites généralistes sont beaucoup plus consultés que les sites des associations. Par ailleurs, les sites tenus par des migrants d'Algérie sont le plus souvent distincts de ceux tenus par des migrants du Maroc[9].

On constate alors un affichage identitaire par les animateurs de ces sites qui reproduit le schéma identitaire des regroupements qui présidaient dès les premières années des migrations algériennes et marocaines. Il s'opère par l'information qui est focalisée respectivement par le contexte politique marocain et algérien. On y trouve dans une moins grande mesure des informations produites par le contexte français. Ces sites sont de plus en plus informés sur les événements et les actions organisés autour de l'amazighité. Toutefois cette mise en forme de l'information ne présume pas de l'engagement dans l'action collective de celui qui la reçoit. Ce dernier peut rester dans un rôle de spectateur en ne s'engageant que virtuellement. Dans certains cas, le public peut également déposer anonymement des commentaires.

La mise en évidence de ces quatre cadres de représentations montre le jeu qui peut s'établir entre des expressions identitaires pensées pour certaines dans un espace national et pour d'autres, dans un espace régional ou local. Les émigrants qui agissent dans l'espace public expriment un désir de reconnaissance en construisant des symbolisations qui leur permettent de s'inscrire dans des logiques d'intégration à la fois dans la société française mais aussi dans les sociétés marocaine et algérienne.

Notes

1 La commission est composée d'Octave Depont et d'Aïtmehdi, « caïd des Beni Menguellet ».

2 Robert Montagne dirige à la demande du ministre de l'Intérieur une enquête scientifique sur la migration des « travailleurs musulmans d'Algérie » vers la Métropole dans des conditions analogues à l'enquête qu'il avait menée précédemment au Maroc. En 1954, il rédige le « Rapport provisoire sur l'émigration algérienne » qui sera publié après sa mort en 1957. L'objectif était de collecter une documentation et de produire une analyse qui donne des

réponses aux questions du travail, de la formation professionnelle, du logement social soulevées par « la présence de 300 000 musulmans originaires d'Algérie sur le territoire métropolitain » (Montagne, 1957).

3 Elles sont formées de la région de Nédromah-Marnia, de la région de Renault-Mazouna-Tenès, du versant sud de la Grande Kabylie du Djurdjura, des îlots montagneux de Msila, Maâdid et de l'Aurès. Y sont également jointes les zones d'oasis de Biskra, de Touggour et d'Ouargla.

4 Source INSEE, 2007.

5 Est considérée comme immigrée toute « personne née étrangère à l'étranger, et résidant en France ». Comme le rappelle l'Institut national d'études démographiques (INED), dans les statistiques françaises, « la qualité d'immigré est permanente : un individu devenu français par acquisition continue d'appartenir à la population immigrée. C'est le pays de naissance et non la nationalité qui définit la qualité d'immigré ».

6 La loi n° 81–909 du 9 octobre 1981 a libéralisé le régime des associations créées par des étrangers. L'autorisation préalable du ministre de l'Intérieur n'étant plus exigée, des étrangers peuvent donc créer des associations en France au même titre que des citoyens français.

Cf. Loi n° 81–909 du 9 octobre 1981, Journal officiel du 10 oct. 1981, p. 2759, rectif. Journal officiel du 16 octobre 1981, p. 2808.

7 Le phénomène d'affirmation identitaire fondée sur la promotion de la culture amazighe par des individus originaires du Maroc et d'Algérie n'est pas nouveau en France. Il remonte aux années 1950 lorsque quelques militants originaires de Kabylie fondèrent l'Association pour le développement de la langue berbère. Cependant, les associations ainsi créées étaient très peu nombreuses.

8 Ces initiatives festives reproduisent la place de la femme dans la société kabyle. Les femmes d'un même voisinage ont, en effet, l'habitude de s'entraider pour les préparatifs festifs. Cf. Raulin, 1973.

9 Le premier site « Kabyle.com » est de ce point de vue, atypique en ce qu'il a été créé en 1998, non pas par un Algérien de Kabylie mais par un Tunisien [Sagot, 2002].

Références

Adam André (1973). « Berber migrants in Casablanca », *in* Ernest Gellner, Charles Micaud (dir.), *Arabs and Berbers from Tribe to Nation in North Africa*, Londres, Duckworth, pp. 323–343.

Ageron Charles-Robert (1985). « L'immigration maghrébine en France: un survol historique », *Vingtième siècle*, Juillet-Septembre, pp. 59–69.

Atouf Elkbir (2009). *Aux origines historiques de l'immigration marocaine en France. 1940–1963*, Paris, Editions Connaissances et savoirs.

Benhlal Mohamed (1980). « Migration interne et stratification sociale au Maroc : le cas des Soussis », *in* Abdelkader ZGHAL, Abdelmalek SAYAD & *ali* (dir.) *Les classes moyennes au Maghreb*, Paris, Éditions du Centre national de la Recherche scientifique, pp. 339–368.

Boukous Ahmed (177). « L'émigration des Soussis », *Bulletin économique et social du Maroc*, 135, pp. 71–90.

Chaker Salem (1998). *Berbères aujourd'hui*, Paris, L'Harmattan,, (2ème édition révisée).

Carlier Omar(1984). « Aspects des rapports entre mouvement ouvrier émigré et migration maghrébine en France dans l'entre-deux-guerres », *Annuaire de l'Afrique du Nord*, Vol. 21, pp. 49–67.

Commission chargée d'étudier les conditions de travail des indigènes algériens dans la métropole (1914). *Les Kabyles en France*, Impr. de R. Barrillier (Beaugency).

Direche-Slimani Karima (1997). *Histoire de l'émigration kabyle en France au XXème siècle*, Paris, L'Harmattan.

Ennaji, Moha (2014). *Muslim Moroccan Migrants in Europe*. New York : Palgrave.

Filhon Alexandra (2009). *Langues d'ici et d'ailleurs : Transmettre l'arabe et le berbère en France*, Paris, INED.

Harzoune Mustapha (2003). « Les Kabyles de France privés d'espace public », *Hommes et migrations*, n°1244, Juillet-Août, pp. 27–38.

Justinard Léopold Victor (1928). « Les Chleuhs dans la banlieue de Paris », *Revue des études islamiques*, n°4, pp. 476–480 (Repris *in* Justinard, 2007).

——— (1953). « Les Chleuh dans la banlieue de Paris », *Hommes et monde*, n° 81, Avril, pp. 79–86 (Repris *in* Justinard, 2007).

——— (2007). *Missionnaire de la tachelhit 1914–1954. Quarante ans d'études berbères*, Présentation et choix de textes de Rachid Agrour, Saint- Denis, Editions Bouchène.

——— (2007). Le Saout Didier, « Affirmation identitaire amazighe et engagement associatif en France », in Moha Ennaji (dir.), *La culture amazighe et le développement humain. Actes du colloque international organisé au Palais des Congrès, Fès, les 6-7-8-9 Juillet 2006*, Fès, Revue L & L, pp. 35–43.

Massignon, Louis (1930). « Répartition des Kabyles dans la région parisienne », *Revue des études islamiques*, Tome IV, pp. 160–169.

Montagne Robert (1952). *Naissance du Prolétariat Marocain. Enquête collective exécutée de 1948 à 1950*, Paris, Peyronnet.

——— (1957). « Rapport provisoire sur l'émigration algérienne », *in*, *Etude sociologique de la migration des travailleurs musulmans d'Algérie en métropole*, Cahier liminaire, ministère de l'Intérieur, Direction des Affaires d'Algérie.

Raulin Anne (1973). « Les femmes devant l'émigration masculine: l'exemple kabyle », *Espaces et sociétés*, Vol. 10, pp 127–138.

Sagot, Renaud (2002). « Kabyles sur le net », *Hommes et migrations*, n°1240, pp. 29–34.

Sassen, Saskia (1998). Globalization *and its Discontents: Essays on the New Mobility of People and Money*, New York, The New Press.

Tribalat Michèle (1995). *Faire France. Une enquête sur les immigrés et leurs enfants*, Paris, Editions La Découverte.

_________(1997). « Chronique de l'immigration : Les populations d'origine étrangère en France métropolitaine », *Population*, Vol. 52, n°1, pp. 163–219.

· 10 ·

LE DEVENIR DU DIALOGUE INTERCULTUREL COMME ANTIDOTE AU « CHOC DES CIVILISATIONS » ET AU TERRORISME GLOBALISÉ D'INSPIRATION ISLAMISTE

Jilali Saib

Le dialogue interculturel conservera dans le futur son rôle, qui va même de toute évidence s'accroître encore avec la mondialisation. Mais il restera difficile. Lorsque les convictions les plus intimes sont en jeu, il n'est en effet guère aisé d'arriver à un compromis.
(Widmer 2008 ; Cité dans Endres, 2010)[1]

Le dialogue des cultures est un dialogue entre des demandes mutuellement inacceptables ; il exige de ses interlocuteurs franchise et souplesse. Ce n'est ni une panacée, ni un placebo, mais une potion amère pour toutes les parties concernées.
(Thierse 2002 : 2 ; Cité dans Endres, 2010)[2]

Introduction

En ces temps de fortes tensions entre nations et/ou blocs (ex. Russie vs Ukraine ; Ouest vs. Russie ; Ouest vs. Iran ; Ouest vs. Corée du Nord ; Chine vs. Japon et Philippines), de guerres civiles barbares et dévastatrices (ex. Afghanistan, Syrie, Irak, Libye, Yémen, Sud-Soudan), de génocides en cours mais ignorés (ex. Rohingyas en Birmanie), d'occupation continue mais ignorée du reste des territoires de la Palestine et de spoliation des terres des Palestiniens, de montée grandissante du racisme et des extrémismes (politiques et religieux) etc., il convient de se poser des questions sur le vrai devenir du concept de « *dialogue interculturel* » (désormais DI), découvert et développé par l'Union européenne (UE) au milieu des années 1990, en tant qu'instrument politique et stratégique. L'utilisation de ce genre de dialogue avait comme finalité, inter alia, la résolution des conflits (armés et non armés) et l'instauration d'un bon « *vivre ensemble* » en paix et dans la dignité et le respect mutuel, au sein des états et entre les peuples appartenant à des cultures et des civilisations différentes. Ce « *vivre ensemble* » devait être empreint de respect mutuel et basé sur l'équité, l'égalité des droits et le rejet de toutes les formes de discrimination et de préjugés (voir plus loin : sections I.3 & I.4). L'ultime finalité est d'agir comme antidote au « *choc des civilisations* » et au terrorisme radical globalisé, prétendument à légitimation islamiste.

Seulement voilà, après les grands espoirs suscités chez les citoyens du monde épris de paix et de justice sociales et respectueux des droits humains, par l'adoption du concept au niveau de l'Union Européenne (désormais UE) et puis celui de l'ONU, l'éclatement de conflits meurtriers mais ignorés dans diverses parties du globe et les décisions prises – et des fois non prises (!) – au Conseil de Sécurité de l'ONU par ceux-là même qui étaient censés faire respecter les principes dérivant de cette adoption – viz. les membres permanents du Conseil de Sécurité onusien – ont quasi irrémédiablement mis à mal le rôle imparti au dialogue interculturel et surtout son efficacité. Cela étant, l'on ne peut que conjecturer que ces comportements ne présagent rien de bon pour son devenir et son avenir.

En effet, nous pouvons citer bon nombre d'actions, comme, par exemple : les transgressions répétées des principes dérivés du concept « dialogue interculturel » par les grandes puissances dotées de droit de véto (USA, Russie, Chine, Grande Bretagne, France) et par certaines nations agressives (ex. : Israël, Serbie, Arménie, Syrie, Turquie, Iran, Corée du Nord), protégées par certaines Grandes puissances à coup de vétos automatiques (cas des USA et de la Grande Bretagne pour Israël, la Russie et la Chine pour leurs protégés (ex. Khmers rouges, Birmans)) rendant impossible toute sanction contre elles, les résolutions sélectives (car ciblées), et contraignantes (car formulées sous le Chapitre VII, autorisant l'usage de la force militaire), visant certains pays musulmans ou à majorité musulmane (ex. l'Irak, l'Afghanistan, la Bosnie, la Libye), mais pas d'autres pays (cas d'Israël qui jouit – « thanks to the unconditional support of the US and Great Britain, inter alia ! » – d'une impunité totale et illimitée), etc.[3]

Le présent chapitre traite de cette problématique et essaie de démontrer ceci :

(1) vu les bienfaits à retirer de l'utilisation du concept, il aurait mieux fallu l'adopter sincèrement, continuer à le développer et à le généraliser encore plus ;
(2) étant donné le besoin toujours grandissant pour la paix, la sécurité, la justice sociale, l'égalité, et le respect mutuel entre humains – et ce à travers l'instauration de l'état de droit et du dialogue interculturel –, les actions clairement injustes (car étant sélectives et ciblées), mentionnées dans la note 3, n'auraient pas dû être entreprises[4] ;
(3) attendu que les puissants de ce monde (certains Etats ; les multinationales ; les riches individus ou groupes bénéficiant d'une immunité tacite dans leur société), vont continuer à ignorer les beaux principes de l'ONU (ex. : respect des droits fondamentaux et droits humains, éradication de toutes les formes de discrimination , préservation de la paix mondiale et coexistence pacifique), et vont continuer à vouloir imposer de force leur volonté aux autres, il y a une grande probabilité que tous les efforts déployés dans le cadre du DI vont demeurer vains. Ceci hypothèque son devenir et son avenir.

Afin de permettre une bonne appréhension des arguments ici développés, nous avons choisi de diviser notre chapitre en deux parties. Dans la première, nous présentons d'abord le cadre référentiel de notre discussion : la définition du concept de « dialogue interculturel », son émergence et son développement. Ensuite, nous examinons son utilisation, en particulier les fonctions qu'il était supposé remplir au niveau de l'Union Européenne (désormais UE) et celui de l'ONU (spécifiquement L'UNESCO). Il en est de même pour les conditions de sa réussite. Dans la deuxième partie, nous discutons des insuccès rencontrés, voire les échecs subis, dans l'utilisation du concept comme instrument de résolution de conflits entre les civilisations et même entre composantes ethniques ou religieuses d'une même nation. Ensuite, nous essayons de déterminer le devenir du concept en tant qu'antidote au « choc des civilisations » et à la montée inexorable, de par le monde, d'une xénophobie et d'un racisme très actifs, et d'une islamophobie patente et très agressive en Europe et en Amérique du Nord.

Bien que xénophobie et racisme soient historiquement ancrés dans le psychique d'un grand nombre d'Européens et d'Américains du Nord depuis des siècles, il a été avancé, ces dernières années, que c'était en réaction au terrorisme globalisé de quelques groupuscules d'islamistes extrémistes radicaux (tels Al-Qa3ida, l'Etat Islamique en Syrie et en Irak). Cependant, pour compléter l'image, il est à noter que ce terrorisme sanguinaire et aveugle est une réaction aux agressions militaires, tout aussi – sinon plus – sanguinaires et aveugles, contre des pays musulmans ou à majorité musulmane (ex. : Palestine, Afghanistan, Irak, Syrie).[5]

Le concept de « dialogue interculturel» : « découverte » et développement

Qu'entend-on par « dialogue interculturel » ? Quand est-il apparu et dans quelles circonstances ? Comment s'est-il développé et comment a-t-on voulu l'utiliser comme antidote au « choc des civilisations » et au « terrorisme globalisé » ? Inclut-il ou non le « dialogue interreligieux » et le « dialogue inter-civilisations » ? Ce sont là des questions pertinentes pour notre sujet, que les réponses qui leur seront fournies constitueront (1) un bon arrière-plan sur le concept et son utilisation, et (2) un cadre référentiel objectif et adéquat pour notre réflexion.

Définition:

Le « dialogue interculturel » a fait l'objet d'un bon nombre de définitions (cf. infra ; sous-section II.1.1). Etant donné que ce sont les experts de l'UE qui ont pensé et développé ce concept, nous avons fait le choix d'adhérer à la leur. Dans le *Livre Blanc* du Conseil de l'Europe (2008), notre concept a été défini ainsi :

> . . . un processus d'échange de vues ouvert et respectueux entre des personnes et des groupes de différentes origines et traditions ethniques, culturelles religieuses et linguistiques, dans un esprit de compréhension et de respect mutuels. La liberté et la capacité de s'exprimer, mais aussi la volonté et faculté d'écouter ce que les autres ont à dire, en sont des éléments indispensables. [. . .]

Tous les mots sont importants dans cette définition condensée mais exhaustive au niveau de la couverture sémantique du concept, élaborée à l'issue de moult discussions et débats lors de la période laborieuse de son instauration (voir plus loin : Section II.1.). Cependant, les maîtres mots et expressions sont

« échange de vues ouvert et respectueux », « des personnes et des groupes de différentes origines et traditions ethniques, culturelles religieuses et linguistiques », et « esprit de compréhension et de respect mutuels ». Cela semble impliquer que le concept englobe aussi le « dialogue entre cultures » et le « dialogue interreligieux », aussi l'adoptons-nous comme terme générique. Quelques conditions pour la réussite du dialogue sont : « la liberté et capacité de s'exprimer » et « la volonté et faculté d'écouter ce que les autres ont à dire ».

Découverte et genèse: « *La nécessité est mère de l'invention* »

Le « dialogue interculturel » est un concept découvert, pensé, et développé par des experts de l'Union Européenne (UE) au milieu des années 1990. Cela s'est fait en réponse à une nécessité impérieuse dictée par les conditions sociopolitiques et socioéconomiques objectives de l'époque. En effet, il a été développé en réaction normale et logique à un nombre d'événements survenus après la chute du mur de Berlin (nuit du 10 nov.1989) et de l'URSS (8 déc.1991). Parmi ceux-ci, l'on peut citer, notamment:

- le flux migratoire en direction de l'Europe à partir des pays non-européens mais aussi européens (Europe de l'Est);
- la pluralité des cultures introduite dans les sociétés européennes par des migrants de 2ème et 3ème génération; ce qui pose des problèmes de cohésion et d'intégration sociales;
- l'émergence de la zone euro-méditerranéenne de libre échange à cause de la mondialisation économique;
- l'avènement de l'UE en tant qu'organisation supranationale; ce qui pose le problème de la constitution d'une identité européenne et d'une intégration européenne supranationale;
- l'élargissement de l'UE vers l'Est en incorporant certains pays de l'Ex-URSS;
- les guerres qui ont ensanglanté l'ex-Yougoslavie, et les problèmes posés par le règlement de ces graves conflits et par la réconciliation quasi impossible entre les anciens belligérants;
- l'apparition du terrorisme régional inspiré par un islamisme radical globalisé; ce qui pose des problèmes aigus de sécurité;
- l'attentat sur le World Trade Center (11 sept. 2001);

– les autres attentats : ex.: Casablanca (16 mai 2003), Madrid (11 mars 2004), Londres (7 juillet 2005), France (2015), etc.

Donc, sa « découverte », son développement et son utilisation proviennent d'une nécessité absolue, organisationnelle et sécuritaire, et non d'un quelconque sentiment élevé d'altruisme ou d'humanisme. Si bien que l'on pourrait conclure avec les mots de l'adage populaire : « La nécessité est mère de l'invention ». En effet, comme on le verra (voir infra), une fois qu'est satisfait le besoin d'instauration d'une régulation administrative adéquate et du contrôle sécuritaire requis du flux migratoire, la tyrannie budgétaire a très vite repris le dessus. Si bien que les beaux principes et les belles actions, qu'on a pu dériver du développement du concept, ont vu leur valeur s'émousser petit à petit et leur capacité mobilisatrice diminuer de façon drastique.

C'est le cas, notamment, des programmes d'éducation interculturelle, préconisée par le Conseil de l'Europe mais combattue par les pays assimilationnistes et ne reconnaissant pas la diversité linguistique en leur sein (c'est le cas de la France, la Grande Bretagne, l'Espagne), impliquant les langues et cultures des minorités nationales européennes (langues régionales). Ces programmes ont été étendus, pendant une certaine période, pour comprendre l'éducation dispensée aux enfants d'immigrés dans le cadre de l'ELCO (Enseignement de la langue et de la culture d'origine). Cependant, après des politiques fluctuantes, voire contradictoires (eu égard aux changements de gouvernements), des impératifs budgétaires, logistiques et idéologiques ont fait que la politique à laquelle il a été arrivé (pas clair ?? On est arrivé ??) en définitive est celle préconisant une intégration complète – même forcée (Krebers, 2007) – des communautés immigrées. Ses éléments sont (cf. la position de la France et des Pays-Bas) : (1) une bonne intégration des enfants immigrés est celle effectuée à travers une bonne maîtrise de la langue officielle de l'école et la réalisation de bons résultats scolaires, (2) le maintien des cultures et langues d'origine des communautés immigrées doit se faire à la charge de ces dernières (mais pas dans des écoles coraniques, pour éviter la radicalisation (!)), (3) les langues d'origine des enfants d'immigrés (l'arabe, l'amazighe, le turc, le kurde) doivent être incluses dans une seconde liste des langues vivantes étrangères, que les enfants en question peuvent choisir sous certaines conditions. Seulement voilà, les langues vivantes de la première liste (l'anglais, l'espagnol, l'allemand), sont des langues à valeur ajoutée sur le plan professionnel, ce que les langues d'origine ne sont pas. Quand on a à choisir entre l'amazighe et l'anglais, par exemple, les exigences professionnelles et carriéristes sont telles que le choix est très vite fait : c'est bien évidemment cette dernière langue qu'on choisit d'apprendre (voir Saib, 2012).

Fonctions du concept envisagées pour l'UE

Au sein de l'UE, par exemple, il devait assurer, inter alia, « le respect de la pluralité, de la diversité et des spécificités culturelles, l'égalité et le respect mutuel, le rejet des préjugés et des stéréotypes ». De même qu'il devait servir à préserver la cohésion sociale et à réussir une meilleure intégration des communautés immigrées (non-européennes mais aussi européennes (issues des anciens pays du bloc soviétique)) au sein des sociétés constitutives de l'UE.

Ainsi, l'utilisation stratégique du concept de « dialogue interculturel » devait contribuer grandement à la réalisation des objectifs suivants :

(1) assurer, inter alia, « le respect de la pluralité, de la diversité et des spécificités culturelles, l'égalité et le respect mutuel, le rejet des préjugés et des stéréotypes »;
(2) préserver la cohésion sociale;
(3) aider à la réussite d'une meilleure intégration des communautés immigrées au sein des sociétés constitutives de l'UE;
(4) aider à la gestion des conflits (au sein d'une nation et entre nations);
(5) aider à relever différents défis sociopolitiques, socioéconomiques et environnementaux.

Il va sans dire que les fonctions susmentionnées, si elles sont bien accomplies, produiront un monde meilleur, débarrassé de tensions et de conflits au sein des Etats et entre ces derniers.

Appropriation par l'ONU (spécifiquement l'UNESCO)

Après son appropriation par l'ONU, sur une proposition officielle du président iranien d'alors, Mohamed Khatami, faite le 21/9/1998, à la 53è Session de l'Assemblée Générale, sous le nom de « Dialogue des Civilisations », le concept devait servir à renforcer et propager les principes fondamentaux de l'organisation. (Parmi ces derniers, nous pouvons mentionner ceux-ci : le respect du principe de l'égalité des droits des peuples et de leur droit à disposer d'eux-mêmes, le maintien de la paix et de la sécurité internationale, la réalisation de la coopération internationale, le développement du respect des droits de l'Homme et des libertés fondamentales, etc.).

Notons que la proposition n'a pas émané des milieux scientifiques ou politiques de l'Occident qui, sous l'influence des thèses du fameux professeur de Sciences Politiques à Harvard, Samuel Huntington, voulaient voir dans les événements violents regrettables qui se déroulaient sous nos yeux, des cas de « Clash of Civilizations » (ou le choc des civilisations) (Huntington, 1993), menant à l'instauration d'un nouvel ordre mondial (dominé par l'unique super puissance que sont les USA) qu'ils appellent ardemment de tous leurs vœux. Il n'empêche, au niveau de l'ONU, le concept devait remplir un nombre de fonctions louables et contribuer à la réalisation d'objectifs qui lui ont été assignés par des experts et consignés dans le document de base de l'UNESCO, intitulé « Programme mondial pour le dialogue entre les civilisations ».

Ces objectifs sont les suivants (la formulation est celle des experts de l'UNESCO) :

- promouvoir l'ouverture, l'équité et l'égalité, la justice et la tolérance dans les rapports entre les êtres humains;
- renforcer la compréhension et le respect mutuels par l'interaction entre les civilisations;
- s'enrichir mutuellement et faire progresser les connaissances et l'appréciation de la richesse et du capital de sagesse de toutes les civilisations;
- chercher des terrains d'entente entre les civilisations afin de relever les défis qui menacent les valeurs communes, les droits de l'Homme et les acquis de l'humanité dans divers domaines;
- promouvoir et protéger les libertés et les droits fondamentaux et renforcer la notion de droits de l'homme;
- promouvoir une meilleure compréhension des règles morales et des valeurs universelles;
- promouvoir le respect du pluralisme et du patrimoine culturel.

[ONU (Unesco) - *Extrait du document « Programme mondial pour le dialogue entre les civilisations »*]

Il n'y a aucun doute que ces objectifs sont nobles et témoignent de l'extrême sensibilité et de la grande sagesse dont font preuve les experts qui les ont énoncés et élaborés. Seuls les trois derniers ont fait l'objet de réserve de la part de certains pays (par exemple : certains pays arabe , la Chine, la Russie, l'Iran . . .) qui ne protègent pas, ou pas assez, les libertés et les droits fondamentaux et ne respectent pas tous les droits humains ; et il y en existe, malheureusement dans *tous* les continents. Il en est de même pour le lien établi entre « règles morales » et « valeurs universelles », attendu que, dans certaines cultures, les premières sont dictées par la religion et/ou l'héritage culturel des sociétés et non pas par les secondes.

Conditions pour la réussite du dialogue

Il reste que la réalisation de ces nobles objectifs est tributaire de la réussite du dialogue interculturel ainsi engagé, qui requiert à son tour que des conditions soient réunies. Notons que les règles d'établissement et de réussite de dialogues significatifs et fructueux remontent à l'antiquité classique (cf. Socrate et Platon).

Selon nos experts modernes, les conditions nécessaires à la réussite du dialogue interculturel sont les suivantes :

- nécessité d'échanges réciproques et croisés : exploration des idées de l'autre pour une meilleure appréhension de ce qu'il a en tête;
- interlocuteurs mis sur un même pied d'égalité : conversation entre égaux;
- recherche de compromis et non d'un avantage ou d'une victoire;
- nécessité d'instaurer une confiance mutuelle entre interlocuteurs;
- nécessité d'établir un respect mutuel entre interlocuteurs; etc.

Ainsi l'approche préconisée est celle dans laquelle les interlocuteurs s'engagent dans le dialogue sans pré-conditions et sans préalables évidents, explorent les idées de l'autre pour mieux les appréhender, et recherchent le compromis et non la victoire (comme dans les débats politiques). Le dialogue doit se dérouler entre des interlocuteurs placés sur un même pied d'égalité, dans une atmosphère empreinte de confiance et de respects mutuels. Dans cette perspective, Bohm (cité par Endres, 2010), écrit en 2009 :

> « Un dialogue est dans le fond une conversation entre égaux. Toute autorité, aussi circonspecte et adroite qu'elle puisse être, entravera et bloquera la libre circulation des idées et les sentiments souvent fragiles et subtils qui pourraient autrement être partagés »

De son côté, Micksh, 2005 : 89 (cité par Endres, 2010), souligne ceci :

> « Un dialogue ne peut réussir que si les rapports entre les personnes qui le mènent sont empreints de respect mutuel. Et la confiance se perd plus rapidement qu'elle ne se gagne »

En conclusion à cette partie du travail, nous pouvons affirmer que tout ce qui vient d'être écrit sur le concept (ou notion) de dialogue interculturel est, on ne peut plus dire, bien beau. En effet, si les peuples - et surtout les dirigeants, les intellectuels, et les faiseurs d'opinion parmi eux -, adhèrent et cultivent les principes et idéaux présentés ci-dessous, il ne fait aucun doute que la paix et la sécurité règneront dans le monde. Mais c'est sans compter sur la nature humaine, en particulier le côté égocentrique et fort égoïste chez la plupart des humains, surtout ceux qui, obnubilés par les gains matériels et symboliques à retirer du statut quo, et par la soif du pouvoir, ont perdu tout sens des valeurs (spécifiques et universelles), de l'éthique et de la mesure. Il en est de même de certaines tendances innées chez bon nombre de gens enclins à l'agressivité et à l'imposition, par la force, de leur volonté aux autres.

Il a été très difficile - et il continuera de l'être - pour les citoyens des pays avancés techno-logiquement et culturellement, et de surcroît puissants militairement et/ou économiquement, d'accepter d'être les égaux des nationaux des pays sous-développés et de les traiter avec respect. L'on peut citer à cet égard le comportement arrogant, hautain et inhumain, voire sadique, des colonialistes de tous bords et de toutes les époques, et l'irrationalité de leurs diktats. De même que l'on peut citer les diktats du genre "accept this or else . . ." (accepte ceci ou bien . . .) de chantage[6] qui ont provoqué plusieurs guerres dévastatrices au Moyen-Orient et en Asie mineure (Palestine, Liban, Irak, Afghanistan) et ailleurs à la fin du siècle dernier et au début de ce siècle. Au cours des négociations politiques qui se traitent entre nations ayant un statut socioéconomique inégal, entre communautés et même entre individus d'une même communauté de statut inégal, comme cela a été démontré dans la fable de Lafontaine (« *Le loup et l'agneau* »), c'est, malheureusement, « la raison du plus fort qui est toujours la meilleure », et partant qui doit primer et l'emporter. Exit les beaux principes du dialogue interculturel (!) (voir supra : Sections I.3–I.5). Exit toutes les belles déclarations des Nations Unies concernant le droit international et la coexistence pacifique (!). Etant donné ces comportements et ce résultat, qui illustrent de façon patente un grand déséquilibre des forces et une grave injustice, il paraît plus que légitime de s'interroger sur le bien-fondé de l'instauration de ce concept et surtout sur son devenir.

Devenir du dialogue interculturel, interreligieux et inter-civilisationnel

L'idée de l'instauration des trois types de dialogue - interculturel, interreligieux et inter-civilisations - a fait l'objet de moult réunions et débats au niveau du Conseil de l'Europe et celui d'autres instances européennes de décision. Mais leur acceptation et la mise en œuvre d'actions pratiques les concernant ont été fort laborieuses. En outre, même s'ils ont été acceptés, en principe, au niveau des instances étatiques européennes, il n'en est pas de même – loin s'en faut – au niveau du public européen en général. Quant aux autres régions du monde (notamment celles du Sud global), il y a de fortes chances que certains « leaders » et « intellectuels » de ce monde ignoreront jusqu'aux noms des concepts en question. Ceci, bien sûr, ne manquera pas d'avoir une grande incidence sur l'efficacité et le rendement de leur utilisation, et partant sur leur devenir. Pour bien apprécier à leur juste valeur les succès et les insuccès de l'utilisation de ces notions, nous avons décidé de nous pencher, brièvement, sur quelques questions soulevées par leur instauration.

Une instauration laborieuse

Bien que, comme il a été déjà souligné supra (Sect. I.2), l'instauration du dialogue interculturel et interreligieux ait été dictée par une nécessité impérieuse, l'idée a pris un certain temps pour mûrir dans les esprits des décideurs pour pouvoir gagner, d'abord l'adhésion des instances étatiques et institutionnelles, et puis ensuite celle des intellectuels et de gens éduqués de chaque société. Quant au public en général, son adhésion est clairement douteuse si l'on en juge par la montée fulgurante des agressions dues à la xénophobie, au racisme et à l'islamophobie.[7]

Préalables : Explicitation du concept et résolution de certaines difficultés

Pourquoi ce retard a-t-il été pris dans l'instauration du dialogue interculturel en Europe? Et bien tout simplement parce qu'un certain nombre de difficultés ont été rencontrées, à commencer par celles relatives aux définitions données au concept et les implications des éléments de celles-ci pour la gestion des relations sociopolitiques au sein des sociétés européennes. Ces dernières sont, pour la plupart, multiethniques, avec des minorités nationales et, en plus, des communautés d'immigrés permanents venus de divers points du globe; donc des sociétés à composition complexe.

Avant cette instauration, il fallait se mettre d'accord sur les moyens à prendre afin de lutter contre les anciens préjugés dus aux ethnocentrismes (toujours en vogue) hérités des nationalismes et des anciennes animosités (toujours ancrées dans certains esprits), et solutionner toutes sortes de différends (politiques, développementaux et culturels) entres les nations européennes et entre des régions au sein de ces nations. Ce n'est nullement une mince affaire, étant donné le grand nombre de nations aux origines culturelles différentes.

Il fallait aussi décider sur la place à réserver aux « identités nationales » au sein d'une hypothétique « identité européenne supranationale » que certains décideurs, dans un désir de surmonter les spécificités et particularismes, n'ont cessé d'appeler de tous leurs vœux.

Concernant les définitions, il fallait clarifier la signification des termes qui y sont utilisés et s'accorder sur leurs implications pratiques. En effet, comment interpréter « inter » dans « interculturel » ? Se réfère-t-il à un dialogue entre entités autonomes juxtaposées ou des entités en interactivité dynamique sans juxtaposition, qui recherchent l'ouverture sur l'autre et non la délimitation de frontières entre les interactants, voire leur clôture? Le DI, peut-il inclure ou non d'autres dialogues entre cultures et civilisations et entre religions ? D'autres questions ont été soulevées et ont reçu un début de traitement. Elles concernent inter alia: la problématique des identités nationales et individuelles vs la cohésion sociale et la dignité humaine, le choix à opérer entre les modèles d'intégration (assimilationniste, multi-culturaliste, communautariste), etc.

Deux mouvements contradictoires

Parmi les chercheurs qui se sont penchés sur la question des difficultés d'instauration du DI à l'échelle mondiale, un bon nombre d'entre eux, soutiennent que cela provient de l'existence, dès le début des initiatives, de deux mouvements contradictoires. D'une part, avec l'implication de plusieurs instances (locales, nationales, régionales et internationales) et la médiatisation des bienfaits de l'utilisation du dialogue, l'on a observé (1) une certaine prise de conscience du problème relatif à l'incompréhension entre les peuples et de la grave explosibilité des conflits (latents ou ostensibles) entre communautés et entre nations, et (2) une dose assez élevée de volonté d'un rapprochement et d'une compréhension mutuelle entre les peuples et les civilisations. Les adeptes de cette approche ont milité en faveur de la promotion du dialogue interculturel, interreligieux, voire inter-civilisations.

D'autre part, on a noté, hélas pour la paix mondiale et la coexistence pacifique, le développement et mise en œuvre, de politiques basées sur le non-respect des droits humains fondamentaux, malgré les affirmations du contraire, et sur l'utilisation de la force brutale et excessive. Avec ce comportement, nous avons donc un refus de toute espèce de dialogue - sauf peut-être un dialogue à sens unique (!) - et la volonté d'imposer à l'humanité toute entière un système hégémonique et répressif. Les nations, communautés, groupes ou individus qui adhèrent à cette deuxième tendance, manifestent un intérêt purement formel (du genre de « lip service », donc « du bout des lèvres ») pour le principe de dialogue entre cultures, religions et civilisations. En même temps, ils préconisent, cyniquement, d'agir comme auparavant, et comme si de rien n'était, selon le principe de « business as usual » (c.-à-d. la routine), en ce qui concerne la gestion des relations internationales.

En ce qui concerne l'explosion des conflits, beaucoup d'entre eux, dont certains très graves, ont en fait éclaté en pleine période de reconnaissance et de promotion du dialogue interculturel, interreligieux et inter-civilisations. L'exemple le plus frappant à cet égard, concernant l'Europe, est la guerre civile ethnico-politico-religieuse qui a eu lieu en Ex-Yougoslavie (26 juin 1991–14 décembre 1995), et actuellement la guerre russe contre l'Ukraine. Ceci démontre, s'il en est besoin, que les beaux principes du dialogue interculturel (voir supra : Sect. I.) n'avaient encore eu aucun écho, au niveau de l'UE et celui de l'ONU. En effet, lors de cette guerre, pendant laquelle le processus *d'épuration ethnique* avait été utilisé à outrance, le Conseil de Sécurité (le « machin » selon De Gaulle), s'est illustré encore une fois de plus par son hésitation partisane, sa timide réaction contre les atrocités commises (surtout par les Serbes et les Croates) en Bosnie, et son intervention militaire hésitante et inefficace. Cela a permis le grand massacre des Bosniaques par les troupes serbes racistes de Ratko Mladic à Srebrenica, en présence d'un petit contingent militaire onusien de 400 Néerlandais, chargés de protéger les habitants de cette ville martyre mais paralysés par l'indécision et les hésitations des commandants des forces de l'ONU : refus initial de la demande d'un soutien aérien crucial pour les Néerlandais par le général français Bernard Janvier ; quand la permission fut enfin accordée, les avions « britanniques », m'a-t-on appris, avaient déjà regagné leur base en Italie à cause d'un manque de carburant (!).[8] Bien sûr, l'on peut essayer d'expliquer ce fiasco criminel onusien par le fait que le « machin » (le Conseil de sécurité) avait été plombé, voire freiné, par les menaces de véto de la part de la Russie, qui s'est résolument placée derrière la population serbe (ethniquement slave comme celle de la Russie), et de la Chine, fermement opposée à l'établissement d'un précédent « fâcheux » et inacceptable qui pourrait être utilisé contre elle, et qui s'est donc cramponnée au principe onusien de *« non-ingérence » dans les affaires intérieures des pays* (notre soulignement: JS). Cependant, les musulmans bosniaques et ceux d'autres régions du monde croient dur comme fer que si des décisions fermes n'ont pas été prises, c'est bien parce qu'il ne s'agissait que de *Bosniaques de confession musulmane* et qu' il en aurait été autrement si la population qui allait être attaquée et massacrée était croate ou serbe.

Une double ironie du sort

Ce qui est ironique concernant le dialogue interculturel (et donc entre les cultures) est que certains de ses défenseurs et promoteurs se trouvent être précisément ceux qui, dans la pratique, sont les acteurs de la mise en place de politiques répressives et violentes (!). La proposition de faire de l'année 2001, « l'Année du dialogue entre civilisations », a été faite par l'Iran. Pourtant, le régime du pays des « Ayatollahs » est connu pour avoir un bilan pour le moins peu reluisant en matière de tolérance et de respect des différences religieuses mais surtout politiques. De même qu'aux USA, leader incontesté et célébré du nouvel ordre mondial unipolaire (politiquement, économiquement et surtout militairement) après l'effondrement de l'URSS, l'autre ironie est que ses dirigeants « va-t-en-guerre » comme Georges W. Bush, ont aussi fait usage, au niveau formel (donc du « lip service ») d'une certaine rhétorique sur le dialogue interculturel. Seulement, l'on a remarqué qu'ils l'ont fait sur le même ton que celui des organisations triomphalistes politico-religieuses de droite, d'où ils tirent leur idéologie conservatrice, qui sont devenues soudainement, elles aussi, de ferventes partisanes du rapprochement entre les cultures et les religions (!).

On ne devrait pas oublier que les organisations en question ont toujours été des alliées et des partenaires des multinationales militaro-industrielles, des multinationales du pétrole, et de celles appartenant au monde fort sournois et manipulateur des médias et des renseignements, qui, fortes de l'appui (politique, militaire et logistique) constamment assuré par les différentes administrations américaines, font et défont les gouvernements de par le monde, avec l'aide effective des services de renseignement.

La duplicité comme obstacle à la réussite du « dialogue des cultures et des religions »

Au « lip service » et à la duplicité politique et morale avec lesquels l'administration américaine a accueilli la proposition de « dialogue des cultures et des religions», il faut ajouter l'extrême simplisme, voire l'infantilisme, avec lesquels le président G.W. Bush et ses « Néo Cons » de conseillers ont cherché à appréhender la situation dans le monde après les attaques du 11 septembre 2001. En effet, leur catégorisation caricaturale des nations du monde comme appartenant à « l'Axe du mal » ou à « l'Axe du bien » et leur utilisation du Schéma « Ami/Ennemi » dans la gestion des crises, ont fermé la porte à tout dialogue tel qu'il a été défini supra (Sect. I.1) et ouvert celle des guerres dévastatrices animées par un esprit éhonté de revanche. C'est ce que les USA ont fait après le 11 septembre 2001 en Afghanistan et en Irak.

Bien entendu, comme cela a toujours été le cas des guerres menées par Israël, (notamment contre le Liban (juin-sept.1982 ; juillet-Août 2006), la Bande de Gaza (27/12/2008–18/1/2009 ; 14–21 nov. 2012 ; 8/7/2014–26/8/ 2014), il n'a jamais été procédé à un examen sérieux des *causes profondes* qui ont conduit à ces guerres, ni des différents plans de paix somme toute équitables proposées par le côté arabe pour régler un conflit vieux de plus de 60 ans.[9] L'Occident, mené par les USA, dont les liens avec l'Etat Hébreu sont considérés comme « très solides et à jamais indéfectibles » (ce qui a été maintes fois réitéré publiquement), s'est toujours et résolument rangé derrière les thèses israéliennes (même les plus improbables ou farfelues) basées sur des incidents superficiels: jets de pierres contre les forces d'occupation israéliennes ou les invasions des colons ; tirs à partir du sud Liban ou de Gaza de pseudos roquettes inefficaces, de fabrication très artisanale. Quant aux raids intensifs et violents de l'aviation israélienne, qui ont été plusieurs fois effectués en violation flagrante des accords de cessez-le feu, visant des populations non-belligérantes, des maisons, des ambulances, des écoles et des hôpitaux (même ceux opérés par l'ONU (!)), des équipes de journalistes et même des individus ciblés, ils ont été « expliqués (!) » par le principe du « droit d'Israël de se défendre». Cela s'applique même aux raids décidés sur la base de renseignements erronés ou de simples soupçons non vérifiés. Bien sûr ce « droit » est nié aux Palestiniens, dont les terres sont occupées depuis 1948 et puis en 1967 et dont les droits humains sont bafoués quotidiennement.

C'est en grande partie cette pratique constante de « deux poids deux mesures », utilisée dans le cas des prétendus « ennemis (sic) » des USA et de l'Occident (notamment, la Palestine, l'Irak de Saddam Hussein, l'Afghanistan des Talibans, l'Iran, etc. cf. note 3, supra) qui a été à la base de la formation de groupuscules armés, initialement dédiés à la légitime défense de leurs pays contre les forces d'occupation et les invasions étrangères menées sous des prétextes fallacieux comme la possession d'armes de destruction massive (le cas de l'Irak). Il est de notoriété publique, comme il s'est avéré et officiellement reconnu après, que l'Irak, qui avait la capacité de produire du gaz moutarde (vu qu'il l'a utilisé contre les Kurdes à Halabja, le 16 mars 1988), n'avait pas celle de fabriquer des bombes atomiques (comme c'est le cas d'Israël, qui en possède même depuis les années 1960). Ces groupes se sont progressivement radicalisés et se sont mus en organisations « terroristes » pour certains (notamment l'Occident), ou de simples mouvements « nationalistes islamistes » pour d'autres.[10]

Promotion du dialogue interculturel, interreligieux et intercivilisationnel

La promotion du dialogue interculturel comme moyen le plus adéquat et judicieux d'interaction fructueuse entre individus et communautés de cultures différentes, a fait l'objet de maintes rencontres, conférences, colloques et séminaires durant l'année internationale qui lui avait été consacrée et bien après. Ces activités ont été organisées par des instances internationales et nationales chargées de l'éducation et de la culture (l'UNESCO, l'ISESCO, l'OIF, des Départements gouvernementaux, des universités et des organisations de la Société Civile), dans le but, inter alia, de « dissiper les malentendus, promouvoir le respect mutuel et la compréhension réciproque entre individus et communautés, et celui de consolider les liens fragilisés de la famille humaine » (Matsuura, (2010)).

En effet, la consultation des rapports d'activités du Conseil de l'Europe, de l'UNESCO, de l'ISESCO et de l'OIF, par exemple, des universités, des fondations d'utilité publiques, des départements ministériels (ex. : Education, Culture, Affaires Etrangères) révélera que, réellement, de gros efforts ont été consentis, et beaucoup d'argent a été dépensé, pour que soit créée, propagée et pérennisée au sein de toutes les nations du monde une culture du dialogue interculturel, interreligieux, et inter-civilisations. L'objectif général ultime est *l'instauration d'une paix et d'une sécurité durables dans le monde et de la coexistence pacifique entre nations* (pour les objectifs spécifiques, voir supra : Sections I.3 et I.4.)

Genres d'activités de développement et de promotion

Le *Livre blanc* de l'UE et les argumentaires de conférences de l'UNESCO et d'autres organisations internationales et nationales, ont bien indiqué les domaines d'investigation académique et non-académique (ex. festivals, rencontres artistiques, sportives, etc.). En outre, les rapports d'activités périodiques et annuels des organisations internationales susmentionnées et ceux d'autres institutions étatiques et privées (nationales et régionales), énumèrent des centaines de conférences, congrès, rencontres, colloques, qui ont été organisés partout dans le monde depuis l'acceptation de la notion de dialogue inter-civilisations, et des milliers d'actions pratiques qui ont été entreprises. Si bien qu'on a assisté à un grand foisonnement d'actions (voir infra, pour une évaluation générale), qui ont couvert virtuellement tous les domaines qui peuvent être englobés par le concept de « dialogue interculturel », et même d'autres. Par exemple, le rapport d'activités de l'ISESCO publié en 2012 et 2015, énumère les divers thèmes et domaines suivants (pour une liste quasi exhaustive des activités, voir celle publiée par le Groupe de réflexion de l'Alliance des Civilisations, mentionnée dans Guerrato, (2008)).

- Le 4ème Forum international de l'alliance des civilisations (Doha, Etat du Qatar : 11–13 décembre 2011) ;
- *Le Festival mondial des cultures* (Berlin, Allemagne : 3–7 juin 2011) ;
- *La réunion internationale sur le dialogue des religions et des civilisations*, (le Caire (Egypte) : 8–10 novembre 1998, tenue à l'initiative du Conseil supérieur islamique ;
- *Le colloque international sur le dialogue et la coexistence entre les civilisations et les cultures*, Berlin (Allemagne): 5 juillet 2000, tenu par l'ISESCO, en coopération avec la Ligue du Monde islamique ;
- *Le colloque international sur le dialogue des civilisations dans un monde en mutation*, Rabat (Maroc) : 10–12 juillet 2001, tenu par l'ISESCO sous le haut patronage du souverain marocain ;
- *Le colloque international sur le dialogue des civilisations entre théorie et pratique*, tenu par l'ISESCO les 12 et 13 novembre 2001 à Tunis sous le patronage du président de la République tunisienne.
- *La conférence internationale sur la Religion et la Discrimination raciale,* tenue par l'Association des Organisations islamique en Europe, dans le cadre du Dialogue islamo-chrétien (Royaume-Uni) : 11–15 juillet 2002.
- *Le colloque international sur La Paix, l'Harmonie et les Valeurs humaines dans l'optique islamique,* tenu par l'ISESCO à Singapour, au cours la période 14–16 septembre 2002.
- *Le colloque international sur l'image du monde islamique dans les médias occidentaux entre partialité et impartialité*, Rabat: 9–10 janvier 2002, tenu par l'ISESCO sous le haut patronage du souverain marocain.
- *Le colloque international sur l'Occident et l'Islam dans les médias*, tenu par l'ISESCO à Londres, au cours de la période 20–21 juin 2002.

- *Le colloque international sur l'Islam, le Jihad et le règlement des conflits*, tenu par l'ISESCO en coopération avec l'Institut international de la pensée islamique, à Washington du 2 au 3 novembre 2002.
- *Le Colloque international sur l'Enseignement pour la tolérance et la liberté de religion ou de croyance*, Oslo (Norvège) : 7–9 décembre 2002, tenu par la Coalition d'Oslo ;
- *Le colloque international sur le dialogue des civilisations dans le cadre du dialogue arabo-européen*, tenu au siège de l'UNESCO à Paris le 2 octobre 2003 par l'ISESCO en coopération avec l'UNESCO, l'ALECSO ;
- *Le 2ème congrès international des imams et des rabbins*, qui s'est tenu du 19 au 22 mars 2006, à Séville en Espagne;
- *Le colloque international sous le thème «Religion et démocratie»*, organisé à Paris les 24 et 25 février 2004 par l'Association du Dialogue entre les Cultures et les Religions.
- *La conférence internationale sur le terrorisme : dimensions, menaces et contre-mesures*, tenue à Tunis (15 - 17 novembre 2007) sous le patronage du Président de la République tunisienne. En outre, en marge de cette conférence, a eu lieu le traitement des deux thèmes suivants, en collaboration avec les Nations Unies et l'Organisation de la Coopération islamique:
- *Le dialogue des cultures et des civilisations et son rôle dans la lutte contre le terrorisme*
- *La récusation des stéréotypes et le renforcement du dialogue des religions.*

On peut constater, à partir des intitulés des activités, que les domaines énumérés sont très pertinents pour l'étude des multiples facettes du dialogue entre cultures, entre religions, et entre civilisations. Notons que l'énumération contient même les « sujets qui fâchent », sur lesquels il y a désaccord et polémique (par exemple : « terrorisme », « stéréotypes », « racisme », « *l'Islam, le Jihad et le règlement des conflits* »), dont le choix est approprié et judicieux pour un traitement complet des trois types de dialogue retenus. S'agissant d'une organisation pan-islamique, l'ISESCO, chargée de promouvoir la vision islamique sur toutes sortes de problématiques socioculturelles et sociopolitiques, l'on ne doit pas s'étonner outre-mesure de constater que le traitement des trois types de dialogue est effectué dans le cadre du dialogue arabo-européen et islamo-occidental.

Ce qui est recherché, sur le plan religieux, est l'instauration d'un vrai dialogue entre les diverses communautés religieuses, un dialogue qui soit continu, calme et serein, mais aussi respectueux des convictions communautaires, des conventions et des résolutions onusiennes et du droit international. Ceci est dicté par l'existence dans ces communautés, de tensions vives par moment car animées par le fanatisme, l'extrémisme, voire une politique d'hégémonie déclarée : cas des sionistes ultra-orthodoxes en Israël, des nationalistes ethnocentriques pan-arabistes dans le monde dit musulman, des extrémistes fanatiques Hindous en Inde, de certaines communautés chrétiennes ethnocentriques en Bosnie et dans certaines régions d'Afrique, des bouddhistes en Birmanie et en Thaïlande, des bouddhistes et des taoïstes en Chine.

Evaluation

En dépit de la multiplicité et de l'intensité des rencontres qui ont été consacrées à plusieurs thèmes englobés dans ce concept de dialogue interculturel, interreligieux et inter-civilisations, on ne saurait dire que l'on a enregistré beaucoup de réussites, surtout des réussites pérennes. Comme on le verra plus loin, cela est très clair particulièrement en ce qui concerne son utilisation comme antidote au choc des civilisations et au terrorisme radical globalisé. Cela étant, quel devenir peut-on prédire pour les trois types de dialogue ?

Evaluation des activités d'instauration et de promotion

Il y a plus sérieux, voire plus grave, que les ironies de circonstance mentionnées supra (Sect II. 2.), au passif des mouvements de promotion du dialogue interculturel et interreligieux. Et les critiques ont été formulées, non pas seulement par des citoyens lambdas, mais par des acteurs très informés qui ont été profondément impliqués dans ces mouvements et, partant, des professionnels qui ont participé assidument aux activités engagées à cet effet.

Ainsi, dans une interview, citée par Lucio Guerrato (2008:98), Jan Petersen (l'ancien ministre des Affaires étrangères norvégien), a exprimé sa frustration de constater que les activités en question n'ont pas eu les résultats escomptés. Selon lui, dans la plupart des rencontres, conférences, congrès, etc., les discussions étaient restées « vagues et académiques ». Pire encore, les recommandations qui y ont été faites n'ont pas eu d'écho dans les sphères dirigeantes, et donc pas un quelconque impact sur l'orientation politique générale des nations du monde. Nous en voulons pour preuve, le fait que la plupart des dirigeants des pays du monde, en particulier ceux des plus puissants, ont continué à gérer leurs relations avec les autres nations, comme si aucun appel solennel à l'adhésion aux principes du dialogue interculturel, interreligieux, et inter-civilisations (voir supra : Sect. I.4) n'a été fait à plusieurs reprises du haut de la tribune de l'ONU. Pis encore, ils ont continué à agir comme si aucune recommandation n'a été faite à l'issue des nombreuses rencontres organisées partout dans le monde (donc y compris leurs pays), appelant, inter alia, à la mise en œuvre de politiques pratiques et pérennes visant « l'ouverture, l'équité, l'égalité, la justice et la tolérance dans les rapports entre les êtres humains », le renforcement de la « compréhension et le respect mutuels par l'interaction entre les civilisations », ou encore « le maintien de la paix et de la sécurité internationales » (cf. supra : Sect. I.4).

Dans son bilan critique sur ce qu'il appelle « dialogue des cultures », Lucio Guerrato (2008) qui sait pertinemment bien de quoi il parle attendu qu'il a été directeur de la Fondation euro-méditerranéenne Anna Lindh, fait un certain nombre de remarques de fond critiques et pose des questions cruciales sur l'efficacité des actions mises en œuvre par les différents organismes nationaux, régionaux, et internationaux. Nul doute que les réponses données à ces questionnements d'un spécialiste comme Guerrato, nous fournira un éclairage édifiant sur leur pérennité et partant sur le devenir des trois types de dialogue susmentionnés.

Après avoir assisté à plusieurs conférences dont il a donné une énumération rapide (p. 98), un de ses questionnements est le suivant : *« est-ce que cette mobilisation d'activités diverses, tous ces discours savants, ces nobles déclarations de personnalités éminentes appartenant aux différents groupes culturels, ont servi la cause? A-t-on obtenu des résultats? »*. Notons que ce questionnement est venu à Guerrato en dépit du fait qu'il avait observé qu'un accord général avait été trouvé sur « les bienfaits » des actions qui ont été menées jusqu'au jour de son évaluation. Une autre question cruciale (qu'il appelle « question clef ») est : *« est-ce que le monde est aujourd'hui plus tolérant et plus ouvert vis-à-vis de l'autre qu'il l'était hier ? »*

Les réponses apportées par Guerrato aux questions très pertinentes qu'il a soulevées indiquent que le grand foisonnement d'activités organisées pour la promotion du dialogue interculturel et interreligieux n'a servi la cause que partiellement et ce principalement au niveau de la prise de conscience du problème. Une des raisons qu'il invoque est le manque de coordination et de concertation entre les organisateurs institutionnels appartenant à des pays différents, ou même œuvrant dans un même pays ; ce qui a conduit à des duplications des activités. Mais la raison principale est *le manque de vision stratégique claire* (aux niveaux local et international) dans l'organisation des activités de promotion du dialogue interculturel.

Quant aux résultats, force est de constater qu'en dépit des efforts fournis, ils sont loin d'être probants. En particulier, ils n'ont pas conduit à la réalisation des objectifs primordiaux escomptés par les activités en question, par exemple : *l'ouverture positive sur l'autre et l'instauration de la tolérance envers sa différence (ethnique, religieuse et culturelle)*. En fait, même les quelques résultats réalisés n'ont été accomplis que temporairement car ne s'inscrivant pas dans la durée. En d'autres termes, il n'y a pas eu de *pérennité*. Bien plus, la crise économique aidant (notamment celle de 2008), l'on a constaté, de par le monde, des retours en arrière au niveau idéologique et celui des pratiques. Certes, ceci peut être expliqué par la réaction aux nombreux actes terroristes contre les pays occidentaux (USA, Espagne, France, Royaume Uni) et l'afflux des réfugiés afghans et syriens, entre autres. Mais considérer les immigrés et les réfugiés musulmans comme des terroristes potentiels est antinomique avec ce que le dialogue entre les cultures est censé œuvrer pour.

Un des résultats les plus décevants pour nous, est que le *grand public*, même dans les pays les plus avancés intellectuellement et technologiquement (c'est le cas de l'Occident), n'a pas adopté de façon sincère ni le concept ni ses principes. Nous en voulons pour preuve la montée manifeste du racisme, de la xénophobie et de l'islamophobie dans les pays de l'Occident. Y aurait-il une possibilité de dialogue interculturel avec un raciste, un xénophobe, un islamophobe, ou un islamiste superficiellement musulman et très radicalisé. Nous ne pensons pas car ces gens ont des positions tranchées et irréversibles, ce qui va à l'encontre du principe crucial du respect de la différence.

Inefficacité de l'utilisation des trois types de dialogue

En dépit des gros efforts déployés pour la promotion des trois types de DI (interculturel, interreligieux et inter-civilisations), leur adoption et promotion n'ont nullement empêché ceci :

- *le déclenchement de conflits et de guerres* : ex. : Irak, Afghanista,; Tchétchénie, Liban, Sud Soudan, Gaza (en Palestine), Syrie, Libye, Yémen, Ukraine, etc. et tout récemment, la guerre russo-ukrainienne.
- *les nettoyages ethniques et les persécutions de tous genres* (ex.: Bosniaques en Ex-Yougoslavie, Rohingyas, en Birmanie, Ouigours en Chine,

Chrétiens Zahedis au Moyen- Orient, Tutsis au Rwanda; Musulmans en République centrafricaine, etc.).

- *la continuation des abus des grandes puissances dans leur usage du droit de véto* au Conseil de Sécurité : certains de ces vétos avaient comme objectif de bloquer des résolutions visant l'arrêt des agressions caractérisées contre les populations civiles non belligérantes et non armées (ex. en Bosnie, en Palestine, en Syrie, etc.).
- *l'application sélective et injuste des sanctions onusiennes*: ces sanctions sont appliquées contre l'Iran, soupçonné de développer un programme de production de bombes atomiques, mais pas contre Israël. Pourtant, ce dernier possède tout arsenal nucléaire (depuis la moitié des années 1960, produit initialement avec l'aide de la France puis des USA), et qui n'a *jamais été inspecté.* En fait, un accord secret, (conclu entre Golda Meir (P.M. d'Israël) et Lyndon Johnson (Président des USA), reconnaît à Israël le droit de développer des armes atomiques, en fait de posséder un arsenal nucléaire, mais *à condition de ne pas en parler (!).*
- *l'usage de drones envoyés pour des exécutions extra territoriales et extra judiciaires*: cet usage a été fait à maintes reprises par le Président Obama, pourtant prix Nobel de la paix (!!!), contre des chefs islamistes jugés « radicaux » et ennemis dangereux des USA (ex. : Afghanistan, Pakistan, Somalie, Yémen, etc.). Au Yémen, l'islamiste éliminé extra judiciairement, avait la nationalité américaine (!!!).
- *le recours à des attaques terroristes armées ou à travers des véhicules piégés*: ces attaques sont perpétrées par des kamikazes et visent des gens ordinaires et surtout innocents (Afghanistan, Pakistan, Irak, Syrie, Tunisie, Turquie, Egypte, Espagne, France, Belgique, Allemagne, etc.)

Devenir du dialogue interculturel et interreligieux comme « antidote »

Le dialogue comme « antidote » au choc des civilisations et aux extrémismes

Au vu des cas de manquement aux principes universaux (politiques et moraux) énumérés supra (Sect. II.3.2), la proposition de recourir aux trois types de dialogue apparaît comme *tout juste un autre slogan politique pour occuper les gens.* En effet, le dialogue interculturel (englobant le dialogue interreligieux et inter-civilisations) s'est révélé être:

- un antidote insuffisant contre la mentalité du « choc des civilisations »;
- un antidote insuffisant contre la montée grandissante du racisme et de l'exclusion;
- un antidote insuffisant contre les extrémismes de tous genres (politiques et religieux);
- un antidote insuffisant contre les agissements terroristes (de groupes et d'Etat);

En fait, il y a une crainte réelle que le discours sur le « dialogue », comme l'a noté à juste titre Amir M. Maasoumi (2003) à propos du dialogue interreligieux, ne soit « insidieusement devenu » ceci:

- « un instrument au service d'objectifs de mobilisation idéologique et politique qui ne vise que l'hégémonie et le pouvoir »;
- un instrument de « promotion d'une '*fraternité neutralisante*' » (notre soulignement: J.S.) entre partenaires inégaux assis gentiment autour d'une table de bavardage « sur le dialogue »; pendant ce temps, « des entreprises de guerre, de domination, de discrimination et de répression battent leur plein »;
- une instrumentalisation pour occuper les esprits des gens crédules et jeter de la « poudre aux yeux » aux gens qui croient sincèrement en la résolution des problèmes à travers le dialogue et non la force.

En effet, plusieurs « slogans politiques » ont déjà été utilisés par le passé: « *la détente* », « *la coexistence pacifique* », « *le respect pour les droits humains* », etc. Pourtant l'agenda caché des puissances - mais révélé par des pratiques concrètes - est resté le même. Il a toujours été établi selon leurs intérêts « égoïstes » faisant fi des droits légitimes des peuples et des chartes et conventions onusiennes visant le maintien de la paix mondiale. Rien n'avait changé donc, et il est fort probable que les choses vont rester ainsi, et ce en dépit de la « promotion » du dialogue interculturel qui peut, lui aussi, ne pas dépasser le stade de slogan à la mode pendant un certain temps.

Que faire?

Le message que l'on peut dériver de ce qui vient d'être écrit dans la section précédente, est que le scepticisme et le pessimisme devraient être de mise. Ils sont dictés par un grand sens du réalisme et de la mesure. Mais, devrions-nous, pour autant, céder au découragement, adopter une attitude empreinte d'inertie et d'un manque de réactivité, et cesser de militer pour que l'adhésion aux principes du dialogue interculturel soit généralisée à l'échèle mondiale ? N'y a-t-il pas quelque chose que l'on puisse faire pour préserver et valoriser les bienfaits de ce genre de dialogue ? En dépit de notre scepticisme, nous sommes convaincus qu'un certain nombre d'actions peuvent être entreprises, comme, par exemple, celles-ci :

(1) travailler sur le changement de mentalité des gens ; car ce sont les gens et non des entités abstraites (cultures, civilisations, religions) qui dialoguent;
(2) abandonner la logique de la violence et de l'utilisation de la force comme mode de résolution des conflits;
(3) effectuer une promotion positive du dialogue en impliquant les gouvernements, les ONG et les médias électroniques (car ces derniers ont un très grand rôle à jouer);
(4) prendre un engagement sincère ayant comme finalité la valorisation du respect de l'autre dans sa différence;
(5) réformer les instances de prise de décision au sein de l'ONU (surtout le Conseil de Sécurité); par exemple, on devrait élargir ce Conseil pour que les différents continents y soient représentés de façon équitable, supprimer le droit de véto et le doter de moyens militaires pour faire appliquer ses résolutions;
(6) contrôler la mondialisation sauvage (au niveau économique et culturel);
(7) s'attaquer aux *vraies causes* des problèmes en évitant d'être entravé par ce qu'on appelle en anglais « political correctness » ; on devrait en finir, une fois pour toutes, avec la « politique de l'autruche ».

Conclusion : réflexions finales

Initialement conçu par les experts de l'UE comme un instrument politique et stratégique dont l'utilisation devait avoir comme finalité, inter alia, la résolution des conflits et l'instauration d'un intelligent « vivre ensemble » en paix, et dans la dignité et le respect mutuel, au sein des Etats et entre les peuples appartenant à des cultures et des civilisations différentes (voir supra: Intro.), avons-nous procuré à cette fin les conditions institutionnelles, idéologiques, économiques et psychosociales afin de réaliser les résultats escomptés? Ces conditions, ont-elles permis au dialogue interculturel de réaliser une de ses plus importantes fonctions à savoir agir comme *un antidote* au 'choc des civilisations' et au terrorisme radical globalisé, et au terrorisme d'Etat?

Les réponses apportées par Guerrato (Sect. II.3.1) aux questions soulevées semblent indiquer que la promotion du dialogue interculturel et interreligieux n'a pu accomplir qu'une de ses fonctions les plus élémentaires: *la prise de conscience des problèmes posés par le « vivre ensemble » au sein d'un même pays et entre les nations*, problèmes représentés par le « communautarisme » et le « particularisme identitaire » conduisant au repli sur soi, d'un côté, et par les tendances hégémoniques - voire exclusivistes et discriminatoires - des majorités nationales, de l'autre. In fine, cette promotion n'est pas arrivée à faire du DI un antidote aux problèmes sociaux comme le *« choc des civilisations », le racisme (ancien et nouveau), les extrémismes de tous genres, le terrorisme (perpétré par les individus, les groupes de fanatiques ou les Etats).*

Quant à son devenir, la traduction française de l'avis de Widmer (2008, voir l'épigraphe sous le titre), cité dans Endres (2010), semble lui réserver un rôle dans l'avenir. Cependant, ce serait sous réserve que des concessions soient faites de part et d'autre, ce qu'il reconnaît être très difficile quand des convictions intimes sont en jeu. La position de Thierce (2002 ; voir l'épigraphe sous le titre) citée dans Endres (2010), reflète bien la situation du dialogue interculturel surtout entre des personnes de différentes origines ou des pays différents à statut inégal, s'engageant dans un dialogue avec des « demandes mutuellement inacceptables ». N'étant pas une panacée (c.-à-d. un remède universel), même si quelques progrès sont réalisés, cela n'empêche pas les interlocuteurs de ressentir de l'amertume à chaque concession faite. Comme les puissants de ce monde (pays, leaders, individus, « Big business », compagnies multinationales, etc.) ne sauraient être prêts d'avaler des « potions amères » pour les autres, il y a de fortes chances que - comme les concepts de « la détente », « la coexistence pacifique », ou « les droits humains », instaurés avant lui - le dialogue interculturel ne dépassera pas, lui aussi, le stade de slogan.

Devant ce constat, il ne nous reste qu'à méditer ce verset du Saint Coran, qui sied beaucoup à la position que nous avons prise ici : « *Dieu ne modifie en rien un peuple avant que celui-ci ne change ce qui est en lui* » (Coran, 13/11)[11]. Il est à espérer que ce changement inclut le rejet de toutes les formes de discrimination et d'exclusion, et l'adhésion sincère aux principes du discours interculturel, ainsi qu'à ceux consacrés dans la charte et autres conventions universelles de l'ONU concernant les droits humains, la paix mondiale et le respect des cultures et civilisations du monde.

Notes

1 Paul Widmer a servi comme représentant permanent de la Suisse au Conseil de l'Europe à Strasbourg lors de l'instauration du dialogue interculturel.

2 Thierse est un expert allemand dont les écrits sur le dialogue interculturel ont été utilisés par Endres dans son étude (2010), notre première source bibliographique sur ce concept et son utilisation.

3 D'autres actions beaucoup plus répréhensibles, car résultant de diktats intéressés et injustes des grandes puissances dotées du droit de véto, sont : la soumission sélective de certains Etats pourtant souverains (ex. la Corée du Nord, l'Irak de Saddam Hussein, la Libye de Gadafi, l'Iran d'Ahmadinejad, l'Afghanistan des Talibans) à des sanctions économiques, des blocus maritimes, voire à des invasions militaires (sous la bannière de l'ONU, de l'OTAN ou d'une Coalition politico-militaire internationale ou régionale créée de toute pièce juste pour la circonstance(!)), les exécutions extrajudiciaires et extraterritoriales américaines à l'aide de drones. Avec du recul, l'on ne peut qu'être d'accord avec le Général De Gaule, pourtant ancien président d'une des puissances avec droit de véto (!), qui aimait appeler le Conseil de Sécurité de l'ONU « le machin aux mains des Anglo-saxons ». Nous savons maintenant, grâce à certains médias, aux révélations d'anciens responsables, et aux conclusions d'enquêtes officielles (ex. en Grande Bretagne), que les prétextes (ex. possession d'armes de destruction massive) invoqués pour les invasions militaires d'Etats souverains (ex. l'Irak) appartenant au monde musulman étaient vraiment fallacieux.

4 En effet, elles n'ont fait que rendre encore plus aigu et profond, chez les peuples visés, le sens de l'injustice, du préjudice, de discrimination et d'indignation, ce qui a engendré plusieurs mouvements extrémistes armés (comme Al-Qa3ida, l'Etat Islamique) et plongé le monde dans le cercle vicieux de violence extrême que l'on connaît depuis les attaques du 11 Septembre 2001, avec sa série meurtrière et infernale de représailles et de contre-représailles (voir infra).

5 C'est en réaction aussi aux innombrables injustices, humiliations et exactions, subies pendant des décennies par les Palestiniens et les Arabes en général, mais qui ont été *cautionnées* par les gouvernements de l'Ouest (prétendument « démocratiques » et « défenseurs de l'Etat de droit et des droits humains »), à travers l'usage automatique du droit de veto par les USA et la Grande Bretagne en appui aux politiques israéliennes, même celles transgressant de manière flagrante moult conventions relevant du droit international (ex. possession non officiellement déclarée d'armes atomiques, occupation continue des territoires palestiniens, longues incarcérations sans jugement des prisonniers palestiniens (même des mineures), expropriation et annexion des terres pour construire de nouvelles colonies, etc.). C'est pourquoi, au vu de toutes ces injustices et exactions, les peuples musulmans ne comprennent pas que des citoyens des pays puissants (de l'Ouest comme de l'Est), par ailleurs honnêtes et bien-intentionnés - mais non-informés sur les graves forfaits commis par leurs gouvernements hégémoniques respectifs, au profit du « Big Business » multinational - s'interrogent ainsi : « why do they hate us so much ? » (Pourquoi nous haïssent-ils autant ?).

6 C'est ce que l'on rapporte sur l'approche des anciennes Secrétaires d'Etat des USA, Madeleine Albright et Condoleezza Rice, durant la présidence de Bill Clinton et celle de George Bush, respectivement. En somme, leurs propositions sonnent comme les « offres » des parrains de la Mafia dans les films, du genre: « I will make you an offer you can't refuse » (je vais te faire une offre que tu ne peux pas refuser) (!) (cf. le film « Le Parrain »). S'agit-il d'une offre ou d'un diktat ?

7 Ceci est l'œuvre de personnes acquises à l'idéologie des partis d'extrême droite (ex. Le Front National en France, le PVV (Partij voor de Vrijheid ou « Parti pour la liberté ») aux Pays-Bas).

8 Cette information - « avions britanniques » - nous vient de collègues néerlandais présents lors de notre présentation orale, et qui croyaient, à tort, que nous blâmions injustement leurs concitoyens, alors que notre blâme était adressé plutôt aux commandants-en-chef militaires de la force d'intervention de l'ONU et à son « machin ». Ces collègues m'ont aussi appris que les membres du contingent néerlandais - et avec eux toute la nation néerlandaise, en fait - ont mal vécu le massacre et qu'un bon nombre d'entre eux s'étaient suicidés. Nos recherches supplémentaires nous ont aussi permis de trouver cet élément d'information : « le 16 juillet 2014, le tribunal de la Haye estime que l'État néerlandais est civilement responsable de 300 morts à Srebrenica. ». En fait, ce serait plutôt le « machin » de l'ONU qui est civilement, moralement et militairement responsable.

9 Pour rappel, voici quelques causes : 1) Liban : Occupation continue des fermes de Chabha au sud Liban ; appui militaire aux milices chrétiennes du sud Liban, créées avec l'aide d'Israël, et désir de désarmer les milices du Hezbollah ; violations fréquentes de l'espace aérien et maritime libanais. 2) Palestine : refus de se retirer des terres palestiniennes occupées depuis 1967, et ce en dépit des résolutions des Nations Unies; expropriations des terres des Palestiniens et construction de colonies dans le désert du Néguev et en Cisjordanie occupée ; emprisonnement sans jugement de milliers de Palestiniens ; blocus terrestre et maritime imposé à Gaza et ce en dépit du « retrait » d'Israël de ce territoire; chantage à propos de l'argent des impôts collecté par Israël et dû à l'Autorité palestinienne; désir d'annexer la Mosquée d'Al-Aqsa à Jérusalem (en fait tout Jérusalem Est pour faire de cette ville multiconfessionnelle la capitale d'Israël), sous prétexte qu'elle a été construite sur un vieux temple hébreu; discrimination dans la distribution de l'eau (potable et d'irrigation) ; vexations et exactions quotidiennes, etc., etc.

10 Sur ce plan, l'on ne peut qu'être d'accord avec notre mentor, Noam Chomsky, fondateur de l'école de linguistique générative et qui a ajouté à ses centres d'intérêt les sciences politiques qui, dans une interview de 2015 accordée à *Rawstory* magazine (20/1/2015), fustige fermement, exemples à l'appui, ce qu'il appelle «West's double standard on terrorisme », c.-à-d. le « deux poids, deux mesures » de l'Occident sur le terrorisme.

11 Peut-être comme témoignage de son respect pour la religion musulmane, et comme preuve de sa sincère adhésion aux principes du dialogue interculturel et interreligieux, Lucio Guerrato a choisi de terminer son article avec le même verset du Saint Coran.

Bibliographie

Bohn, D. (1996). On dialogue, edited by Lee Nichol, London/New York : Routledge.

Chomsky, N. (2015). « The West double standards », Entretien accordé à Travis Gettys (<Raw Story Mag), 20 Jan 2015 at 08:50 ET, https://www.rawstory.com/2015/01/noam-chomsky-charlie-hebdo-outrage-demonstrates-wests-double-standard-on-terrorism/.

Conseil de l'Europe (2008). Livre blanc sur le dialogue interculturel, « Vivre ensemble dans l'égale dignité », Strasbourg, 7 mai 2008.

Endres, J. (2010). *Le « dialogue interculturel » à l'Union Européenne et à l'UNESCO*. Berne, Suisse, Publication du Secrétariat d'Etat à l'éducation et à la recherche. Recherche commanditée par l'UNESCO.

Guerrato, L. (2008), Un bilan critique du « dialogue des cultures » : un foisonnement d'action, mais pas de stratégie? in *Quaderns de la Mediterrània* 10.

ISESCO (2010/13). Dialogue des civilisations - Liste des activités https://icesco.org/fr/?s=-DIALOGUE+DES+CIVILISATIONS

Huntington, S. (1993) « The clash of civilizations», in *Foreign Affairs*, Vol.72, No.3, pp. 22–49.

Krebers, E. (2007 [2005]). « Pays-Bas : Du multiculturalisme à l'intégration forcée », in *De Mondialisme.org*

Maasoumi, A. (2008). « S'il veut être authentique, le dialogue interreligieux ne doit pas servir de paravent facile, camouflant des pratiques contraires à son idéal », *Revue Relations*.

Matsuura, K. (2010). Préface aux Actes du Séminaire « Le dialogue interculturel et ses nouveaux enjeux » (en anglais « New Stakes for Intercultural Dialog ») (2006). UNESCO.

Micksh, J. (2005). Islaforen in Deutschland.Dialoge mit Muslimen. Frankfurt: Verlag Otto Lembeck

Saib, J. (2012). « L'ELCO: entre le multiculturalisme des années 70 et l'intégration forcée d'aujourd'hui », Communication préparée pour le VIIIème Festival pour la culture amazighe (Ms).

Thierse, W. (2002). « Dialog der Kulturen-Das Fremde und das Eigene », in Deutschland, Ausgabe 2/2002.

Widmer, Paul 2008 : Der interkulturelle Dialog und der Europarat. Ansprache von Botschafter Paul Widmer, Ständiger

Vertreter der Schweiz beim Europarat in Strassburg, Herbst-Abgeordnetenversammlung des Schweizerischen

Evangelischen Kirchenbundes, Bern, 3. November 2008

DEUXIÈME PARTIE

L'APPORT DE LA LITTÉRATURE : RÉCITS ET TÉMOIGNAGES

· 11 ·

LE RÊVE D'UN LIEU DÉMOCRATIQUE DANS *PARTIR* DE TAHAR BEN JELLOUN

Juliane Tauchnitz

Réflexions préliminaires

Tahar Ben Jelloun est un auteur qui, dès le début de sa carrière, a adopté un point de vue incontestablement politique vis-à-vis des grandes manifestations/actions et questions socio-culturelles et vis-à-vis des processus anti-démocratiques. Ainsi, dans *Hospitalité française*, il avait dévoilé les racismes, souvent institutionnalisés en France, envers les migrants maghrébins (1984). Plus de 20 ans après, il publie *Un pays sur les nerfs*, collection d'articles rédigés préalablement dans l'hebdomadaire *Le Un*. Ben Jelloun s'inscrit dans un discours mené par des intellectuels et écrivains d'Afrique du Nord qui se positionnent ouvertement contre l'extrémisme et le terrorisme islamiste (2017).

Tahar Ben Jelloun est également un des premiers auteurs qui a dénoncé la détresse insupportable des réfugiés qui essayaient et essayent encore de traverser la Méditerranée à la recherche d'une vie meilleure sur le continent européen et qui, (par milliers), ont déjà perdu la vie dans ces traversées. Dans un article intitulé *¿Cómo se dice 'boat people' en árabe?* (*Comment dit-on « boat people » en arabe ?*; trad. de J.T.) paru en 1992 dans le quotidien espagnol *El País*, Ben Jelloun met le doigt sur ce drame humain – et ce à un moment précis où les médias européens ne mentionnent encore guère ce qui, deux décennies plus tard, ferait régulièrement la une des journaux européens (cf. Ben Jelloun 28/02/1992). Mais l'écrivain ne se contente pas seulement de publier des textes essayistes et journalistiques pour exercer sa critique sociale. Tahar Ben Jelloun aborde également cette thématique par le biais de la fiction, rejoignant ainsi un grand nombre d'auteurs francophones mais aussi hispano-maghrébins qui ont créé une littérature dite *patera* (dont p. ex. Elalamy 2001 ; Binebine 1999[1] ; Gharrafi 2007 ; Oubali 2007).[2]

Le roman de Tahar Ben Jelloun qui sera au centre des réflexions du présent chapitre s'intitule *Partir*. Le texte, publié en 2006, est un tableau réaliste et terrible qui présente une multitude de destins individuels ratés au Maroc ou, après leur migration, en Espagne. Cependant, dans cette contribution, je me concentrerai sur le dernier chapitre de *Partir* en proposant exclusivement une lecture de cette partie qui, à première vue, s'attarde moins sur des expériences atroces vécues. Néanmoins, je montrerai en quoi ce chapitre, en oscillant entre littérature fantastique et *realismomágico*, représente une des parties les plus politiques du roman.

De l'impossibilité des migrants de « revenir »

Dans *Partir*, Tahar Ben Jelloun parle des migrations au pluriel (!) et de la complexité des motivations des migrants. Le lecteur rencontre un grand nombre de protagonistes parmi lesquels se trouve Azel, personnage principal voulant quitter le Maroc à tout prix, « quitter cette terre qui ne veut plus de ses enfants, tourner le dos à un pays si beau et revenir un jour, fier et peut-être riche, partir pour sauver sa peau, même en risquant de la perdre . . . » (Ben Jelloun 2006 : 25 [PA]). Azel fait la connaissance de Miguel, artiste espagnol, riche et homosexuel, qui tombe amoureux de lui et l'aide à se procurer un visa pour l'Espagne, pays où ils vivront dorénavant ensemble. Quelques temps après, Miguel soutient aussi la sœur d'Azel, Kenza, pour qu'elle puisse mener sa vie dans ce pays de l'Europe du Sud. Alors qu'Azel, ne supportant plus de mener une vie hypocrite en jouant le rôle d'un amant homosexuel, prend des décisions qui le mènent à sa perte ; sa sœur, quant à elle, prend cette chance au sérieux, travaille et va jusqu'à expérimenter pour la première fois l'amour – avec Nazim, un jeune homme turc. Lorsque Kenza découvre que Nazim est déjà marié et père de famille, elle tente de se suicider.

Après avoir suivi la souffrance des protagonistes qui fuient la misère de leur pays natal africain en émigrant clandestinement, par mariage blanc ou en gagnant une prétendue liberté en échange de rapports sexuels ou en lisant les récits de ceux qui rêvent seulement de s'enfuir ou meurent lors du passage, le dernier chapitre brise avec cette perspective quasi-documentaire. Lesdits topoï, les tragiques destins de ces migrants décrits dans le roman sont devenus des faits presque familiers et difficiles à supporter.

Le dernier chapitre est intitulé « Revenir » et présente une situation fort étrange : quelques personnages récurrents du livre embarquent sur un bateau « magique » (*PA* 321) sur lequel le capitaine a planté un arbre en fleur (ibid. : 315). Le bateau est baptisé *Toutia*. Les passagers sont accueillis par la femme magnifique du capitaine nommée également *Toutia* – Toutia-la-Sublime (*ibid.*). Parmi les passagers, le lecteur retrouve Kenza ainsi que l'ancien « chef » d'Azel, Miguel, et une des anciennes amantes d'Azel. En plus de ces personnages, il y a aussi Don Quichotte et Sancho Panza, un Camerounais appelé Flaubert ainsi que celui que le narrateur décrit comme étant « un homme ou plutôt un arbre » (*PA* 328). Tout a l'air beau, paisible – idyllique. Mais rien n'est univalent sur ce bateau. Chaque fois que le lecteur croit comprendre le texte, celui-ci lui échappe ou se contredit par un des éléments.

Par la suite, je systématiserai la qualité et les différentes strates définissant les personnages, ce qui révèlera la dimension politique du chapitre.

Les personnages « humains » du roman

Commençons par le premier groupe : celui des protagonistes du roman. « Ils marchent de jour et de nuit, animés par une force dont ils ne soupçonnent pas la puissance, au point de ne ressentir aucune fatigue, ni même le besoin de boire et de manger » (*PA* 314). Cette phrase qui fait partie du passage introduisant ce dernier chapitre et, malgré le sujet amer débute un discours qui n'est plus relié au reste du roman – non plus à propos du reste de l'histoire, mais à propos des personnages principaux mêmes. Alors que le roman se présente comme une description impitoyable et « réaliste » des migrations, cette phrase semble introduire un conte de fées (bien que terrible) ce qui contraste largement avec le thème principal du roman. Mais c'est une illusion : le ton a changé même si la thématique reste la même comme le lecteur le découvre sur-le-champ puisque rien n'est probable dans cette phrase : en effet, il paraît improbable que les personnages aient une telle énergie, qu'ils marchent sans éprouver ni fatigue ni soif car la sœur d'Azel, Kenza, est affaiblie à cause de sa tentative de suicide et Miguel, l'ex-chef et amant d'Azel, est agonisant.

De plus, il y a des indices qui soulignent le manque de force et de vitalité des protagonistes. Lorsque, par exemple, Kenza arrive sur le bateau, « Toutia se penche sur elle et caresse doucement son visage froid » (*PA* 320). Certains critiques ont interprété ces allusions comme étant la preuve de la mort des personnages (cf. Urban2013 : 424). D'autres ont analysé ce « retour » étrange de manière purement littérale (Idrissi Alamy 2013 ; Loreto Cantón Rodríguez 2012). Mais le chapitre ne permet aucune déduction définitive. Il ne sème que des possibilités.

L'approche de Pireddu nous semble fort utile pour comprendre le rôle et la fonction des personnages « humains » sur ce bateau : elle les circonscrit comme des « créatures spectrales » transportées par une sorte de Charon (2009 : 31).[3] Ainsi, Pireddu ne relève pas le côté réaliste du comportement des protagonistes mais les recontextualise à une échelle quasi-mythologique. Ce parallèle créé avec la mythologie grecque est fort plausible, d'autant plus que ce n'est pas le seul aspect reliant les évènements du bateau à cette dimension. Néanmoins, la comparaison ne fonctionne que jusqu'à un certain point : Charon emportait les morts jusqu'en Enfer. Les personnages de *Partir*, quant à eux, ne sont ni définitivement morts ni vivants ; ce sont des êtres humains auxquels même le passage à la sépulture est interdit.

Il faut souligner ce fait qu'ils n'ont pas le droit à une fin – même pas à une fin infernale. Et contrairement à Charon qui poursuit toujours un but prédéfini, le capitaine du bateau est plutôt un flâneur benjaminien, vivant sans objectif et hors du temps. Ainsi, le capitaine constate sa propre désorientation : « [. . .] comme je n'ai aucune idée du temps et encore moins de l'espace, je ne peux rien garantir » (*PA* 329).

Les personnages n'appartiennent donc à nulle part, ce qui provoque une superposition étrange : le bateau devient à la fois un *non-lieu* (Augé 1992) *et* un *hétérotopos* (Foucault 1984) : les passagers sont exclus du monde autour et en même temps, ils forment un microcosme de la migration. Les passagers sont en perpétuel transit sur un navire qui, en tant que « morceau flottant d'espace », est « l'hétérotopie par excellence » (*ibid.*). Dès lors, les métaphores se rapportant à la Méditerranée telles que « fosse commune » ou « cimetière marin » ne sont pas valables car les référents désignent tout de même des *lieux* déterminés. La mer, au contraire, n'est pas une tombe, c'est un espace fluide et mobile.[4] Leur entourage n'a pas de lieu pour se recueillir et faire son deuil.

Cette vérité insupportable est dévoilée par ce chapitre, c'est-à-dire qu'il n'existe aucun lieu pour les personnages faisant office de dernière demeure. Elle est brouillée par des descriptions harmonieuses et paisibles ; tout comme l'arbre planté sur le bateau par le capitaine qui n'est qu'un signe trompeur. L'arbre (en fleur) – symbole de la vie et image biblique de toute lignée généalogique et témoin de l'« enracinement » d'un individu – fait partie de ce microcosme marin. Mais au lieu de confirmer l'idée qui serait que le bateau est un lieu sécuritaire et accueillant, la présence de cet arbre témoigne justement de la non-appartenance des personnages. C'est dans ce chapitre que le statut des migrants et leur solitude, malgré des destins souvent partagés, sont dévoilés le plus clairement. Et c'est dans ce moment précis que la portée politique du texte se déploie le plus largement puisque le roman quasi-documentaire (chapitres 1–39) des vies des personnages élabore moins ce côté émotionnel qui est rendu net dans « Revenir » (chapitre 40).

Le(s) personnage(s) symbolique(s)

Le deuxième niveau de personnages est celui comportant une grande dimension symbolique, représentée avant tout par *Toutia*. Toutia est bien plus qu'un nom, elle est une figure « encadrante » du roman parce qu'au premier chapitre homonyme, *Toutia* était « l'araignée tantôt dévoreuse de chair humaine, tantôt bienfaitrice » (*PA* 13) qui renseignait les clandestins sur l'état de la Méditerranée avant de la traverser. Interprétée comme synonyme de la mer-même par quelques critiques (p. ex. Emir 2014 : 27 ; Nko a Bodiong 2015 : 15), Toutia est en effet inséparablement liée à celle-ci, mais elle ne correspond pas ou pas exclusivement aux flots qui séparent et réunissent l'Afrique et l'Europe. Ceux qui, au début du roman, veulent partir lui tendent l'oreille, ils essayent d'écouter celle qui, comme une sirène homérique, chante « la chanson du noyé devenu une étoile de mer suspendue au-dessus du détroit » (*PA* 12). Et elle chante encore à la fin du livre et « interprète d'une voix limpide et juste un chant arabo-andalou » (*PA* 315). En tant que figure de l'héroïne mythologique qui conduisait les marins à leur perte – les marins traversant le détroit de Messine –, Toutia n'est pas fiable. C'est un être hybride, tatouée au front et au menton comme les femmes amazighes mais qui est en même temps jeune et ressemble à un mannequin brésilien (*PA* 315). Elle caresse les passagers, les accueille avec une chaleur dont l'Espagne les avait toujours privés. Toutia est un mythe chimérique et rassemble en elle-même l'hybride culturel *et* la *hybris* grecque qui représentait l'auto-surestimation de l'homme, ce qui menait inéluctablement à sa perte (cf. Ha 2010 : 109 et sqq. ; Tauchnitz 2014 : 201). En même temps, Toutia symbolise cette transgression frontalière et en est le moteur. En cela, sa dimension politique devient évidente : elle est à la fois celle qui peut causer la perte des migrants et celle qui représente le migrant *per se*, marcheur entre les mondes culturels qui a plusieurs « chez soi » mais qui toutefois n'appartient à nulle part – ce qui prouve la quintessence politique de Toutia, ce personnage surhumain.

Les personnages littéraires et fantastiques

En plus de Toutia qui incarne des mythes de l'Antiquité ainsi qu'une position frontalière postcoloniale, le lecteur découvre une troisième strate de personnages qui présentent des références littéraires et des stratégies textuelles de la modernité et qui ont tous provoqué un changement de paradigme littéraire. Parmi eux, un Camerounais du nom de Flaubert – exactement comme celui que Ben Jelloun mentionne dans l'avertissement du roman : son ami qui avait « *étudié* [. . .] *quelques pages de* Madame Bovary » (*PA* 9). Avec cette dédicace-exergue, la parodie est établie dès le début car connaître une partie d'une œuvre ne signifie pas autre chose que manquer sa complexité.

C'est le personnage de Flaubert qui raisonne de manière méta textuelle et méta fictionnelle sur le fait que le « bateau n'était qu'une fiction » dont il serait une fonction (*PA* 322). Flaubert y rencontre Sancho Panza et Don Quichotte – personnages errant à la recherche d'aventures chevaleresques bien qu'ils n'aient jamais quitté la terre d'Europe. Et à la manière de l'œuvre de Cervantès en tant que première parodie des romans de chevalerie, le dernier chapitre de *Partir* est une parodie littéraire brisant les limites entre réalité et fiction et offrant une autre perspective – cette fois-ci fantastique (au sens de Todorov 1970) – des événements vécus.

Le chapitre va plus loin encore que l'essai de Ben Jelloun, *Hospitalité française* (1984), où l'auteur avait analysé la société française, société dite d'accueil mais qui s'avère parfois hostile et raciste. Dans *Partir*, Ben Jelloun ne se contente pas d'exposer la confrontation des migrants face à la froideur du pays d'accueil, mais les personnages sont également renvoyés chez eux car ils ont échoué « chez l'autre ». Ils n'ont aucune place – sauf en littérature. Mais, et c'est la conclusion politique amère : la littérature ne les sauve pas. Ils y sont exposés, deviennent des symboles, des stratégies dont l'exemple le plus frappant est sans aucun doute celui du personnage Moha. Il est présenté comme « un homme ou plutôt un arbre » (*PA* 328) ce qui regroupe d'une part l'ironie de l'arbre en fleur sur le bateau et, de l'autre, l'hybridité représentée par Toutia. Mais le lecteur avait déjà fait connaissance avec un personnage nommé Moha au milieu du roman – et dans un autre texte de Ben Jelloun : dans le chapitre 20 de *Partir*, il était question d'un homme à la fois sage et fou. C'est seulement après avoir terminé la lecture du dernier chapitre que la description au 20e chapitre devient moins énigmatique et se révèle être plus qu'une simple allusion à l'autre roman de Ben Jelloun où le personnage est introduit comme tel : *Moha le fou, Moha le sage* (1978) : « Moha, le vieux Moha, Moha le fou, Moha le sage, sortit de son arbre [. . .] » (*PA* 176). C'est le personnage de *Partir* qui expose une autre sorte de racisme - celui de

> [. . .] nous autres Arabes blancs, disons à la peau mate, brune, marron, nous nous sentons supérieurs, bêtement supérieurs, [. . .], notre racisme avait besoin de s'exercer, on maltraitait déjà les pauvres, mais quand les pauvres sont des Africains à la peau noire, on ne se sent plus, on se croit autorisés à les regarder de haut [. . .]. (*PA* 180)

Ici, Ben Jelloun retrace la complexité des racismes qui ne se dirigent pas exclusivement contre le migrant arrivant sur le continent européen – mais il est montré que c'est ce même être humain qui, dans une autre situation et une autre position, accueillit des autres humains, plus faibles et sans défense, de manière raciste. C'est la leçon la plus amère de cette fin de livre : le racisme n'est jamais une attitude simple – et souvent, il n'est pas unilatéral, c'est-à-dire que la victime pourrait devenir, dans un autre contexte, le bourreau.

Or, dans toute cette histoire, Moha, l'homme-arbre « ou l'arbre habité par un homme » (*ibid.*), est « l'immigré anonyme » (*PA* 329) et représente tous ceux qui ont quitté leur terre. Les feuilles de l'arbre de ce personnage magico-réaliste (cf. par exemple Carpentier 1949) sont des passeports, des cartes d'identité et d'autres papiers administratifs (cf. *PA* 328) qui perdent leur sens sur ce bateau – « Ici pas besoin de papiers » (ibid. : 327), comme l'affirme le protagoniste Flaubert. L'homme-arbre expose le ridicule des processus bureaucratiques lorsqu'on a affaire à des procédures administratives auxquelles doit faire face un être humain. Et il est le symbole d'une cinglante critique des systèmes politiques qui traitent des vies et la qualité de vie digne d'un être humain comme de simples chiffres et de simples lettres – comme si un passeport valait plus qu'une vie.

Le dernier chapitre de *Partir* met en lumière le fait que c'est la littérature qui fait endurer la souffrance des personn(ag)es migrants car l'écriture rend durable une situation qui est fugitive. Ainsi, le rêve des personnages du bateau d'un lieu vraiment démocratique ne reste (encore) que fiction.

Notes

1 Le roman *Cannibales* dans lequel Mahi Binebine traite du thème de la migration clandestine fut traduit en espagnol sous le titre de *La patera*.
2 La *patera* est une petite barque instable qui sert souvent aux migrants clandestins pour traverser la Méditerranée et qui est devenue le symbole de la littérature sur cette manière de migrer (cf. Rueda 2010 ; Ricci 2005).
3 Version originale: "[. . .] spectral creatures carried once again at sea by two Charon-like ferrymen of Hades [. . .]" (Pireddu 2009: 31).
4 Ces réflexions sur les métaphores inappropriées de la mer comme tombe furent inspirées par une discussion avec David Alvarez (Grand Valley State University, Michigan, États-Unis) suivant son intervention lors de la rencontre annuelle de la *American Comparative Literature Association* sur « Maritime Necropolis? Aqueous Mass Grave? :Mortuary Metaphors for Mediterranean Mortalities » (Los Angeles, mars 2018).

Bibliographie

Augé, Marc (2009). *Non-lieux : introduction à une anthropologie de la surmodernité*. Paris : Seuil.
Ben Jelloun, Tahar (1978). *Moha le fou, Moha le sage*. Paris : Seuil.
Ben Jelloun, Tahar (1984). *Hospitalité française. Racisme et immigration maghrébine*. Paris : Seuil. https://elpais.com/diario/1992/02/28/opinion/699231604_850215.html, dans : http://www.elpais.com/articulo/opinion/ESPANA/dice/boat/people/arabe/elpepiopi/19920228elpepiopi_4/Tes [6/11/2011].
Ben Jelloun, Tahar (2006). *Partir*. Paris: Gallimard.
Ben Jelloun, Tahar (2017). *Un pays sur les nerfs. Le 1 en livre*. La Tour d'Aigues : Les éditions de l'aube.
Binebine, Mahi (1999). *Cannibales*. Paris : Fayard.
Carpentier, Alejo (1949). « Prólogo », dans: *El reino de este mundo*. Barcelona : SeixBaral.
Elalamy, Youssouf Amine (2001). *Les clandestins*. Casablanca : EDDIF.
Emir, Derya (2014). « Discrimination, Assimilation, and Cultural Identity in Tahar Ben Jelloun's *Leaving Tangier* », dans: *EuropeanJournal of Social Sciences, Education and Research*, 2 (1) : 25–33.
Foucault, Michel (1984). « Des espaces autres(conférence au Cercle d'études architecturales, 14 mars 1967) », dans : *Architecture, Mouvement, Continuité*, 5 (octobre 1984) : 46–49.
Gharrafi, Rachida (2007). « Cartas al estrecho », dans: Carmelo Pérez Beltrán (éd.). *Entre las 2 orillas. Literatura marroquí en lengua española*. Granada: Editorial de la Universidad de Granada, p. 189–199.
Ha, Kien Nghi (2010). *Unrein und vermischt. Postkoloniale Grenzgänge durch die Kulturgeschichte der Hybridität und der kolonialen « Rassenbastarde »*.Bielefeld : transcript.
Idrissi, Alamy, Ahmed (2013). « Dialectics of Desire, Victimhood and Postcolonial Migrancy in Tahar Ben Jelloun's *Leaving Tangier* », dans: *South Central Review*, 30 (2): 1–31, dans : https://doi.org/10.1353/scr.2013.0012 [30/04/2018].

Loreto Cantón Rodríguez, María (2012). « *Partir, Au pays*: Un viaje de ida y vuelta en la memoria de Tahar Ben Jelloun », dans: *Anales de Filología Francesa*, 20 : 43–63.

Nko a Bodiong, Cyril Cédric (2015). « Héros picaresque africain entre difficile insertion sociale et reconfiguration de l'identité : une lecture de *Le Petit prince* de Belleville de Calixthe Beyala et *Partir* de Tahar Ben Jelloun », dans: Bidi Cyprien Bodo (éd.). *La question du picaresque dans la littérature africaine : théories et pratiques. Nodus.sciendi.net*, (13) : 4–27.

Oubali, Ahmed (2007). « Las pateras de la muerte », dans : Carmelo Pérez Beltrán (éd.). *Entre las 2 orillas. Literatura marroquí en lengua española.* Granada: Editorial de la Universidad de Granada, p. 219–223.

Pireddu, Nicoletta (2009). « A Moroccan Tale of an Outlandish Europe: Ben Jelloun's Departures for a Double Exile », dans :*Research in African Literatures*, 40 (3) : 16–36.

Ricci, Cristián H. (2005). « El regreso de los moros a España : fronteras, inmigración, racismo y transculturación en la literatura marroquí contemporánea », dans : *Cuadernos de ALDEEU*, XI (Novembre 2005) : 1–26.

Rueda, Ana (2010). « Presentación », dans : Ana Rueda/Sandra Martín (éds.). *El retorno / el reencuentro. La inmigración en la literatura hispano-marroquí.* Madrid : Iberoamericana Editorial Vervuert ; Valladolid : Cátedra Miguel Delibes, pp. 9–21.

Tauchnitz, Juliane (2014). *La* Créolité *dans le contexte international et postcolonial du métissage et de l'hybridité. De la mangrove au rhizome.* Paris : L'Harmattan.

Todorov, Tzvetan (1970). *Introduction à la littérature fantastique.* Paris : Seuil.

Urban, Urs (2013). « The Mediterranean as a geopolitical and geopoetic border region : possible worlds beyond the border in fiction », dans : *Neohelicon*, 40 : 417–429.

· 12 ·

LE « VOYAGE » DE KENZA À LA RECHERCHE D'ELLE-MÊME

Enza Palamara

Du berceau jusqu'à la tombe,
recherche le savoir, même jusqu'en Chine.

Phrase inaugurale, augurale même, puisqu'elle va marquer de façon décisive le destin d'une jeune femme, Kenza, jeune médecin qui, vivant dans un village tunisien, a connu une enfance tiraillée entre l'amour du savoir transmis par le père, instituteur militant pour la diffusion des connaissances, et les traditions qui, très tôt, séparent les hommes des femmes.

Le roman nous montre l'itinéraire de l'héroïne luttant pour s'affirmer par-delà des convenances. Cet itinéraire se révèle comme un vrai combat d'ordre culturel, mais aussi existentiel, spirituel même.

Initiée aux trésors des livres par le père et à ceux de la nature par la grand-mère vivant dans la montagne, Kenza, enfant, aime « l'odeur de l'école » ; elle rêve d'un Pays autre, aux horizons illimités, perçoit comme une parenté secrète entre la page blanche et ce Pays, un Ailleurs où elle pourrait s'épanouir selon ses vœux, loin des normes qui régissent la vie des femmes destinées à obéir à une tradition qui donne à l'homme tous les pouvoirs et confine la femme dans l'espace familial. La vie s'écoule selon des cycles immuables. Les saisons des mariages se succèdent. Kenza voit « les fillettes en train de reproduire à l'infini le rituel de leurs mères ». Et elle voit aussi le sort réservé à certaines femmes opprimées, répudiées, perçoit les difficultés qui l'attendent pour jouir de son « droit au savoir » et se sent étrangère à ce monde, comme « exilée d'elle-même ». Elle se demande avec angoisse : « la vie serait-elle un contrat à remplir très loin de soi-même ? » et éprouve un rejet viscéral pour cet univers qui prône la capitulation des femmes. L'odeur du henné associé aux préparatifs des mariages, lui donne la nausée.

Devenue médecin, elle vit cette révolte et ce rejet de façon d'autant plus douloureuse que la famille lui impose un fiancé, de crainte qu'elle ne reste vieille fille. Le père lui-même, si fier de ses succès scolaires, partage cette crainte. Kenza vit avec effroi l'incompréhension qui se creuse entre elle et ce père qu'elle admirait tant.

Une planche de salut se présente à elle : son professeur lui propose de poursuivre des recherches à Paris. Après d'innombrables débats au sein de la famille, avec l'accord du fiancé qui se veut « moderne », Kenza peut partir à Paris, s'éloigner du destin que le village voudrait lui imposer. Va-t-elle enfin atteindre l'autre Pays tant rêvé depuis l'enfance ?

La découverte d'un nouveau monde sera une expérience capitale, mettant à nu les conflits qui se jouent au tréfonds d'elle-même. Logée à la cité universitaire, elle découvre une ville où les femmes sont libres, où les rapports entre hommes et femmes peuvent être choisis, où l'amour peut naître dans la rencontre la plus simple et la plus naturelle, où l'amour du savoir peut coïncider avec l'amour de la vie. L'autre Pays semble à portée de main, à portée de cœur et d'esprit.

Le rêve pourrait se réaliser si Kenza ne se sentait pas tenue à respecter sa promesse. Deux mondes se font la guerre en elle. Assoiffée de liberté mais pétrie d'interdits, elle vit une crise aiguë, doutant de son identité. Interrogations et malaises lui révèlent la difficulté d'être soi; déroutée elle finit par se haïr.

Misère que cette vie de femme ! Misère que ce corps chargé de toutes les hontes et de tous les devoirs!

Elle va jusqu'au sacrifice, à l'auto-mutilation: pour éloigner un jeune homme tombé amoureux d'elle et pour qui elle éprouve une grande attirance, elle va abîmer sa belle chevelure en coupant maladroitement ses cheveux pour les recouvrir d'un foulard et revêtir la tenue traditionnelle « gommant » sa féminité. Le combat intérieur est rude. Le déchirement provoqué par le choc des deux cultures aboutit à une sorte de renoncement, un adieu solennel à son rêve. Elle ne trouve de refuge que dans le travail.

De retour au pays après un brillant succès, elle subit une nouvelle incompréhension de la part de son fiancé, étonné par sa tenue, de son père aussi qui ne la reconnaît plus. Kenza a réussi brillamment sa vie universitaire ; sa vie affective s'annonce désastreuse.

Ce n'est qu'au prix d'une longue et lente maturation que Kenza parvient à se libérer. Deux moments marquent cette maturation : La lecture de la phrase retrouvée lors d'une errance en plein désarroi dans la capitale : « *Du berceau jusqu'à la tombe recherche le savoir, même jusqu'en Chine* ». Ces mots appris par cœur dès l'enfance et retrouvés dans le mausolée de Sidi Mahrez, résonnent très fort en elle, annonciateurs d'un apaisement possible. Par ailleurs un jour, lors d'une sortie en famille, Kenza reste seule sur la plage. Un sursaut la pousse à plonger dans la mer. Geste libérateur : Kenza sort de l'eau comme au premier matin du monde, lavée de ses peurs, confiante dans une vie nouvelle. Dans ce rapport intime avec la nature, elle se sent libérée de toute entrave. L'intense travail qu'elle a fait sur elle est une véritable re-naissance. Elle parvient à accoucher d'elle-même ; douloureux enfantement qui lui permet la prise en main de son destin, de sa féminité aussi. Elle a trouvé une identité qu'elle a forgée elle-même. « La vraie vie est ailleurs » affirmait Rimbaud : Kenza a su trouver, dans cet aller-retour fatidique, sa vraie vie.

Car quel est-il ce Pays dont, enfant, elle rêvait tant ? Kenza découvre que cet « ailleurs » tant souhaité n'est que son intériorité, une façon d'être au monde quand on a pu élargir son propre horizon. Il est, ce vrai lieu où l'on vit selon soi-même. Kenza entrevoit une possibilité de continuer à vivre sans se renier, sans capituler, en devenant simplement qui elle est.

Ce long cheminement à la découverte d'elle-même s'apparente à un retournement intérieur, une « conversion » : c'est pourquoi on peut parler de « combat spirituel ». Kenza sort grandie d'un conflit qu'elle a mené de haute lutte.

Le roman nous présente le « voyage » d'une jeune femme mordue par le savoir. Voyage plein de risques et d'obstacles, mais qui la conduit à l'acceptation de ce qu'elle est devenue grâce à son obstination. *L'odeur de l'école* et *l'odeur du henné* enfin réconciliées ? L'auteur laisse la question ouverte.

Cette œuvre nous donne à réfléchir sur les difficultés que rencontre une femme dans la recherche du savoir ; les trésors et les beautés qu'elle y découvre elle doit les conquérir. Son affirmation intellectuelle et affective relève d'une sorte d'héroïsme grâce auquel elle peut découvrir ce lieu en elle qui ne peut pas lui être ôté, quels que soient les revers, les difficultés. Se connaître, savoir trouver sa place et son rôle dans l'univers : tel est le grand don offert par le vrai savoir. Ainsi, le long parcours initiatique permet au personnage, en quête de sa vérité, d'exorciser l'exil intérieur et de trouver sa vraie patrie.

Cécile Oumhani est l'auteure de l'œuvre *Une odeur de henné*

Poétesse et romancière, elle est née d'une mère écossaise et belge et d'un père français, a noué très tôt des liens très forts avec la Tunisie par son mariage avec un Tunisien. Son œuvre investit des lieux et des cultures différentes, notamment la culture maghrébine qui est devenue la sienne.

Ce roman, paru en 1999 et réédité en 2012 par les éditions *elizad* poche, raconte la difficile émancipation d'une jeune femme assoiffée de savoir et de liberté.

· 13 ·

ABDELLATIF LAÂBI : *UNE SEULE LANGUE NE SUFFIT PAS POUR ÉCRIRE*

Arturo Dávila Sanchez

Introduction

Une Seule Langue ne Suffit pas d'Abdellatif Laâbi est un livre de poésie. Il a été publié en 2008 et contient une collection de poèmes qui traitent de thèmes tels que l'identité, la langue, l'amour, la politique et la condition humaine. Laâbi est un poète franco-marocain de renom qui a remporté de nombreux prix pour son travail, notamment le prix Goncourt de la poésie en 2009.

La poésie d'Abdellatif Laâbi correspond à l'expérience des migrations volontaires et involontaires du poète en même temps qu'elle appartient à un devenir multilingue et pluriel. Il y a de multiples niveaux dans sa poésie, mais les thèmes de l'errance et de l'ancrage persistent dans son œuvre. Bien qu'il écrive en français, le vrai *substratum* culturel qui émerge de ses vers est le monde maghrébin. La présence de la mer de sable, des oasis et des palmiers, du silence de l'horizon africain, coule dans les veines de l'écrivain exilé et la mémoire arabe s'exprime dans son imaginaire plus clairement que le monde urbain de Paris où il vit depuis vingt-cinq ans. C'est la *cosmovision* arabe, son expérience nord-africaine, qui effleurit dans sa poésie. Dans "Le poète aujourd'hui", Laâbi exprime cette idée avec justesse:

> La poésie est un exercice où le subconscient joue un rôle primordial. Tout ce qui est lié dans la personnalité de l'écrivain à son enfance, à sa mémoire, à ses racines culturelles, tout cela rejaillit dans l'écriture très fortement. J'ai le sentiment que, lorsque j'écris en français, les deux langues arabes [l'arabe classique et l'arabe dialectal du Maroc] parlent dans mon texte. Elles parlent par leurs odeurs, par leurs couleurs, par leurs rythmes particuliers, par la sonorité propre de leurs mots. Toute l'expérience humaine qui était la mienne dans ces deux langues coule dans mes textes.[1]

Malgré l'exil, le poète reste attaché au pays de l'enfance. Et dans cet espace vertigineux on retrouve les sources de son inspiration poétique. On pourrait dire que pour le lecteur ou la lectrice, Laâbi n'a jamais quitté le Maroc. La lecture de ses poèmes fait penser au Maroc qui est peut être plus proche de l'Espagne andalouse que de la France. Et les différents migrations et voyages du poète constituent un détour pour mieux faciliter son retour à la terre natale. Dans le poème "En vain j'émigre", Laâbi souligne cette problématique:

> Je parle en dormant
> un mélange de langues
> et de cris d'animaux
> La chambre où je me réveille
> est celle où je suis né
> J'émigre en vain . . . [2]

Laâbi est un poète qui fait de la théorie poétique aussi. Conscient des préoccupations du poète moderne il constate: "Aujourd'hui, dans la culture mondiale, il faudra s'habituer à des écrivains qui ont connu l'expérience historique de se trouver entre deux ou trois langues, entre deux ou trois cultures différentes".[3]

Dans la poésie de Laâbi, on trouve le même verbe bilingue et la possibilité de s'enraciner à travers l'expérience amoureuse. C'est par l'amour de la femme qu'il retrouve une forme de réalisation qui transcende l'exil physique et géographique. *Le soleil se meurt*, développe une troisième partie, "Seul l'amour", où la femme et l'amour se présentent comme une sorte d'ancrage existentiel pour que le poète survive le naufrage des langues, des pays, des continents. A ce propos, Laâbi écrit:

> C'est un nomade
> et une sédentaire
> lui confond les villes

et jusqu'aux continents
s'embrouille dans les langues
parfois dans les femmes
Elle, connaît la place des choses
sait nommer chaque joyau du collier
vit dans les fleurs et les étoiles
et de son index humecté
éclaire les routes
Elle conduit la caravane

Cette croyance à "l'armada des amoureux" lui donne le sentiment d'acquérir une nouvelle patrie, un pays nu où le poète partage avec la femme la destruction de l'exil. L'expérience amoureuse devient, ainsi, un terrain spirituel qui se fond avec le mystère:

Quand ils marchent et s'éloignent
leurs pas se confondent
dans le Mystère de l'Un.

Et l'union des amoureux construit un espace de longue durée, plus profond et plus spirituel que le lieu de naissance: la patrie est abolie par l'amour. Cette première anthologie de dix poèmes d'Abdellatif Laâbi introduit les lecteurs hispanophones à quelques thèmes dans l'œuvre du poète marocain tels l'exil, la migration, la polyvalence linguistique, l'amour et la femme. Laâbi habite à Créteil, près de Paris, avec sa femme Jocelyne, et continue à écrire. Il aime bien les conversations au café, l'art de la traduction, et les couchers du soleil.

Traduction de quelques poèmes de Laâbi en espagnol

1. Le pays s'éloigne maintenant
Le pays s'éloigne maintenant
avec ses mouettes orphelines
et sa lourde porte
Il y a
en guise d'aube
une ombre et son sarcasme
L'homme sans tête
court dans le labyrinthe
avec ce qui lui reste de coeur
Dans sa main
il tient l'inutile

une clé souillée
par la guerre et ses mensonges
L'oeil
exilé de sa lumière
s'épanche sur le sable

1. El país se aleja ahora
El país se aleja ahora
con sus cigüeñas huérfanas
y su puerta pesada
Hay
en forma de alba
una sombra y su sarcasmo
El hombre sin cabeza
corre en el laberinto
con lo que le queda de corazón
En su mano
guarda lo inútil
una llave enlodada
por la guerra y sus mentiras
El ojo
exiliado de su luz
se derrama sobre la arena

2. Les rêves viennent mourir sur la page
Un à un
les rêves viennent mourir sur la page
Ils se sont donnés le mot
ils viennent de partout
pour mourir sur la page
comme les éléphants dans leur cimetière
J'assiste à leurs convulsions
ne peux tendre un verre d'eau
Je les regarde pour la première fois
pour la dernière fois
avant de les envelopper dans le suaire de mes mots
et les déposer sur la barque menue
qui fut jadis leur berceau
La courante les emporte
et bien vite me les ramène
comme si le large n'était pas là-bas
mais ici sur la page

2. Los sueños vienen a morir en la página
Uno a uno
los sueños vienen a morir en la página

Se han pasado la voz
vienen de todas partes
para morir sobre la página
como los elefantes en su cementerio
Yo asisto a sus convulsiones
no les puedo alargar un vaso de agua
Los veo por primera vez
por última vez
antes de envolverlos en el sudario de mis palabras
y depositarlos sobre una barca menuda
que hace mucho tiempo fue su cuna
La corriente se los lleva
y muy pronto me los regresa
como si el mar abierto no estuviera allá lejos
sino aquí en la página

3. Je suis l'enfant de ce siècle
Je suis l'enfant de ce siècle pitoyable
l'enfant qui n'a pas grandi
Les questions qui me brûlaient la langue
ont brûlé mes ailes
J'avais appris à marcher
puis j'ai désappris
Je me suis lassé des oasis
et des chamelles avides de ruines
Étendu au milieu du chemin
la tête tournée vers l'Orient
j'attends la caravane des fous

3. Yo soy el niño de este siglo
Yo soy el niño de este siglo lamentable
el niño que no ha crecido
Las preguntas que me quemaban la lengua
me han quemado las alas
Había aprendido a caminar
después lo desaprendí
Me cansé de los oasis
y de las camellas ávidas de ruinas
Extendido en medio del camino
la cabeza volteada hacia el Oriente
espero la caravana de los locos

4. Cénotaphe à Jérusalem
Voilà la mort palestinienne
un cénotaphe à Jérusalem
La main avertie

a biffé l'épitaphe
Celui qui n'a pas de patrie
n'a pas de nom
Sa valise est plus grande
que son cercueil
Passe ton chemin, ô passant
et dis que tu n'as rien vu

4. Cenotafio en Jerusalén
He aquí la muerte palestina
un cenotafio en Jerusalén
La mano advertida
ha tachado el epitafio
Quien no tiene patria
no tiene nombre
Su valija es más grande
que su ataúd
Sigue tu camino, oh caminante
y di que no has visto nada

5. L'hier demain
C'est l'hier demain
une comète aveugle ne sachant rien de sa course
Combien de morts demain
pour qu'hier soit plus clément
Combien de sang impur
pour arroser l'arbre de servitude
Combien égrener de nuits
pour caresser un semblant de matin ?
Demain
vendra nos vieilles peaux
Il fera de nos paroles
un sablier
ou une descente de lit

5. El ayer mañana
Es el ayer mañana
un cometa ciego que no sabe nada de su trayectoria
Cuántos muertos mañana
para que el ayer sea más clemente
Cuánta sangre impura
para regar el árbol de la servidumbre
¿Cuánto desgranar de noches
para acariciar el semblante de una mañana?
Mañana
venderá nuestras viejas pieles

y hará de nuestras palabras
un reloj de arena
o una alfombra de cama

6. Il y a un cannibale qui me lit
Il y a un cannibale qui me lit
C'est un lecteur férocement intelligent
un lecteur de rêve
Il ne laisse passer aucun mot
sans en soupeser le poids de sang
Il soulève même les virgules
pour découvrir les morceaux de choix
Il sait lui que la page vibre
d'une splendide respiration
Ah cet émoi qui rend la proie
alléchante et déjà soumise
Il attend la fatigue
qui descend sur le visage
comme un masque de sacrifice
Il cherche la faille pour bondir :
l'adjectif de trop
la répétition qui ne pardonne pas
Il y a un cannibale qui me lit
pour se nourrir

6. Hay un caníbal que me lee
Hay un caníbal que me lee
Es un lector ferozmente inteligente
un lector de ensueño
no deja pasar una sola palabra
sin sopesar el peso de la sangre
levanta hasta las comas
para descubrir los pedazos elegidos
Sabe bien que la página vibra
de una respiración espléndida
Ah esa conmoción que otorga la presa
apetitosa y ya sumisa
Espera la fatiga
que desciende sobre el rostro
como una máscara de sacrificio
busca el error para saltar:
el adjetivo de más
la repetición que no perdona
Hay un caníbal que me lee
para alimentarse

7. La langue de ma mère
Je n'ai pas vu ma mère depuis vingt ans
Elle s'est laissée mourir de faim pour moi
On raconte qu'elle enlevait chaque matin son foulard
de tête
et frappait sept fois le sol
en maudissant le ciel et le Tyran
J'étais dans la caverne
là où le forçat lit dans les ombres
et peint sur le parois le bestiaire de l'avenir
Je n'ai pas vu ma mère depuis vingt ans
Elle m'a laissé un service à café chinois
dont les tasses se cassent une à une
sans que je les regrette tant elles sont laides
Mais je n'en aime que plus le café
Aujourd'hui, quand je suis seul
j'emprunte la voix de ma mère
ou plutôt c'est elle qui parle dans ma bouche
avec ses jurons, ses grossièretés et ses imprécations
le chapelet introuvable de ses diminutifs
toute l'espèce menacée de ses mots
Je n'ai pas vu ma mère depuis vingt ans
mais je suis le dernier homme
à parler encore sa langue

7. La lengua de mi madre
No he visto a mi madre desde hace veinte años
Ella se dejó morir de hambre por mí
Me cuentan que cada mañana se quitaba el velo
y golpeaba siete veces el suelo
maldiciendo al cielo y al Tirano
Yo estaba en la caverna
allí donde el forzado lee entre lo sombras
y pinta en las paredes el bestiario del porvenir
No he visto a mi madre desde hace veinte años
Me ha dejado una vajilla china para café
cuyas tazas se rompen una tras otra
sin que yo lo lamente así de feas son
Pero ahora me gusta más en ellas el café
Hoy cuando estoy solo
tomo prestada la voz de mi madre
o más bien es ella la que habla por mi boca
con sus juramentos, sus groserías y sus
imprecaciones
el rosario difícil de encontrar de sus diminutivos

toda la especie amenazada de sus palabras
No he visto a mi madre desde hace veinte años
pero yo soy el último hambre
que todavía habla su lengua

8. Une seule main ne suffit pas pour écrire
Une seule main ne suffit pas pour écrire
Par les temps qui courent
il en faudrait deux
Et que la deuxième apprenne vite
les métiers de l'indicible :
broder le nom de l'étoile
qui se lèvera après la prochaine apocalypse
reconnaître entre mille le fil qui ne casse pas
coudre dans l'étoffe des passions
langes, capes et linceuls
sculpter l'aube dans un tas d'immondices
Deux mains ne suffisent pas pour écrire
Par les temps qui courent
et les misères qui grondent
il en faudrait trois, quatre
pour que la vie daigne visiter
ce terrible désert blanc

8. Una sola mano no basta para escribir
Una sola mano no basta para escribir
Para los tiempos que corren
harían falta dos
Y que la segunda aprenda rápido
el oficio de lo indecible :
bordar el nombre de la estrella
que se elevará después del próximo apocalipsis
reconocer entre mil el hilo que no se rompe
coser en la tela de las pasiones
mantillas, capas y mortajas
esculpir el alba en un montón de inmundicias
Dos manos no bastan para escribir
Por los tiempos que corren
y las miserias que gruñen
harían falta tres, cuatro
para que la vida se digne visitar
este terrible desierto blanco

9. En vain j'émigre
J'émigre en vain
Dans chaque ville je bois le même café

et me résigne au visage fermé du serveur
Les rires de mes voisins de table
taraudent la musique du soir
Une femme passe pour la dernière fois
En vain j'émigre
et m'assure de mon éloignement
Dans chaque ciel je retrouve un croissant de lune
et le silence têtu des étoiles
Je parle en dormant
un mélange de langues
et de cris d'animaux
La chambre où je me réveille
est celle où je suis né
J'émigre en vain
Le secret des oiseaux m'échappe
comme celui de cette aimant
qui affole à chaque étape
ma valise

9. En vano emigro
Emigro en vano
En cada ciudad bebo el mismo café
y me resigno al rostro cerrado del mesero
Las risas de mis vecino de mesa
taladran la música de la tarde
Una mujer pasa por última vez
En vano emigro
y me aseguro de mi distanciamiento
En cada cielo encuentro una luna creciente
y el silencio terco de las estrellas
Hablo dormido
una mezcla de lenguas
y de gritos de animales
El cuarto donde me despierto
es el mismo donde nací
En vano emigro
El secreto de los pájaros se me escapa
Como el imán de esta brújula
que enloquece en cada etapa
mi equipaje

10. Deux heures de train
En deux heures de train
je repasse le film de ma vie
Deux minutes par année en moyenne
Une demi-heure pour l'enfance

une autre pour la prison
L'amour, les livres, l'errance
se partagent le reste
La main de ma compagne
fond peu à peu dans la mienne
et sa tête sur mon épaule
est aussi légère qu'une colombe
À notre arrivée
j'aurai la cinquantaine
et il me restera à vivre
une heure environ

10.- Dos horas de tren
En dos horas de tren
repaso la película de mi vida
Dos minutos por año en promedio
Una media hora para la infancia
otra media para la prisión
El amor, los libros, el ir y venir
se reparten el resto
La mano de mi compañera
se funde poco a poco en la mía
y su cabeza sobre mi hombro
es tan ligera como una paloma
A nuestra llegada
tendré unos cincuenta años
y me quedará de vida
alrededor de una hora

Conclusion

La poésie d'Abdellatif Laâbi est profondément humaniste, engagée et marquée par une grande sensibilité. Ses poèmes abordent une large gamme de thèmes, tels que la condition humaine, la politique, la religion, l'amour, l'identité et la langue.

Il utilise une variété de techniques poétiques, notamment des images lyriques, des métaphores, des allégories et des symboles pour exprimer des idées complexes de manière poétique et évocatrice. Son utilisation de la langue est également remarquable. Il utilise souvent des mots et des expressions marocains dans ses poèmes, ce qui donne à son travail une qualité très particulière et ancrée dans une culture locale.

Ses poèmes sont souvent empreints de colère et de passion, mais il y a aussi une profonde tendresse et une grande sensibilité qui émanent de son travail. Il est clair que Laâbi utilise la poésie e[2]primer sa solidarité à tous ceux qui sont souvent marginalisés et exclus de la société.

Dans l'ensemble, la poésie d'Abdellatif Laâbi est une exploration émouvante et profonde de la condition humaine, qui utilise le pouvoir de la langue poétique pour donner une voix à ceux qui sont souvent ignorés ou opprimés.

Notes

1 "Le poète aujourd'hui", dans La Poésie maghrébine d'expression française: Dossier Abdellatif Laâbi. Cahiers d'études maghrébines no. 5, Lucette Heller-Goldenberg ed., Universität zur Köln, 1993, p. 72.

2 Tous les poèmes utilisés proviennent d'Abdellatif Laâbi. *L'étreinte du monde*, Paris: Éditions de la Différence, 1993.

3 "Le poète aujourd'hui", p. 72.

Bibliographie

Laâbi, Abdellatif (1993). *La Poésie maghrébine d'expression française: Dossier. Cahiers d'études maghrébines* no. 5, Lucette Heller-Goldenberg éd., Universität zur Köln.

——— (1993). *L'étreinte du monde*, Paris: Éditions de la Différence.

· 14 ·

KHADIJA ET ROLAND : CIRCONSTANCES, ÉVOLUTION D'UN MARIAGE MIXTE

Jean-Marie Simon

Ce texte se nourrit d'anecdotes de proximité. Ma situation privilégiée entre la France, ma patrie natale, et le Maroc, mon pays d'adoption, me permet, jour après jour, d'approfondir le lien qui unit nos deux pays, si différents, et en même temps si proches par un présent riche de réalisations communes et par un passé historique parfois douloureux mais, au bout du compte, toujours enrichissant, comme peut l'être toute expérience de l'autre, dans les bons et les mauvais jours. Mes choix de vie ont fait de moi un passeur : un passeur d'idées entre nos deux pays, au fil de mes écrits, de mes spectacles, et à l'occasion de rencontres tel que le Festival de la Culture amazighe de Fès auquel je participe depuis bien des années. Mais les circonstances et mon engagement ont fait aussi de moi un passeur d'hommes et de femmes à travers L'hou Fergani, mon premier filleul, originaire du ksar Kadoussa, près de Boudenib, marié en France et désormais installé dans la Drôme, et Khadija Kasmi dont j'ai choisi aujourd'hui de vous conter l'histoire.

Dans mon village ardéchois, Le Roux (48 habitants répartis sur quatre hameaux et lieux dits), j'ai pris l'habitude de recevoir chaque matin Roland, notre employé municipal, pour le café, car nous sommes deux lève-tôt. Et là, par-dessus les tasses et le sucrier, je présente à mon invité, sur mon portable, les photos de mes nombreux séjours marocains auprès de Hammou, mon jeune filleul amazigh. Parmi elles, quelques portraits tout spontanés de mes voisins et voisines, lorsque, ce matin-là, en février 2016 :

« Stop ! s'écrie Roland. Reviens sur cette dame au foulard vert. »

Je reviens, du bout du doigt sur le cadran, pour découvrir Khadija, une relation de Toulal, oasis toute proche de Gourrama où j'ai mes habitudes :

« Elle est mariée ? murmure mon ami.

– Non.
– Donne-moi vite son numéro de téléphone. »

Agé de cinquante-quatre ans, Roland est divorcé et je le vois venir :

« Je vais d'abord demander à Khadija si elle veut bien parler avec toi.

– Dépêche-toi. »

Il est vrai qu'au Roux, avec tous ces arbres dénudés, ces maisons fermées, cette neige intermittente, ce froid, ce ciel gris, ces épisodes de brouillard, les hivers sont longs, et usants pour les cœurs solitaires. Là-dessus, et tandis que notre employé municipal javellise nos sources, j'appelle Khadija :

– « Bien évidemment que tu lui donnes mon numéro ! s'exclame la demoiselle solitaire. Et fais vite avant qu'il ne se lasse de m'attendre. »

C'est que les hivers sont longs aussi à Toulal, sous ce ciel bleu permanent d'une usante monotonie et ces nuits froides au ventre de ces maisons en terre sans autre chauffage qu'un tout petit poêle à bois dans la cuisine autour duquel toute la famille se presse au bord de l'asphyxie. Dire qu'on s'y ennuie serait un euphémisme, dans ce village entre nomades Aït Séghrouchen sédentarisés et paysans Aït Izdegs où le couple de Khadija et sa mère détonne par sa généalogie caïdale, ses revenus assurés par des frères fonctionnaires bien placés entre Rabat et Dakhla.

Mais cette année-là, l'hiver passa plus vite, des deux côtés de la Méditerranée, grâce à Skype et une vidéo-conférence assidue par ordinateurs interposés. On se parla. On se vit. On se plut. On se confia. A quarante-six ans, Khadija ne s'était jamais mariée, sacrifiée à la garde de sa mère, veuve depuis des années. Pourtant, il y a de cela fort longtemps, une voyante de qualité, de celles qu'on trouve dans les souks ou sous les tentes nomades du côté de Gourrama, lui avait assuré qu'elle épouserait un étranger. Et pourquoi pas ? puisque Myriem, sa propre sœur, a fait sa vie en Italie. Et le Destin frappait chaque soir sur les touches du clavier, rallumant un Skype de plus en plus intime entre Toulal et le Roux. Jusqu'à ce que je me retrouve en juillet de cette année-là, avec Roland à mon côté sur les routes d'Espagne puis du Maroc, jusqu'à Rabat où Khadija l'attendait chez l'une de ses sœurs mariées. J'avoue que cette relation, jusqu'ici virtuelle, m'inquiétait : mon ami roussignol (car c'est ainsi qu'on désigne les habitants du Roux, d'un nom d'oiseau chanteur à une lettre près) ne connaissait la culture maghrébine que par l'entremise de mes photos commentées, je l'avoue, avec un enthousiasme contagieux.

Dès lors, bien décidé à briser quelques illusions et sans plus m'attarder, je lâchai l'amoureux virtuel sur un trottoir de Rabat, avide de lui laisser vivre sans filet l'expérience d'une famille marocaine, en espérant que les obstacles de la langue, de la cuisine, des coutumes, de la religion, que sais-je ? le ramèneraient à la raison. Une semaine plus tard, alors que Toulal bruissait déjà de la nouvelle, je fus convoqué à la capitale pour les fiançailles de Roland et Khadija. Fin septembre on publia les bans au Roux. En janvier 2017 le fiancé retourna au Maroc pour finaliser les papiers. Et, le 2 juillet suivant, le mariage eut lieu à Rabat avec un Roland converti en Ali, à l'aise sur son plateau porté à même les épaules de grands gaillards en tarbouche. Puis le nouveau marié regagna Le Roux, et moi Gourrama où m'attendait toute une flopée de filles à marier de tous âges, de toutes conditions, prêtes à épouser même . . . un vieux (cela murmuré avec un appel du pied et un clin d'œil.) Inutile de dire que celles-là furent éliminées en premier.

Aujourd'hui, deux ans plus tard, Khadija a rejoint Roland au Roux, dans sa ferme familiale ardéchoise. Les voisins sont rares, les sangliers nombreux. Chaque soir la Marocaine désormais roussignole rallume Skype afin de rassurer sa maman retournée à Toulal en compagnie d'une de ses sœurs, divorcée, qui a pris sa place. Les premiers jours la jeune mariée a pleuré : Il y avait trop d'arbres à l'entour ; elle se sentait cernée. Aujourd'hui elle s'y fait. Khadija est retournée au Maroc en janvier et février derniers afin de passer son permis. Le document en poche, elle a obtenu un travail en France : un CDI dans un petit hôtel voisin où elle fait les chambres afin d'assurer son indépendance financière. Pour elle son compagnon, plus Roland que Ali, a trouvé le chemin de la boucherie halal, à Aubenas, sans pour cela renoncer au saucisson d'Ardèche.

La force de Khadija ? Sa pratique du français, son souci d'adaptation sensible au niveau des vêtements (pas de foulard systématique, port du pantalon . . .), son caractère ouvert avec tous ses rares voisins qui l'ont accueillie sans préjugés, son avidité de connaître, de partager, sans oublier sa fermeté dans l'intimité de sa religion musulmane qui, pour elle, est un véritable soutien dans les moments parfois difficiles (l'isolement, les rudesses de l'hiver). Elle vit son Ramadan en solitaire face à l'écran de skype à travers lequel sa famille joue le rôle d'un réel appui. Dans son couple, l'humour aplanit bien de ces inévitables tensions entre gens de bonne volonté mais de mœurs différentes qui apprennent à vivre ensemble. Avec le temps Khadija s'est habituée aux arbres et aux sangliers, loin de ses terreurs du début où elle imaginait notre forêt roussignole peuplée de « *halouf l'ghaba* » en embuscade. Est-elle heureuse ? Elle m'assure que oui. Tous les vendredis, nous partageons le couscous sur la grande table paysanne, près du poêle. Le dimanche c'est Roland qui fait des pizzas dans le four à bois. Dans la maison, quelques babioles marocaines rappellent le pays. Quant à moi, il m'arrive de parler l'arabe, en cachette de notre employé communal qui tient à ce que sa femme perfectionne son français. Mais il est vrai que, parfois, la nostalgie est la plus forte. Nous savons ce que c'est, Khadija et moi : une partie de notre vie est restée là-bas, au Maroc. Un manque ? Certes. Mais aussi un enrichissement. *Allah i dir fikoum l'baraka* : Que dieu vous bénisse, Khadija et Roland. Bonne route sur le chemin de la vie entre Maroc et Ardèche.

· 15 ·

HOMMAGE AU GRAND ÉCRIVAIN TAHAR BEN JELLOUN

Nouzha Skalli

J'ai toujours accordé une importance majeure à cette partie si importante de notre identité plurielle à toutes et tous, qu'est la composante amazighe!

Cette diversité, si enracinée dans nos gènes nous permet de porter un vêtement confortable qui nous sied si bien, loin de la tenue étriquée qu'on a, si longtemps, tenté de nous faire porter, nous réduisant à notre dimension arabo-musulmane, avant que notre Constitution de 2011 ne nous réhabilite dans la plénitude et la diversité de notre « *identité nationale une et indivisible, forgée par la convergence des composantes arabo-islamique, amazighe et saharo-hassanie, qui s'est nourrie et enrichie de ses affluents africain, andalou, hébraïque et méditerranéen* ».

La Constitution marocaine définit à travers l'article 5, la langue amazigh comme langue officielle au même titre que la langue arabe, mais tout en veillant à la cohérence de la politique linguistique et culturelle nationale et à l'apprentissage et la maîtrise des langues étrangères.

Et justement, aujourd'hui notre hommage s'adresse au Grand écrivain Tahar Ben Jelloun qui écrit en langue française. Nous devons nous interroger sur la place de cette langue qu'on qualifie de langue étrangère et qui est porteuse de belles valeurs humanistes : de droits humains que sont la citoyenneté, la liberté et l'égalité, des valeurs auxquelles nous sommes si attachés! Alors que la langue française appartient aussi à notre patrimoine au même titre que les autres composantes de notre identité et au lieu de n'y voir que la langue du colonisateur, faisons comme le grand écrivain algérien Kateb Yacine qui voyait dans la langue française un butin de guerre !

Hommage à Tahar Ben Jelloun : un grand écrivain, un poète, un artiste peintre, un philosophe, titulaire d'un doctorat en psychiatrie sociale, un journaliste, chroniqueur et un intellectuel engagé, ambassadeur du Maroc en France et dans le monde et ambassadeur de France au Maroc et dans le monde: Je vous laisse juges !

Tahar Ben Jelloun a écrit une soixantaine d'ouvrages : Il est peut-être l'écrivain francophone le plus traduit au monde. La plupart de ses livres ont été traduits en arabe, certains par lui-même.

- Mais bien plus, L'Enfant de sable (1985) et La Nuit sacrée (1987) ont été traduits en 43 langues : dont l'anglais, l'indonésien, le vietnamien, le hindi, l'hébreu, le japonais, le coréen, le chinois, etc.
- Son livre pédagogique « *Le Racisme expliqué à ma fille* » est traduit en 33 langues dont l'espéranto.

Comment parler de Tahar Ben Jelloun l'écrivain? Je n'en ai ni la capacité ni le temps mais je dirai que son œuvre parle pour lui !

Dès 1987, il obtient le prix littéraire français le plus prestigieux en France, le prix Goncourt. Il lui est décerné pour son œuvre *La Nuit sacrée* : Il est le premier marocain à obtenir ce prix et ouvrira plus tard la porte à d'autres Marocains :

- Abdellatif Laâbi : prix Goncourt de la poésie, pour l'ensemble de son œuvre poétique en 2009,
- Fouad Laroui, prix Goncourt de la nouvelle pour « *L'étrange affaire du pantalon de Dassoukine* », en 2013
- Leila Slimani pour son roman « Chanson douce », en 2016

Tahar Ben Jelloun a été élu parmi les 10 membres de l'Académie Goncourt il y a quinze ans presque jour pour jour (le 7 mai 2008). Il a reçu des distinctions parmi les plus prestigieuses récompensant plusieurs de ses ouvrages ou l'ensemble de ses œuvres littéraires et poétiques.

Tahar Ben Jelloun est un très grand poète et écrivain : j'ai du mal à utiliser des mots simples pour qualifier cette personnalité hors du commun et pour parler de son œuvre littéraire immense. Que vous soyez Marocain et fier de l'être : c'est une grande fierté pour nous toutes et tous.

La ville de Fès s'énorgueillit de cet hommage rendu à l'un de ses fils illustres, elle qui l'a vu naître et au sein de laquelle il a vécu enfant aux côtés de sa mère lalla Fatna ou Yemma comme il l'appelait tendrement et sur laquelle il a écrit en 2008, un superbe et poignant roman « Sur ma mère » dans lequel il décrit si bien la vie des femmes dans les années 30 et années 40, elles qui étaient mariées à 15 ans et livrées le soir de noces à un homme qu'elles n'avaient jamais vu ! Veuve vers 16 ans avec un enfant, remariée avec un homme âgé, elle se retrouve à nouveau veuve avant de se marier avec son troisième mari avec lequel elle aura 2 enfants, dont le plus jeune est Tahar Ben Jelloun! Que l'âme de Lalla Fatna repose en paix !

Bien sûr Fès n'est pas seule à être fière de vous, Tahar Ben Jelloun, il en va de même pour Tanger, ville où vous avez grandi, connue par son précédent statut international et creuset du multiculturalisme, et dans laquelle vous vous êtes forgé à une culture résolument moderniste. Tanger a servi de cadre à votre émouvant hommage à votre père en 1990 à travers un récit intitulé *« Jour de silence à Tanger » !*

Enfin le Maroc, pour lequel vous vous êtes si fortement engagé peut vraiment être fier de vous et l'hommage qui vous est fait aujourd'hui en témoigne !

Notre société comme toutes les sociétés, a besoin de leaders, de voix fortes et crédibles pour les inspirer. Les intellectuels, femmes et hommes, à l'instar de Tahar Benjelloun qui ont gravi les plus hautes marches de la renommée et du prestige, ont la chance de disposer d'un magnifique haut-parleur qui leur permet d'avoir une voix qui compte et qui impacte! Je pense à plusieurs noms que j'aimerais citer mais je n'en citerai qu'un pour lui rendre également un hommage posthume dans sa ville natale : la grande intellectuelle, écrivaine et chercheuse Fatima Mernissi qui nous a éclairé de son œuvre si riche !

Nous avons besoin de ces voix d'intellectuels pour nous permettre de penser notre histoire et notre présent rationnellement et d'échapper au charlatanisme, à l'obscurantisme, à la régression et nous projeter vers un esprit scientifique menant vers le progrès et la modernité à travers la promotion de valeurs universelles. Ces valeurs sont aujourd'hui proclamées par notre constitution: liberté, égalité, droits humains dans toutes leurs dimensions civiles, politiques mais aussi droits économiques sociaux, culturels et environnementaux: droits humains pour : les femmes et les hommes, les enfants *tous les enfants*, quelle que soit leur situation familiale,les personnes en situation d'handicap, les personnes âgées !

Tahar Ben Jelloun est attaché à toutes ces valeurs ! Cet attachement ne date pas d'aujourd'hui mais de son parcours de patriote et citoyen engagé durant les années qui ont suivi l'indépendance et j'ai appris par exemple que Tahar

Ben Jelloun, progressiste dans les années 70 a été sympathisant du parti d'Ali Yata, un grand militant communiste dont les positions pertinentes et courageuses nous manquent tant aujourd'hui, alors que se tient en ce moment même le 10ème congrès du Parti du Progrès et du Socialisme, et dont je suis membre depuis presque 50 ans. Mais pour ma part, j'ai choisi d'être ici parmi vous.

Toutes ces valeurs, Tahar Ben Jelloun les a chantées à travers ses romans en décrivant les maux de notre société notamment à travers la condition des femmes durant les années où malgré les luttes du mouvement pour les droits des femmes, leur situation restait un sujet tabou subissant la conspiration du silence.

Tahar Ben Jelloun a également écrit des chroniques régulières notamment dans le journal français « Le Monde » et dans d'autres tribunes en France et au Maroc sur des problèmes de société qu'affrontent non seulement le Maroc et la France mais le monde entier. Comme intellectuel engagé, il n'hésite pas à aborder les sujets qui fâchent et les tabous, mettant son extraordinaire talent au service de ses convictions! Tahar Ben Jelloun a bien entendu traité d'un grand nombre de questions dans des domaines multiples mais trois sujets méritent particulièrement d'être cités : la lutte contre le racisme, la lutte contre l'extrémisme religieux et le terrorisme et enfin, la lutte contre les discriminations à l'égard des femmes.

La lutte contre le racisme

- Le racisme expliqué à ma fille : un best-seller voulu et promu comme un instrument pédagogique destiné aux enfants de 8 à 14 ans et écrit de façon participative avec sa fille et d'autres jeunes en 1998.
- Vendu à plus de 400 000 exemplaires à travers le monde, Tahar Ben Jelloun en a fait un outil autour duquel il a organisé de multiples conférences dans les écoles et les collèges, convaincu que les enfants ne naissent pas racistes et que l'enfance est la meilleure période pour socialiser l'enfant dans le respect des autres et leur apprendre qu'il n'existe qu'une seule race, la race humaine indépendamment de la couleur de la peau ou des différences culturelles.

La lutte contre l'extrémisme religieux et le terrorisme

- Contre les attentats dramatiques du 13 novembre 2015 à Paris, Tahar Ben Jelloun prône la culture comme antidote contre Daëch : « Contre Dracula, on opposait la croix. Contre ces massacreurs, on ne peut opposer que la culture, la beauté, la magie des émotions face à une œuvre d'art, la légèreté, la finesse, la gratuité d'un geste, d'une danse où le corps se plie avec tant d'élégance à la musique, au bruit heureux du monde, à la lumière des âmes généreuses et solidaires ! »
- Avec le talent qu'on lui connaît, Tahar Ben Jelloun n'a eu de cesse de défendre un islam paisible et tolérant dans lequel ont grandi des générations de Marocains et de Marocaines, contre l'extrémisme religieux et contre l'instrumentalisation de l'Islam à des fins politiques, contre cette idéologie sectaire et répressive qui empoisonne les rapports au sein de notre société.
- Ces idéologies obscurantistes vouent un mépris et parfois une haine sans limite aux femmes qu'ils considèrent comme des êtres de seconde zone, tout juste faites pour la procréation et les tâches ménagères.

La lutte contre les discriminations à l'égard des femmes

- La condition de la femme a traversé l'œuvre entière de Tahar Ben Jelloun qui a décrit de multiples maux dont souffrent et ont souffert les femmes dans une société patriarcale où les femmes ont si longtemps été marginalisées: mariage précoce, mariage forcé ou subi, grossesses multiples, violences, harcèlement sexuel, viol, un statut fondé sur la discrimination qui réserve au seul descendant mâle le pouvoir de transmettre le nom et de maintenir l'héritage au sein de la famille.
- Ainsi « l'enfant de sable » raconte le drame d'une fille dont le père géniteur de 7 filles et qui ne réussit pas à avoir un garçon, décide de confisquer le sexe de sa fille pour en faire à tout prix un mâle ! Parallèlement ce père, nommé Haj Ahmed, manifeste un désintérêt et une indifférence absolue à l'égard de ses sept filles, ne leur vouant aucun amour, puisque, dit-il, il ne les avait pas désirées. Cette situation imaginée me rappelle celle de la grande Diva Oum Kalthoum qui a du se déguiser en garçon

pour accéder à des cours de chants religieux (tajouid du saint Coran) et pour ses premières représentations.

- Mais Tahar Ben Jelloun, usant de son talent littéraire pour décrire la condition des femmes, n'a pas hésité, à travers des « coups de gueule » dans une chronique régulière publiée au Maroc, à se prononcer pour dénoncer la situation inique dans laquelle sont maintenues les femmes dans certains pays arabo-musulmans mais aussi pour saluer les progrès réalisés en la matière, notamment en Tunisie.
- Certes le Maroc est fier des progrès accomplis relativement à la promotion de l'égalité à travers notamment la réforme du code de la famille, le code de la nationalité, et à l'accès des femmes aux postes de responsabilité et de décision. Ces progrès, nous les devons au combat du mouvement pour les droits des femmes et à la volonté au plus haut niveau de l'Etat, de sa Majesté le Roi Mohammed VI. Notre pays a réalisé en 2011, une réforme Constitutionnelle majeure porteuse de grands espoirs pour notre jeunesse, filles et garçons, en matière de justice sociale mais aussi de libertés, de droits humains et qui proclame de façon claire l'égalité des sexes et la parité et interdit la discrimination et la violence.
- Hélas, jusqu'à présent notre pays a encore beaucoup de défis à relever pour la mise en œuvre effective de ces droits et de ces principes, pour affronter les sujets qui fâchent et prendre les décisions qui s'imposent : pour une nouvelle génération de réformes permettant de garantir les libertés individuelles, mettre en œuvre l'égalité et éliminer toutes les formes de discriminations contre les femmes : éradiquer le harcèlement sexuel et la violence, bannir le mariage précoce et le travail domestique des fillettes, assouplir les législations en matière d'interruption médicale des grossesses, ouvrir un débat serein sur l'héritage, etc.
- Dans tous ces sujets, la voix de Tahar Ben Jelloun se fait régulièrement entendre à l'instar d'autres intellectuels engagés dans les universités, dans le monde de la littérature, de la poésie, du cinéma, de la chanson, et également des médias.
- C'est de la diffusion de la culture de l'égalité, et de la lutte contre les stéréotypes et les préjugés sexistes dont nous avons besoin.
- Ce n'est pas seulement de la situation des femmes qu'il s'agit, c'est de l'avenir de nos pays qui sera avec les femmes ou qui ne sera pas.
- Pour terminer, je me permets de suggérer à Tahar Ben Jelloun le titre suivant pour un prochain ouvrage : l'égalité expliquée à nos jeunes.
- Toutes mes félicitations à notre cher et grand Tahar Ben Jelloun!

· 16 ·

ENTRETIEN AVEC TAHAR BEN JELLOUN

Moha Ennaji

Tahar Ben Jelloun est l'écrivain marocain le plus célèbre aussi bien au Maghreb que mondialement. Il est investi d'une grande notoriété depuis le prix Goncourt qui lui a été décerné en 1988. Ses écrits audacieux soulèvent des débats. Il est étudié dans diverses universités à travers le monde et est à plusieurs égards, une référence de la littérature francophone.

L'œuvre de Tahar Ben Jelloun comprend le conte, la légende, les rites maghrébins, les mythes ancestraux. Cependant, son originalité réside dans son art de saisir tous les aspects de la tradition et de la culture maghrébines en une symbiose très singulière.

Le festival international de Fès de la culture amazighe lui a rendu un vibrant hommage lors de sa 14ème édition qui s'est tenue du 11 au 13 mai 2018. En fait, c'est toute sa ville natale, Fès, qui lui a rendu hommage. Tahar Ben Jelloun m'a donné l'opportunité de m'entretenir avec lui et a eu l'amabilité de répondre aux questions suivantes :

- Vous êtes l'un des plus grands écrivains du monde. Quel est le secret de votre succès? Quel est le rôle de l'immigration dans votre œuvre?

1. Vous exagérez ! Je suis un écrivain témoin de son époque, témoin concerné de sa société. Je souscris entièrement à la définition que donne

Balzac du romancier dans « Petites misères de la vie conjugale » : « Il faut avoir fouillé toute la vie sociale pour être un vrai romancier, vu que le roman est l'histoire privée des nations ». Il n'y a pas d'autre secret si ce n'est celui du travail, de la rigueur et de l'exigence. Ecrire est une tâche difficile. Il ne suffit pas de vouloir écrire pour y arriver. Il faut avoir lu beaucoup de grands livres, des classiques pour apprendre à écrire.

L'immigration a été une découverte pour moi en arrivant en France en 1971. Je ne connaissais rien à son propos. Mon père qui vendait des jellabas et des sérouals dans une petite boutique à Tanger attendait avec impatience le retour des immigrés qui s'arrêtaient à Tanger pour s'acheter des habits traditionnels avant de continuer leur route vers Agadir ou Tafraout. Il me disait ce sont des Marocains qui ont été obligés d'aller travailler en France.

Mais ce thème va constituer une part non négligeable de mon travail littéraire et sociologique.

— Pensez-vous que vous auriez réussi si vous étiez resté au Maroc?

2. Je ne sais pas ce que je serais devenu si j'étais resté au Maroc. Les circonstances m'avaient poussé à partir terminer ma thèse en France. C'était le début des années de plomb, le coup d'Etat de juillet 1971, la répression des intellectuels . . . Dans mon dernier ouvrage, « La Punition », je raconte comment la grande histoire de mon pays allait rejoindre ma petite histoire personnelle. Ce furent les mêmes officiers qui nous avaient maltraités dans le camp d'El Hajeb et dans l'école d'Ahermemou qui firent le coup d'Etat contre feu le roi Hassan II. La France fut pour moi une chance d'échapper à cet arbitraire et à la répression.
   Je suis resté tout le temps en contact avec mon pays. Même aux heures sombres où je risquais d'avoir des problèmes avec la police politique, je revenais systématiquement chez moi pour passer un peu de temps avec mes parents. Je faisais des concessions pour ne pas devenir un exilé politique, car je n'aurais pas supporté de ne pas voir mes parents.

— Vous avez un parcours tout à fait exceptionnel; maintenant en rétrospective: quelles seraient les principales stations qui auraient marqué votre biographie intellectuelle?

3. Les principales stations dans mon itinéraire sont simples : découverte de la solitude et de la misère affective des immigrés maghrébins en France ; rencontre avec Jean Genet qui luttait pour la cause palestinienne ; rencontre avec Pierre Viansson Ponté, rédacteur en chef du

Monde ; rencontre avec Edmonde Charles-Roux qui me présente François Mitterrand et qui fera beaucoup pour que j'obtienne le Prix Goncourt ; rencontre avec Mahmoud Darwish et la poésie du monde arabe ; engagement dans la lutte contre le racisme, etc.

— Vous vivez entre le Maroc et la France et vous êtes un fin connaisseur des problèmes de cultures qui ont longtemps été marginalisées, quelle place réserveriez-vous à la culture amazighe dans le panorama multiculturel et multilinguistique du Maroc d'aujourd'hui? A quel moment de votre vie avez-vous pris conscience de l'Amazighe en tant que composante de l'identité marocaine, vous qui êtes natif de Fès et issu d'un milieu plutôt urbain et arabophone?

4. J'ai toujours été sensible au monde amazighe. Je l'ai mieux connu en tombant amoureux de ma future femme, née à Mzouda en plein territoire amazighe. Mes enfants sont à moitié arabe et à moitié amazighe. En écrivant « Les yeux baissés » qui raconte l'histoire d'une petite bergère qui rejoint ses parents immigrés en France, j'ai rendu hommage à cette composante essentielle de l'identité marocaine. Je n'ai jamais senti un antagonisme entre les deux langues, les deux cultures et les deux mondes, pourtant sont tellement différents. J'ai vite dépassé les préjugés et me suis totalement investi dans la lutte pour la reconnaissance de l'Amazighe et de sa richesse culturelle et civilisationnelle.

— Vous avez écrit un nombre impressionnant de romans, parmi toutes ces œuvres, quel est le roman qui exprime le plus vos penchants idéologiques concernant la démocratie en Afrique du nord?

5. J'ai écris deux romans totalement inspirés de la réalité marocaine : « Moha le fou, Moha le sage » sur la torture et les grandes inégalités dans notre société ; puis « L'homme rompu » qui traite d'un fléau social hélas toujours là, la corruption. Les deux ouvrages sont une illustration du besoin de démocratie dans notre pays. L'ensemble de ma poésie traite aussi de ce besoin. Pour moi, la démocratie commence à la maison, avec l'éducation, avec l'apprentissage et le respect des valeurs fondamentales. Ensuite cela se poursuit à l'école et enfin dans la rue. La démocratie n'est pas une technique, le fait d'aller voter ne suffit pas pour être démocrate. Encore faut-il avoir assimilé la culture des valeurs, ce qui aboutit à un système de liberté et de responsabilité.

— Etre un romancier c'est un peu être un artiste d'idées, quelle est la place de l'art tout court dans votre vie et vos écrits?

6. L'art c'est le superflu essentiel ! On peut dire que l'art ne sert à rien, mais on ne peut pas concevoir une société sans productions artistiques. C'est en France que j'ai découvert l'importance de l'art. Quand je voyais des gens faire une file de plusieurs centaines de mètres, attendant d'entrer dans un musée, attente qui peut durer des heures même sous la pluie, là j'ai compris l'importance de l'art. J'ai appris à regarder un tableau, à écouter un concert de musique classique, à apprécier le théâtre. Ensuite, il m'est arrivé de faire un long voyage pour voir une exposition de Giacometti ou de Matisse. C'est un bonheur d'être en face d'œuvres magnifiques.

— Le Maroc, surtout Fès, constitue un substrat majeur de l'imagination qui nourrit si bien vos romans, vos essais, votre art et votre poésie. Qu'en est-t-il de ce substrat dans les temps qui courent ou les tensions sociales en France et ailleurs, surtout envers les musulmans, s'accentuent ? L'écriture et surtout l'art, dit-on souvent, échappent aux radars idéologiques, que pourraient, à votre avis, "faire" l'écriture pour apaiser un monde fou et qui va vers la dérive?

7. La littérature a ses limites. Le grand écrivain autrichien Thomas Bernhard a dit : « Aucun écrivain n'a jamais changé la société. Tous les écrivains ont échoué. Il n'y a jamais eu que des écrivains qui ont échoué ». On n'a jamais vu un livre changer les décisions prises par des hommes politiques. En revanche, plusieurs livres, plusieurs œuvres d'art contribuent à améliorer la conscience de certaines personnes.

— Il y a ceux qui considèrent la diversité culturelle au Maroc comme une source de rivalité ethnique entre régions et entre citoyens. Qu'en pensez-vous? Quelle est la meilleure façon de sauvegarder et de développer cette diversité ?

8. La diversité culturelle au Maroc est une chance, une richesse, une force. Le mélange est une belle aventure. Il faut se méfier de « la pureté » ! Les nazis tenaient beaucoup à la fabrication de la pureté de la race. On sait ce que cela a donné par la suite. Donc, vive la diversité, les différences, les rencontres et les idées qui s'entrechoquent.

— Certains chercheurs voient les festivals au Maroc comme une distorsion de la diversité culturelle et les décrivent comme une « aberration culturelle » et un gaspillage de fonds. Dans quelle mesure cette idée est-elle correcte ou fausse?

9. Les festivals sont utiles ; on ne va pas les condamner en attendant que le Maroc ait une vraie politique culturelle sur le long terme et sur le fond. Le budget du ministère de la Culture est si mince qu'il nous fait honte. Alors on ne va pas cracher sur les festivals qui permettent à des centaines de milliers de jeunes Marocains de consommer de la culture.
— Quel est l'avenir de la démocratie en Afrique du Nord, selon vous ?
10. L'avenir de la démocratie au Maghreb ? Commençons par être modestes et disons que la démocratie est un processus lent et complexe qui commence à peine à se dessiner. La démocratie, c'est avant tout l'éducation, la possibilité d'avoir un système de santé juste et efficace. A la limite, on pourrait se passer des deux chambres si par ailleurs on se préoccupait sérieusement de l'éducation de nos enfants qu'ils soient en ville ou à la campagne. Mais le parlement est là pour accueillir un jour la démocratie qui est en route, mais elle risque de prendre beaucoup de temps avant de s'installer réellement. Tant que nous ne nous respectons pas mutuellement dans la vie quotidienne, tant que certains ont recours à la corruption pour obtenir ce que le droit leur donne en principe, tant que nous ne croyons pas à l'émergence de l'individu, nous ne sommes pas en démocratie. En ce moment, je ne vois que la Tunisie qui fait des progrès : leur constitution est la meilleure de tout le Maghreb ; elle est progressiste ne serait-ce que parce qu'elle reconnaît la liberté de conscience.

BIOGRAPHIES DES AUTEURS

Abdelkrim Belguendouz. Doctorat d'État en sciences économiques de l'Université des sciences sociales de Grenoble (1976) sur le thème : «Genèse et fonctions économiques des migrations internationales. Le cas de l'immigration marocaine dans les pays d'Europe occidentale ». Professeur de sciences économiques à la Faculté de droit de Rabat-Agdal. Secrétaire général de l'Association des Économistes Marocains (AEM). Secrétaire général adjoint de l'Union des économistes de l'UMA. Analyste et observateur actif et assidu de la scène migratoire marocaine dans ses deux volets : MRE et immigration et asile au Maroc. Intérêt triple pour la migration : académique, droits humains, engagement citoyen. 23 livres sur les migrations dont : «Le Maroc, réservoir de talents et de compétences . . . pour l'UE ?»(2021), « Guerre migratoire aux sudistes par l'UE et partenariat talents. Quel impact sur le Maroc et l'Afrique ? » (octobre 2023) . . . Dernier article : «Alerte à l'implantation de l'ICMPD à Rabat ! Gros risques pour le Maroc et ses politiques migratoires !!! » (août 2023). Email : abelguendouz@yahoo.fr

Bouthaina Ben Kridis est titulaire d'une maîtrise en droit public et sa thèse de doctorat porte sur le droit international humanitaire. Elle est membre du Centre de droit international et européen et des relations Maghreb-Europe de la Faculté des sciences juridiques, politiques et sociales de Tunis (Université de Carthage). Forte de son expérience en matière d'asile, elle a été choisie par

AMERA International comme Experte Pays d'Origine (COI) pour la Tunisie concernant le programme Droits en Exil (RiE). Elle a contribué à la préparation de « Législation tunisienne du secteur de la sécurité : Index 1956 -2011 » pour le Centre pour le contrôle démocratique des forces armées (DCAF) de Genève. Elle a également des publications en français et en anglais sur les questions d'asile, les droits des minorités et le droit international humanitaire. Elle a travaillé avec l'Institut arabe des droits de l'homme en tant que rapporteuse et coordinatrice de projet, en partenariat avec le HCR, dans le cadre du projet de renforcement des capacités et de plaidoyer en faveur de l'amélioration de la protection des réfugiés et des demandeurs d'asile en Tunisie. Email : b.benkridis@gmail.com

Moha Ennaji est professeur-chercheur à l'Université Sidi Mohamed Ben Abdellah et président du Centre Sud Nord pour le dialogue interculturel et les études sur la migration. Il a obtenu son Ph.D en linguistique de l'Université d'Essex en 1982. Ses livres les plus récents incluent « les migrants marocains musulmans en Europe » (2014, Palgrave) et « le multiculturalisme, l'identité culturelle et l'éducation au Maroc » (2005, Springer). Il a également dirigé plusieurs livres dont « Multiculturalisme et démocratie en Afrique du Nord : conséquences du printemps arabe » (2014, Routledge) ; « Minorités, femmes et État en Afrique du Nord » (2015, Red Sea Press) ; « Féminismes marocains » (2016, Africa World Press) ; « Le paradigme Maghreb-Europe : migration, genre et dialogue culturel » (2019, Cambridge Scholars Publishing) et « La démocratie, la culture et le changement social en Afrique du Nord » (2023, Cambridge Scholars). Il a animé des conférences dans des universités arabes, européennes et américaines sur la migration, la linguistique, le genre et les identités. Il est auteur de deux romans : « L'olivier de la sagesse (2017, Karthala) ; « Douce lumière » (2022, Marsam). Email : mennaji2002@yahoo.fr

Mohamed Khachani est professeur de l'enseignement supérieur à l'Université Mohammed V, Rabat. Il est titulaire d'un Doctorat d'Etat en Economie de l'Université Lumière Lyon II- France et d'un Doctorat de 3ème cycle de l'Université des sciences sociales de Grenoble. Il est Président de l'Association Marocaine d'Etudes et de Recherches sur les Migrations (AMERM) et membre du Bureau de l'association Internationale des Démographes de Langue Française. Ses axes de recherche portent sur le partenariat euro-méditerranéen et spécialement la question migratoire dans toutes ses dimensions et les relations maroco- espagnoles. Expert auprès d'organismes nationaux et internationaux, auteur de plusieurs rapports et publications sur la question migratoire au

Maroc, au Maghreb, dans le monde arabe et dans l'espace euro-méditerranéen. Parmi ses publications « Les Marocains d'ailleurs : La question migratoire à l'épreuve du partenariat euro-marocain », publication de l'Association Marocaine d'Etudes et de Recherches sur les Migrations. Rabat, 2004 ; « La migracion subsahariana : Marruecos como espacio de transito », publicacion CIDOB. Barcelona, 2006 ; « Quelle gouvernance et quelles institutions au Maghreb face aux enjeux géopolitiques » (Dir.), Edit Anwar el Maarifa. Alger 2014. E.mail: mohamedkhachani@gmail.com

Didier Le Saout est maître de conférences en anthropologie à l'Université Paris 8 Vincennes – Saint-Denis, et membre de l'UMR 7533 Ladyss (CNRS). Il est spécialiste des mouvements sociaux en Afrique du nord et en contexte migratoire et des constructions identitaires amazighes en Algérie et au Maroc. Parmi ses récents articles, « Faire hirak à Paris. Les mises en scène d'une révolution contre le "système algérien" », *L'Année du Maghreb*, 2, 2019 (Traduction en arabe *Siyasat Arabiya*, 2022) et « Les relations France-Algérie et le soulèvement du Hirak », *Pouvoirs*, 2021. Email : dlesaout@univ-paris8.fr

Enza Palamara, agrégée de Lettres, a enseigné du collège à l'Université, en passant par la Mission universitaire à l'Etranger, à l'Institut français de Naples. Ses recherches ont porté sur la Poésie depuis Baudelaire, fascinée par la Correspondance des Arts, cette «Alliance substantielle » qui a tant marqué les poètes du XXème siècle. René Char, Eugène Guillevic, Yves Bonnefoy et Philippe Jaccottet ont été ses « nobles guides » qui l'ont accompagnée dans ses cours comme dans sa vie. .Son œuvre poétique relie dessin et poésie dans une inlassable quête de soi et du monde, découvrant ainsi « les passages secrets entre Poésie et Peinture » qu'elle cherchait chez ses maîtres. Email : palamara.enza@outlook.fr

Diachari Poudiougo est titulaire d'un Doctorat en Sciences Juridiques et Politiques obtenu à l'Université Mohamed Premier d'Oujda (Maroc) en 2013. Il est actuellement Enseignant-chercheur permanent à l'Université des Sciences Juridiques et Politiques de Bamako (USJPB). Juriste publiciste et internationaliste, il enseigne plusieurs disciplines du Droit public interne, du Droit International Public et des Relations internationales. E-mail: diachari08@gmail.com

Jilali Saib est professeur de l'enseignement supérieur affilié à la Faculté des Lettres et des Sciences Humaines, Université Mohamed V, Rabat. Il a un Ph.D. en linguistique de l'Université de Californie à Los Angeles, UCLA. Il était chef du département d'études anglo-saxonnes à la Faculté de Lettres, puis Directeur du Centre de recherches et de traduction à l'Institut Royal de la Culture Amazighe (IRCAM), Rabat. Il a plusieurs publications dont « Le Tamazigh d'Ayt Ndhir»; Traduction de « A Survey of Thirty-three Centuries of Amazigh History», de Mohamed Chafik; « English Language Teaching in the Maghreb» (dir.). Email : jilalisaib@yahoo.fr

Arturo Davila Sanchez est chef du Département de langues modernes et professeur d'études espagnoles et mexicaines-latino-américaines au Laney College d'Oakland aux USA. Il a obtenu son doctorat en langues et littératures romanes à l'Université de Chicago-Berkeley, une maîtrise en littérature espagnole à l'Université du Michigan à Ann Arbor et une licence en littérature espagnole, section communication, à l'Universidad Iberoamericana au Mexique. Il est poète lauréat au Mexique et en Espagne où il a reçu trois prix internationaux pour les recueils suivants : La ciudad dormida (Prix national « Sor Juana Inės de la Cruz », Mexique, 1995) ; Catulinarias (Prix international « Antonio Machado », Baeza, Espagne, 1998) ; et Poemas para ser leíos en el Metro (Prix international « Juan Ramón Jimėnez », Huelva, Espagne, 2003). Il a récemment publié pour le magazine mexicain nexos. Email : adavila@peralta.edu

Jean-Marie Simon est un écrivain conteur français qui a travaillé dix-sept années au Maroc, au titre de la coopération. De retour en France il collabore à France Culture pour une vingtaine de pièces de théâtre radiophoniques « Motel-Blessures », « Le divan de lumière », « La voix qui ne voulait pas mourir », « Les miroirs de feu », etc ... ainsi que des contes comme « Je suis un cheval noir », ou « Le petit ballon jaune ». Tout en écrivant des contes et des pièces de théâtre, il a publié plusieurs romans, dont « Instantanés marocains », inspirés par ses années passées dans le désert marocain (région de Tafilalet), et plus récemment, « Rendez-vous à Tendrara ». Il a récemment publié en collaboration avec Moha Ennaji l'ouvrage « Diversité culturelle et vivre ensemble au Maroc » (2020, Galda-Verlag). Email : j-m.simon.leroux@wanadoo.fr

Nouzha Skalli est une femme politique marocaine. Elle a été ministre du Développement social, de la famille et de la solidarité sous le gouvernement Abbas El Fassi, suite aux élections législatives marocaines de 2007. En 1974, elle est diplômée en pharmaciede l'Université Montpellier ... En 2002, elle est députée du Parti du progrès et du socialisme(PPS) à la Chambre des Représentants. Elle est membre fondatrice de l'Association démocratique des femmes du Maroc (ADFM), créée en 1985, membre fondatrice de l'Organisation marocaine des droits humains (OMDH) et membre du réseau mondial de la gouvernance locale, basé à New Delhi. Elle a reçu plusieurs prix dont celui de *Population Institute* de Washington en 2004 ; En novembre 2009 le Club italien de la Donne lui décerne à Rome le prix "Minerva" Anna Mammolitti catégorie politique, récompensant des femmes qui se sont distinguées par leur fort engagement et leur militantisme en faveur de l'amélioration de la situation de la femme. Elle a publié plusieurs articles et interviews dans des journaux et magazines nationaux et internationaux dont *The Wall Street Journal, Le Monde, Le Point, etc.* Email : nouzhaskalli@gmail.com

Juliane Tauchnitz est professeur suppléant de la chaire de lettres espagnole et française à l'université de Würzburg, Allemagne. En 2022, elle a terminé sa thèse d'habilitation intitulée « ¿ Entre las dos orillas ? » *La construction d'un espace culturel émergeant dans la littérature hispano-marocaine* qui sera publiée en 2024 chez Vervuert/Iberoamericana (Madrid). Juliane Tauchnitz a travaillé comme chargée de projets de culture auprès de l'Institut français en Allemagne ainsi que comme journaliste. Sa thèse de doctorat traite « La Créolité dans le contexte du discours international et postcolonial du métissage et de l'hybridité. De la mangrove au rhizome » (publiée en 2014 chez L'Harmattan). Entre 2015–2020, elle était co-directrice des deux séries de publication *Passages* (Hildesheim/Zurich/New York : Olms) et *Transversalité* (Paris : L'Harmattan). Email : juliane.tauchnitz@uni-wuerzburg.de

Abderrahman Tenkoul, enseignant chercheur et Doyen de la Faculté des Sciences Humaines et Sociales de l'Université EUROMED- Fès, il a assumé tout au long de sa carrière de nombreuses fonctions administratives dans les universités de Fès (Vice-Président, Doyen) et de Kénitra (Président d'université). Membre de plusieurs associations et sociétés savantes, il a à son actif un grand nombre de contributions sur les arts plastiques au Maroc, les écritures francophones, la culture maghrébine et méditerranéenne. Il a également collaboré à deux dictionnaires dédiés aux littératures de langue française édités chez Bordas et Robert Laffont. Email : abderrahmantenkoul@yahoo.fr

Alberto Tonini est professeur associé en histoire internationale à l'Université de Florence. Depuis 2018 il est coprésident de l'Unité de recherche interdisciplinaire sur les migrations (Irmi) à la même université. De 2019 à 2021, il occupe le poste de délégué du recteur au sein du réseau "Université pour la paix" et il est responsable des couloirs Université-Unhcr pour les étudiants réfugiés en plus d'être responsable de l'action SAR-Scholars at Risk, pour l'université de Florence. Il est, depuis 2011, membre du conseil d'administration du

Forum pour les problèmes de la paix et de la guerre. Email : alberto.tonini@unifi.it

Madina Bourana Touré est titulaire d'un Diplôme d'Etudes Universitaires Générales (DEA) et doctorante en Histoire à l'Université de Nouakchott. Sa longue expérience dans le domaine de la documentation et de la bibliothéconomie lui vaut son statut d'administrateur à la BUC. Parallèlement à cela, elle a été assistante au laboratoire des études historiques et scientifiques (LERHI) de cette université en tant que chercheur associé. Elle travaille principalement sur la vallée du fleuve Sénégal : « Le Bosséa dans le Jihad Omarien », « La femme et le pouvoir sous l'Almamat », « La question des minorités en Afrique du Nord », « Alliances matrimoniales et/ou alliances politiques au Fouta Toro : la femme au centre des échanges interrégionaux », « La procédure du mariage au Fouta Toro (en langue Pulaar)», « Généalogie en Afrique de l'ouest : histoire d'une passion » et sa traduction anglaise, « Quelques minorités linguistiques en Afrique du Nord : les TIC dans l'expansion des langues maternelles au sud mauritanien ». Email : dinadina61@yahoo.fr

INDEX

www.ingramcontent.com/pod-product-compliance
Ingram Content Group UK Ltd.
Pitfield, Milton Keynes, MK11 3LW, UK
UKHW021858290926
8980IPUK00005B/894

9 781636 677101